AF405530

EL SIDA EN LA LITERATURA CUIR/QUEER LATINOAMERICANA

EL SIDA EN LA LITERATURA CUIR/QUEER
LATINOAMERICANA

CLAUDIA A. COSTAGLIOLA

EL SIDA EN LA LITERATURA CUIR/ QUEER LATINOAMERICANA

Ensayo / Literatura

EDITORIAL
CUARTOPROPIO

EL SIDA EN LA LITERATURA CUIR/QUEER
LATINOAMERICANA

Inscripción N° 278492
I.S.B.N. 978-956-260-914-2

© Editorial Cuarto Propio
Valenzuela Castillo 990, Providencia, Santiago
Fono: 22 792 6518
www.cuartopropio.cl

Diseño y diagramación: Alejandro Álvarez
© Imagen portada: Ramón Santos

ÍNDICE

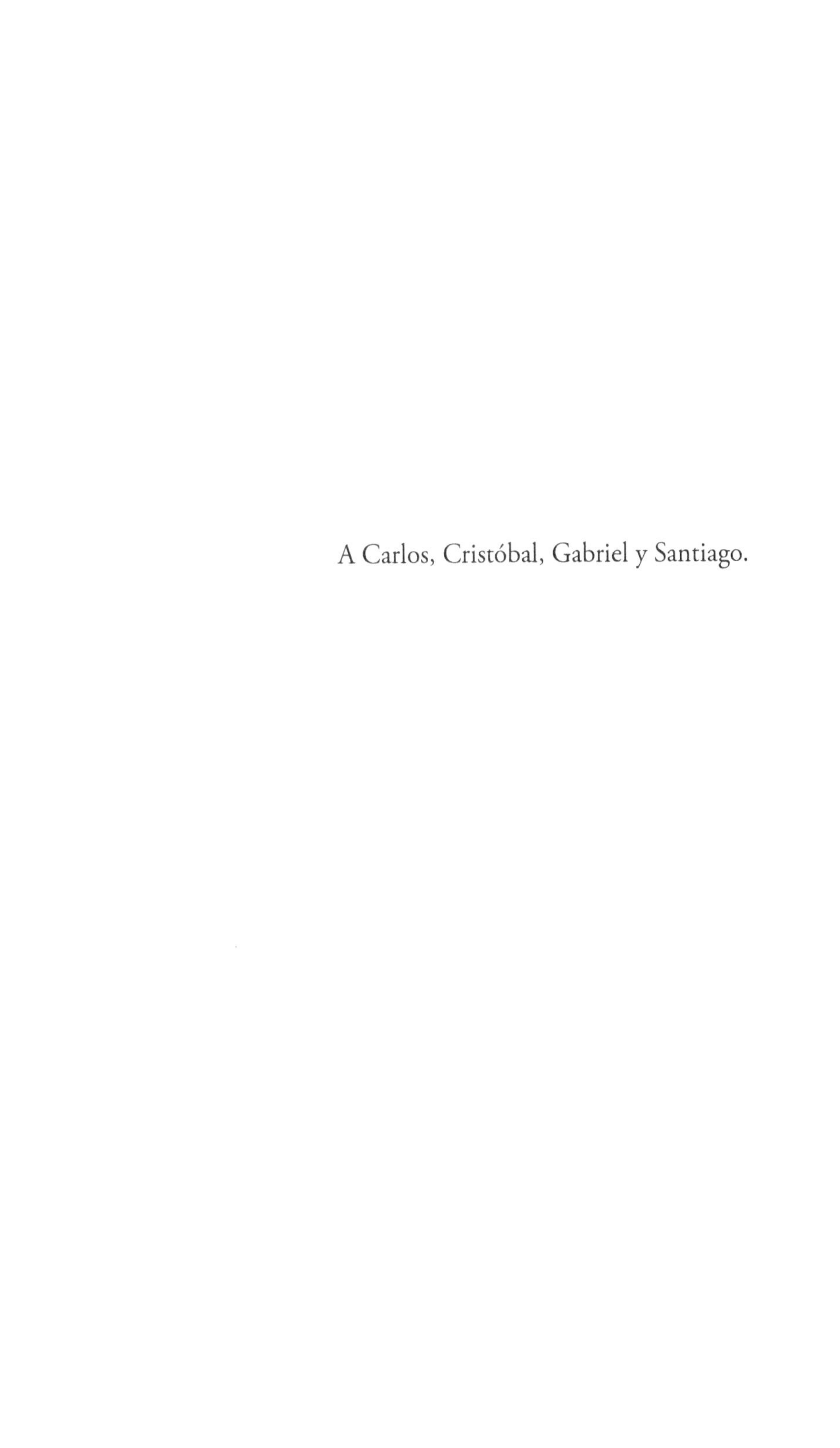

A Carlos, Cristóbal, Gabriel y Santiago.

PALABRAS LIMINARES

Escribo esta página un primero de diciembre, día de recordación internacional de las víctimas del sida. El hecho es pura casualidad, pero no deja de tener un profundo simbolismo y, sobre todo, no deja de ser una hermosa reivindicación del arduo trabajo que Claudia Costagliola ha ido haciendo por recordar a esas víctimas desde una perspectiva crítica. Las páginas que ella ha escrito tienen como origen un deber académico, pero definitivamente han terminado siendo mucho más que ese acto de erudición con el que se corona una carrera universitaria. Estas páginas representan un profundo sentido de solidaridad con los escritores que se estudian y, por extensión, con todas las personas que han sufrido y sufren los efectos de la pandemia del sida. Recuerdo muy clara y vivamente el día que la autora de este libro se dio cuenta de que tenía que embarcarse en el proyecto de estudiar el sida como metáfora literaria. Se quedó momentáneamente paralizada por el reconocimiento del gran deber que se le imponía y que ella aceptaba gustosamente, a pesar del miedo que la embargaba. ¡Porque desde el comienzo supo que era una labor que tenía que hacer! El deber se imponía. Poco a poco fue recuperándose de ese primer duro golpe y comenzó a planear muy racional y razonablemente las estrategias intelectuales que tenía que seguir para alcanzar su meta: recopilación de materiales –tarea muy ardua porque nadie había pensado en hacer este proyecto y tenía, por ello, que crear un cuerpo literario que le sirviera de base–, búsqueda de métodos apropiados para acercarse a esas obras y, sobre todo, alcance y definición de un balance entre lo académico y lo personal, entre la erudición y el sentimiento, entre el deber y la simpatía. El proceso fue largo y duro, pero vemos ahora que el resultado valida y justifica todo lo hecho. Los lectores de estas páginas se hallarán con un certero análisis de la obra de importantes escritores hispanoamericanos que han sido marcados por el sida o que han hecho del tema uno de importancia para su obra: Reinaldo Arenas, Pedro Lemebel, Fernando Vallejo, Pablo Pérez. Pero tras esa sólida fachada académica, de mérito innegable, subyace un compromiso moral, una conciencia ética y una responsabilidad social que transforma esta investigación, este deber universitario en algo más, en mucho más. El libro que usted, lector desconocido, lectora interesada, tiene en sus manos es una prueba fehaciente que lo académico no está divorciado de lo moral. Es por ello mismo que tuve que escribir está página hoy y no otro día.

Efraín Barradas
Universidad de la Florida
1ro de diciembre de 2016

PRÓLOGO

Este trabajo se focaliza en una selección de novelas, diarios y crónicas latinoamericanas que tratan el tema del sida durante las décadas de los ochenta y los noventa. Discute lo que algunos teóricos como Paula Treichler han llamado "crisis de significación", esto es, las lecturas contradictorias y miopes con relación a la enfermedad a partir de varias entidades: socio-políticas, científicas, farmacológicas, religiosas, históricas, etc. Estas condenan, en primera instancia, al homosexual, liberando la homofobia y externalizando los miedos sociales al mismo tiempo que le brindan una visibilidad pública sin precedente.

En este libro se explora cómo la enfermedad física trasciende hacia una enfermedad textual, entre cuyos síntomas se advierten: la utilización indiscriminada de diversos géneros literarios en una sola pieza; una escritura que se configura y fluye a partir de su carácter experimental e intimista, en la que vida y ficción se entrelazan y se intercambian. En ella, cohabitan diversos escenarios temporales/espaciales que se enmarañan en el presente especulativo de una escritura que se encuentra en permanente viaje donde la muerte tiene un rol tan fatídico como protagónico.

El cuerpo con sida se refleja y perturba al cuerpo social a través del incisivo cuerpo de la escritura. La amenaza y crisis experimentadas por los escritores infectados y/o afectados por la enfermedad le confieren a esta narrativa un poder performativo en tanto que la ficción se politiza a través del discurso del sida, el que sirve como vehículo de otros discursos marginalizados: el sexual, el colonial, el social, el étnico y el racial; que, en definitivas cuentas, los empoderiza.

A pesar de que en Latinoamérica encontramos representaciones literarias del sida en todos los géneros, se seleccionaron para este trabajo tres obras de géneros menores como la autobiografía del cubano Reinaldo Arenas, *Antes que anochezca* (1992), muerto de sida en 1990; la selección de crónicas reunidas en *Loco afán. Crónicas de sidario* (1996) del chileno Pedro Lemebel y *Un año sin amor, diario de sida* (1998) del escritor argentino Pablo Pérez. El corte metodológico a partir de esta perspectiva se justifica por una parte porque estos formatos intimistas permiten expresar eficientemente la metaficcionalización de la enfermedad. Dicho fenómeno se inscribe en el texto en la medida en que el cuerpo de la escritura (formato) se va ajustando (o mutando como el virus del sida) a los cambios que está sufriendo el cuerpo real infectado por la enfermedad. De lo anterior resulta un discurso testimonial en el cual es imposible distinguir la costura entre ficción y no ficción. Como consecuencia de este complejo y sofisticado proceso estético-vital, y por ende performativo, se establece el primer quiebre de paradigma.

Se consideran además textos de géneros mayores como la novela *El desbarrancadero* (2001), del autor colombiano Fernando Vallejo y *La ansiedad. Novela trash* (2004) del argentino Daniel Link. Estos dos textos, al igual que el relato "Mona", de Reinaldo Arenas, el cual se publicó post-mortem en el volumen *Viaje a la Habana* (1991), además de cumplir con el primer criterio, explican un segundo criterio de análisis que pretende evidenciar las transformaciones ocurridas antes y después de la incorporación del tratamiento de la triterapia o cóctel antiretroviral. A partir de la XI Conferencia Internacional de VIH celebrada en Vancouver en 1996 se presenta una terapia que consiste en tres tipos de medicinas antirretrovirales, cuyo efecto en los enfermos reside en suprimir el virus a tal punto que ya no es perceptible en la sangre. Este hito científico cambiará totalmente el panorama de la lucha contra la enfermedad reduciendo el riesgo de muerte prácticamente a cero, si se trata a tiempo.

Los estudios desarrollados hasta ahora en torno a la literatura sobre sida, no sólo desde Latinoamérica sino desde cualquier coordenada, consisten —en términos generales— en una revisión diacrónica de la enfermedad como pandemia donde los textos literarios contribuyen a esta mirada de catálogo. Por el contrario, el aporte de este estudio de la literatura sobre sida se concentra en Latinoamérica y realiza una incisión sincrónica o establece un ejercicio arqueológico al examinar, y buscar, registros materiales y textuales para reconstruir un momento específico en la historia de la enfermedad que es cuando no existen tratamientos efectivos y la gente se está muriendo. De esta manera, el cuerpo reflejado en la letra representa un punto de máxima intensidad de la epidemia evidenciando el pensamiento de la década de los ochenta y mediados de los noventa. Al introducir la variable de la relatividad y la diferencia se desestabilizan los discursos institucionales y urge un cambio epistemológico en el cual conceptos como identidad y justicia deben redefinirse en un contexto integrado y de cambio continuo del cual participa toda la sociedad tanto en su particularidad como en su capacidad de agenciamiento como colectividad.

El marco crítico utilizado para el presente análisis se basa en los estudios queer, y se inspira en las ideas de autores como Michel Foucault, Jean Luc Nancy, Michel de Certeau, Severo Sarduy, Judit Butler, Néstor Perlongher, Paul B. Preciado, Dieter Ingenschay, Susan Sontag, José Esteban Muñoz, Carlos Monsiváis y Judit Halberstam, entre otros; y representa la culminación del trabajo de investigación de mis estudios doctorales en la Universidad de Florida, Estados Unidos, bajo la mentoría del profesor Efraín Barradas, a quien le extiendo mis más profundos agradecimientos.

INTRODUCCIÓN

> No one can escape AIDS in the literary domain: neither those that are infected, nor those that are affected. Nor can the reader avoid being trapped in the devastating effect of the plague.
>
> Alberto Sandoval Sánchez, 1998.

El sida: antecedentes generales de una enfermedad nueva y misteriosa

El cinco de junio de 1981 el CDC (Centros para el control y prevención de enfermedades, por sus siglas en inglés) publica en los Estados Unidos el artículo "Pneumocyststis Pneumonia - Los Angeles" (Pais de Lacerda 104). Este corresponde al primer documento que se conoce respecto del sida en el cual se hace referencia a cinco hombres homosexuales aquejados de síntomas similares como la neumonía por *Pneumocystis carinii* y sarcoma de Kaposi. Meses después, médicos de Nueva York observan lo mismo en algunos pacientes homosexuales desatándose las sospechas sobre una nueva enfermedad que comienza a gestarse y que hasta el año siguiente se categoriza bajo la sigla GRID (Inmunodeficiencia asociada a la homosexualidad, por sus siglas en inglés). Esta percepción de la enfermedad según la preferencia por el mismo sexo, especialmente entre hombres, permanece muy marcada durante la primera década de la epidemia donde el VIH (virus de inmunodeficiencia humana) –que será aislado por el doctor Luc Montaigner en Francia a finales de 1983 y que meses más tarde el estadounidense Robert Gallo probará que era el causante de sida– y contribuirá a que se vincule con "una enfermedad de maricones y gente de mal vivir" (Aliaga 17). Sin embargo, ya a finales de 1982 el virus había infectado a hemofílicos y a drogadictos intravenosos. De cualquier manera, esta reacción circunscribía la enfermedad a grupos de riesgo, y no a prácticas de riesgo, lo cual concentraba la atención y originaba discursos que atacaban a ciertos sectores sociales y sexuales acrecentando la discriminación y fomentando la desinformación producto del prejuicio.

Con respecto a la emergencia del virus, Shawn Smallman, en *The Aids Pandemic in Latin America* (2007), señala que el VIH es pariente, primo cercano, de otro retrovirus llamado SIV (virus de inmunodeficiencia en simios, por sus siglas en inglés) que se encuentra en chimpancés y otros primates. El estudioso hace referencia a investigaciones que aluden a un hombre muerto en 1959 en la provincia de Kinshasa, República Democrática del Congo, cuyas pruebas de sangre contenían el virus. El gran desafío consiste en averiguar en qué momento este salta del primate al ser humano, lo cual es prácticamente imposible de determinar dadas las características del retrovirus. El VIH pertenece a la subfamilia de lentivirus; el prefijo lenti- alude a su capacidad "para instalarse en el organismo infectado durante largos periodos de tiempo" (Santana *et al.* 1). Cuando este retrovirus infecta una célula hace una copia del adn de su genoma que inserta en el adn de la célula huésped. Esto último le permite al VIH "la regulación de su propia expresión en la célula infectada" (1). Este proceso se puede replicar infinitamente transformándolo en un agente letal. Paula Treichler, en *How to have a theory in an epidemic* (1999), traduce este fenómeno al plano del discurso que es lo que nos interesa desarrollar en estas páginas:

> the AIDS virus enters the cell and integrates with is genetic code, establishing a disinformation campaign at the highest level and ensuring that replication and dissemination will be systemic. We inherit a series of discursive dichotomies; the discourse of AIDS attaches itself to these legacies of difference and invigorates them (35).

Estas dicotomías se expresan claramente en lo que Juan Vicente Aliaga desarrolla en "El lenguaje es un virus" (1993) señalando que estos discursos se instalan en la enfermedad como

> significados parasitarios, añadiduras superfluas, metáforas en exceso que, más que explicar la condición y situación médica [del VIH], no hacen sino huir del significado estrictamente denotativo, médico-científico, para cebarse en la construcción de un aparato ideológico que estigmatiza la enfermedad y la excluye [...] del mundo de los sanos y, por lo tanto, de la norma (15).

Por su parte, el retrovirus del VIH no es un virus singular, sino que es parte de una familia de virus en la cual existen dos partes principales: VIH-1 y VIH-2 (Mertens y Low-Beer 220). En Estados Unidos y Europa domina, por ejemplo, la forma VIH 1-E es la que pasará a América Latina. En Asia y África predomina en VIH 1-C, y en Tailandia el VIH 1-E. En África occidental prevalece el VIH-2. Asimismo, el VIH es un "recombinant virus" (Smallman 7), es decir, un virus que puede combinarse una y otra vez con distintas formas de sí mismo. Este rasgo que caracteriza la enfermedad es lo que se destaca como la gran barrera que enfrentan los científicos e investigadores para desarrollar una vacuna y combatir el virus del sida incluso hasta nuestros días.

Precisamente esta propiedad de lo diverso y de cambio continuo que denota el VIH puede verse como una metáfora de nuestra sociedad. Charles E. Rosenberg, en "What Is an Epidemic? Aids in Historical Perspective" (1989), subraya que no solo el sida es una construcción social "as society perceives and frames the phenomenon, blames victims, and laboriously negotiates response" (14), sino que además evidencia que lo diverso, así también como lo contradictorio, es parte inherente de nuestro ser, dado que vivimos en una "fragmented society, and not even the most myopic cultural anthropologist would find it easy to impose a neatly coherent and unified cultural vision on [a] diverse group of individuals" (14). Este argumento es congruente con la representación social de la comunidad homosexual a la que se responsabiliza como principal agente de la propagación del virus producto de la expresión de su sexualidad. En este sentido, "las operaciones [en términos de la variedad de lecturas de la enfermedad] desencadenadas durante su irrupción rebasan el dolor personal de las crecientes víctimas, para extenderse en el cuerpo social como un verdadero dispositivo de moralización y normalización de las uniones sensuales, derivado de las olas de pánico" (Perlonguer 43).

A pesar de que la primera aparición del virus data de fines de los años cincuenta con el caso de Kinshasa en África central, el VIH no entró en Europa hasta la década siguiente. Se trata de algunos casos transmitidos por inmigrantes africanos o por aquellos europeos que han pasado un cierto periodo de tiempo en dicha región. Sin embargo, en 1978 el VIH "appeared in both Haiti and the United States at virtually at the same moment, so there is no clear way to know which nation was the source of the infection" (Smallman 12). Este último punto nos permite explicar el fenómeno que Paula Treichler describe como "crisis de significación", es decir, la ramificación de discursos para justificar y/o condenar la epidemia desde el momento en que se hace pública. A pesar de que la evidencia científica establece que el virus aparece simultáneamenre en Haití y los Estados Unidos, el discurso oficial estadounidense le endosa a los haitianos y a los africanos la responsabilidad del contagio de la enfermedad a nivel mundial. Dicho argumento se refuerza con la temprana rotulación del sida como la enfermedad causada por las cinco haches: homosexuales, hemofílicos, heroinómanos, haitianos y *hookers* (prostitutas, en inglés). Con excepción de los hemofílicos, estos grupos se asociaron (y estigmatizaron) con los siguientes factores: sexualidad/conductas "desordenadas", mal originado en el extranjero (territorialidad móvil) y origen de la epidemia en una raza no blanca (lectura segregacionista). Este hecho dio pie para que dichos grupos fueran manipulados tanto por los medios de comunicación como también por "la clase médica [mediante un] tratamiento visual y verbal alarmista, deformado y tendencioso" (Aliaga 18).

Sin embargo, es necesario reconocer que África se identifica como uno de los focos de infección más importantes en los primeros años de la epidemia. Si pensamos en América Latina hay una relación entre dos casos tempranamente detectados en Colombia en 1984 que corresponden a hombres oriundos de Zaire, trabajadores de una aerolínea con rutas a ciudades africanas. Asimismo, el "Paciente Cero" se reconoce como un sobrecargo, Gaëtan Dugas, pero de origen canadiense que no solo cubría rutas africanas, sino que también volaba por ciudades como San Francisco, Nueva York y París que, por lo demás, eran "las ciudades más visiblemente afectadas del mundo" (Meruane 70). Este caso fue recogido y desarrollado por el periodista de California Randy Shilts en *And the Band Played On* (1987) donde se refuerza la imagen promiscua de Dugas quien no solo se adjudica dos mil compañeros sexuales procedentes de distintos puntos del globo a través de los cuales supuestamente se diseminó el VIH, sino que además mantiene la estigmatización de la enfermedad como la "peste rosa" o "cáncer gay" denostada y persistentemente condenada durante esa época por la homofobia institucionalizada.

El sida en América Latina

En América Latina específicamente, aunque también en el resto del mundo, la toma de conciencia y el hito que despabila en alguna medida la pasiva oficialidad manifestada con relación a los enfermos y la propagación del virus hasta ese momento es cuando Rock Hudson, en julio de 1985, hace pública su agonía como consecuencia del sida. La enfermedad le había sido diagnosticada en 1981 y hasta esa fecha se había esforzado en mantenerla oculta. En palabras de Carlos Monsiváis este hecho desencadena una serie de revelaciones donde las muertes de los famosos anuncian la tragedia de cientos de miles y se inicia otra percepción del tema. No hay todavía compromiso moral de la sociedad y mucho menos de los gobiernos. Durante sus ocho penosos años el gobierno de Ronald Reagan hace lo imposible por no entender y por no actuar… La derecha cree llegado el momento de arrasar a "los pervertidos", y se desata la alarma. Los periodistas, sin siquiera la información ya disponible, diseminan los rumores más enconados. Tener sida en la perspectiva de los Medios, es sufrir la muerte civil que anticipa por pocos meses a la otra, un tanto más definitiva (Monsiváis 2003, s/p).

El controvertido beso que semanas antes Rock Hudson le da a Linda Evans en la serie norteamericana *Dinasty* sin revelarle que estaba contagiado con el virus, representa simbólicamente el cruce de una enfermedad aparentemente homosexual hacia el terreno heterosexual. Igualmente, este hecho causa el derrumbe del pícaro macho sexy y varonil, la figura mítica hollywoodense portadora de los valores de la clase media estadounidense desde los años cincuenta. La reacción de la actriz –incómoda, sobresaltada y dispuesta a entablar un juicio en contra de su amante televisivo hasta que recibe los resultados negativos del VIH– evidencia el estímulo que diversifica y aumenta la ambigüedad de mensajes producto de la desinformación, histeria o falta de real interés; junto con la proliferación de discursos amarillistas, higienistas, activistas, apocalípticos, moralistas, capitalistas y de evasiva responsabilidad gubernamental, entre otros, con relación a la enfermedad.

Ya que cinco de las seis obras que examina este estudio están ambientadas en la etapa de evolución de la enfermedad anterior al tratamiento de triterapia antirretroviral, es necesario que revisemos el panorama de su evolución durante este periodo. Según el artículo "Situación del VIH/SIDA en Latinoamérica al final del siglo XX" (2001), publicado por la *Revista Médica de Chile*, entre 1981 y 1998 se reporta que el VIH/sida es el principal problema sanitario a nivel mundial con 34 millones de infectados vivos en todo el mundo. Se señala además que en América Latina, en términos de la prevalencia de la enfermedad, es decir, el número total de personas que tienen esa enfermedad durante un periodo de tiempo específico dividido por el número de la población en riesgo de contraerla, tiene un comportamiento muy similar con respecto a la tasa de América del Norte con 0,57 por cada 100 habitantes, lo cual está muy por debajo de la prevalencia media mundial en esa época (1,1); o si se compara con la región del Caribe (1,96) o África subsahariana donde la prevalencia es de 8 infectados por cada 100 habitantes (Buela-Casal *et al.* s/p). Este criterio de prevalencia, sería un indicador mucho más eficiente para la evolución de la epidemia y se distingue de aquellos informes que se basan en número de casos diagnosticados dado que no existe un principio de proporcionalidad que refleje la realidad del impacto del virus puesto que cada país tiene un número de habitantes muy diferente. Por su parte, en términos generales, para esta zona la distribución por sexo de la enfermedad es de un 20% en mujeres y un 80% en hombres. Las principales vías de transmisión son las relaciones sexuales aunque se distribuyen de manera diversa según el país. Quienes tienen mayor prevalencia por relaciones homosexuales son Chile, Cuba, México y Venezuela, aunque la transmisión por relaciones heterosexuales en estos mismos no es baja, situándose entre un 28% y 43%. En Colombia, Ecuador y Uruguay la vía de transmisión del VIH por la vía hetero y homosexual es muy similar. En el caso de Uruguay también la prevalencia por consumo de drogas vía parenteral, o administración intravenosa, alcanza cifras parecidas a las dos anteriores. Sin embargo, Argentina es el país donde el consumo de drogas es la vía de transmisión predominante (40%), cifra que duplica a los infectados por la vía sexual, evidenciando un patrón de contagio similar al de los países europeos, especialmente el de España (68%). A continuación, revisaremos con mayor profundidad los casos específicos de los países que representan los textos de este corpus de estudio: Argentina, Chile, Colombia y

Cuba. Al mismo tiempo se identificarán los principales actores que toman parte en dicho proceso y se describirán las reacciones y problemáticas recurrentes que estos enfrentaron con relación a dicho fenómeno en el periodo de tiempo aludido.

Un ejemplo de lo que ocurre en el Chile de 1987 lo relata Oscar Contardo en *Raro. Una historia gay de Chile* (2011). Allí describe el plan de Gendarmería de Chile de trasladar a los reclusos homosexuales de Santiago a una cárcel ubicada en la ciudad de Putaendo, a un poco más de dos horas de la capital, ya que uno de ellos se había contagiado con el VIH. Este hecho motivó a los habitantes de esta localidad a que se organizaran y marcharan en señal de protesta hacia el caserón que había sido implementado para albergar a los reos para recriminar y atacar a los familiares de los homosexuales que habían ido a visitarlos. Este incidente provocó la revocación del proyecto original y en el contexto del sida puede examinarse como un reflejo de la forma en que la enfermedad establece "un estallido de miedos, fobias y prejuicios relacionados con aspectos culturales de la sociedad, sobre todo respecto de las conductas sexuales de la personas" (Contardo 351), y que en este caso particular evidencia "la preocupación de la opinión pública –reflejada en la prensa– [...] en la detención y aislamiento de los contagiados" (353).

Con relación a este último punto, si revisamos el caso de Cuba al momento de arribo de la enfermedad debemos considerar que ya en ese tiempo dicho país se destacaba por la eficiencia y calidad de sus servicios de salud pública que le habían dado fama internacional. La causa de la irrupción del sida en la isla fue interpretada por el gobierno como un símbolo del "social breakdown, urban decay, and moral corruption of the American people" (Smallman 12) que, de cierta manera, responde a una atmósfera de reticencia que circula en América Latina hacia los estadounidenses producto de las políticas de Ronald Reagan en torno a Centroamérica. Esta percepción fue reproducida por el mandatario cubano en reiterados discursos en los que responsabilizaba a un "otro", los Estados Unidos, como desencadenante de la propagación del VIH en su país. Este fenómeno recurrente de asumir el mal como venido desde afuera, ratifica la observación de Susan Sontag en *Aids as a metaphor* (1989) de que históricamente esta se ha traducido como una "catastrophic epidemic as a sign of moral laxity or political decline [and that it was also very common to] associat[e] dreaded diseases with foreignness" (54). En consecuencia, las medidas que tomó Fidel Castro para enfrentar la enfermedad fue precisamente la de la cuarentena al solicitar inmediatamente que toda la ciudadanía se realizara el examen del sida. Quienes fueron identificados como portadores debieron recluirse en unas clínicas especiales donde fueron atendidos con todas las comodidades y avances disponibles en el campo de la medicina. Sin embargo, una vez que Cuba rompe relaciones con la Unión Soviética no puede seguir manteniendo ese nivel de atención a los pacientes, dado que su principal fuente económica se tiene que concentrar en el turismo. Por lo tanto, de ahí en adelante adopta un sistema muy similar a otros países de América Latina.

No es hasta 1986, cuando el virus se ha repartido ampliamente en pacientes heterosexuales de África de la región al sur del desierto del Sahara, que la gente se da cuenta de que la epidemia no es de exclusiva responsabilidad de grupos homosexuales. Sin embargo, no se puede plantear que ese hecho haya modificado el comportamiento discriminatorio de los individuos y, por ende, haya acabado con el estigma. En el informe global de la epidemia de sida de 2013, elaborado por UNAIDS (Programa Conjunto de las Naciones Unidas sobre el VIH/SIDA), se establece que estos son aún los mayores obstáculos para combatir la enfermedad "with national surveys finding that discriminatory treatment of people living with HIV remains common in multiple facets of life including access to health care" (UNAIDS 7). Se incluyen en dicho listado las leyes de anti-discriminación e incluso la criminalización de las poblaciones más sensibles a la enfermedad donde "60% of countries report having laws, regulations or policies [...] presents obstacles to effective to HIV prevention, treatment, cares and support" (UNAIDS 7).

Esta situación demuestra lo que varios estudiosos del tema observaron muchos años antes de que se presentara este informe. Uno de ellos, Tim Frasca, en *AIDS in Latin America* (2005), advertía que estas dos variables de estigma y discriminación debían de ser incorporadas dentro de la problemática que conlleva la enfermedad en tanto que ambas afectan la salud física y psicológica de quienes la padecen. Incluso, este autor apuntó tempranamente y con mucha agudeza, que por este motivo el sida debía discutirse más allá de la jurisdicción de la salud pública en la que interviene principalmente el personal médico, sino que debía formar parte de la agenda política de un país (Frasca 5). En este sentido, el trabajo realizado por la comunidad homosexual, inspirada por iniciativas desarrolladas en Estados Unidos y Europa, no solo reconoce a este tipo de agrupaciones como pioneras, sino que además las distingue por ser prácticamente las únicas que se movilizaron para enfrentar la enfermedad hasta muy avanzada la década de los ochentas. Estas organizaciones no gubernamentales (ONG) encararon a sus gobiernos exhibiendo una feroz capacidad crítica frente a su inoperancia "lobbying for the human rights of people living with HIV, supporting free testing for HIV, demanding that the blood supply be cleaned up, and pushing for HIV education programs" (Smallman 14).

Un caso emblemático fue el de Argentina, uno de los pocos países del mundo donde el consumo de drogas intravenosas era uno de los principales agentes de propagación del virus. Las razones son varias: en los círculos intelectuales es alta la experimentación con drogas, hábito que se agudiza con los artistas y pensadores que regresan del exilio una vez terminada la dictadura en ese país (1976-1983), quienes eran asiduos consumidores de otras drogas en Europa, como la heroína que se sumaba a la cocaína inyectada de preferencia local (Frasca). Ya fuera de la dictadura, no solo hubo más libertad para el consumo, sino que además durante el gobierno de Carlos Menem (1989-1999) existió mucho lavado de dinero en Argentina a costa de la droga. Lo anterior, unido a un proceso de fuerte privatización, trajo como consecuencia la disminución de la calidad del servicio del Estado en el suministro de asistencia de salud pública. Asimismo, la pobreza aumenta de un 4% a un 41% durante la hiperinflación de 1989 (Smallman 195) como consecuencia de la estrategia económica del presidente Menem al establecer equivalencia uno a uno el dólar con el peso argentino lo que además favoreció el comercio de drogas por sus bajos precios y las rutas de distribución que las hizo más accesibles.

La incapacidad del gobierno para atender a los enfermos repercute en las oenegés que comienzan a organizarse con ayuda del extranjero y cuya capacidad de respuesta es mucho más ágil frente a las incoherencias y engorrosa burocracia que hasta el momento suministraban los servicios públicos. En 1993, la Corte Suprema presionó al gobierno para que proveyera tratamiento y exámenes de VIH a toda la población y, finalmente, logró su propósito. No obstante, existieron inconsistencias detectadas por las organizaciones no gubernamentales en el cumplimiento de ese acuerdo como, por ejemplo, el desabastecimiento de hasta quince días de tratamiento, lo cual puede revertir los avances y mejoras de los pacientes. Esto impulsó que las asociaciones entablaran una demanda contra el ministro de salud porque no se estaban cumpliendo con los derechos legales garantizados a los infectados por el virus quienes, además de los problemas ya mencionados, a veces tardaban casi cuatro meses en obtener todos los papeles requeridos para obtener un tratamiento (Smallman 199).

En consecuencia, el ejemplo argentino nos sirve para ilustrar la importancia de la participación de organizaciones alternativas basadas en la lucha por el reconocimiento de los derechos humanos, que enfrentaron tempranamente el problema con conciencia y compromiso aunque no necesariamente fueron efectivas mientras no se contara con las medicinas, que era el objetivo final. Sin embargo, también refleja la falta de adherencia del gobierno. Con respecto a la sexualidad, a pesar de todos los esfuerzos de estas entidades de ayuda, siempre hubo diferencias políticas e ideológicas con el oficialismo para lidiar con el tema, a tal punto que el preservativo recién es exhibido por primera vez en ese país en una campaña pública en el 2001 (Frasca 169).

Por su parte, Colombia es un país con una trayectoria política compleja y sangrienta. La inestabilidad del gobierno como consecuencia de la actividad guerrillera, compuesta por grupos disidentes como las FARC (Fuerzas Armadas Revolucionarias de Colombia) y también por organizaciones paramilitares de derecha, han contribuido al clima de violencia y lucha por el poder agudizado por el tráfico de drogas. No olvidemos que Colombia controla los canales de distribución de cocaína en el mundo abasteciendo a Estados Unidos en un 90% y en un 50% de la heroína que se consume en ese mismo país (Smallman 169). La interacción de los líderes de los carteles de droga y el gobierno han mantenido a Colombia en una guerra civil que tiene al menos tres décadas de existencia. Esta situación se ha enrevesado aún más por las alianzas que algunos sectores de las fuerzas armadas han contraído con estos grupos paramilitares constituidos en su mayoría por latifundistas. En varias ocasiones, estos últimos han recurrido al negocio de las drogas para autofinanciarse. Un caso conocido es la acusación que se le hizo al presidente Ernesto Samper de haber aceptado dinero proveniente del negocio de las drogas para su campaña. En 1996, se encontraron casi cuatro kilos de cocaína en el avión que lo llevaría a la Asamblea General de las Naciones Unidas a celebrarse en Nueva York. Este incidente tuvo como consecuencia el arresto y la confinación a tres técnicos de la fuerza aérea colombiana por siete años de cárcel.

Al respecto, Smallman establece que los principales problemas derivados de esta situación son "a large number of internal refugees, the areas of the countryside outside government control, the climate of violence that devalues human life and the spread among Colombians themselves may all facilitate the spread of HIV/AIDS" (171). Del mismo modo, este panorama dificulta la intervención de organismos extranjeros para brindar ayuda y trabajar en forma conjunta con instituciones locales u obtener una idea clara, desde el punto de vista estadístico, acerca de la situación de la enfermedad en ese país.

A pesar del fuerte impacto que la droga ha producido en Colombia, esta no es el agente principal de contagio como ocurre en Argentina. Según el "Boletín Epidemiológico, Situación del VIH/Sida-Colombia 2013", publicado por el Ministerio de Salud y Protección Social de ese país, entre 1983 y 2012 tan solo el 0,1 % de los casos acumulados corresponden a la transmisión por drogas intravenosas. La principal fuente de transmisión de la enfermedad se produce a través de las relaciones sexuales con un 95% entre las cuales un 45 % de estas son heterosexuales y un 17% son homosexuales. Sin embargo, la aclaración que ofrece el informe, respecto de la distribución de estas dos últimas variables, no solo refleja la confusión entre género y sexualidad, sino que además confirma esta propiedad arbitraria del lenguaje que vehicula distintas formas de aprehender los fenómenos que afectan a los individuos además de su capacidad performativa:

> [n]o obstante, el mayor reporte de casos heterosexuales (mientras que los estudios de prevalencia señalan que la epidemia se concentra en población de *Hombres* que tienen relaciones sexuales con hombres), tiene que ver con asunciones equívocas que se realizan por parte de los profesionales de salud respecto de la orientación sexual de las personas y la confusión entre la forma como las personas se autoidentifican en relación con su comportamiento sexual (la cursiva es mía Boletín s/p).

Si hacemos hincapié en la distinción entre "Hombres" y "hombres" establecida en la cita podemos especular que alude a otro tipo de prevalencia que tiene que ver con la tradición del machismo. Este fenómeno es otro factor decisivo en el desarrollo de la enfermedad que además atenta contra las medidas de prevención que, como hemos visto, aún no han podido ser establecidas con éxito. Smallman señala que el machismo es un rasgo vigente en la cultura de América Latina y hace énfasis en algunos elementos que afectan el contagio del virus en parejas heterosexuales. Estos consisten en el hecho de que las parejas fuera del matrimonio son consentidas en la medida que el esposo no descuide su rol de proveedor de su familia y que en parejas estables sea socialmente aceptado que el hombre no use preservativo. Sin embargo, si una mujer engaña a su marido, lo convierte automáticamente en un objeto de burla, es decir, lo debilita, lo feminiza. Desde esta misma perspectiva, la homosexualidad atenta contra la figura de lo que se conoce como el verdadero hombre (que se identifica con H mayúscula). Lo anterior explica en gran medida, la homofobia que prevalece en nuestra cultura, característica que contribuye a la estigmatización y criminalización referidas recientemente. En una relación sexual entre dos hombres quien ejerce el llamado papel pasivo es asociado a lo femenino, y por lo tanto se percibe como poco "hombre". El penetrador es el masculino pues al parecer dominar la relación no pierde su calidad de "Hombre". Esta conceptualización difiere de la estadounidense donde el ser homosexual no distingue entre los llamados roles activo o pasivo en la relación sexual. Dicho rasgo distintivo establece una nueva categoría en América Latina, "hombres que tienen sexo con hombres", donde la figura del travesti, e incluso la loca u homosexual afeminado, tiene una especial relevancia dado que estos "are associated with femininity and that they also assume the passive role during sexual encounters, [in consequence] men can have sex with transvestites without endangering their masculinity" (Smallman 6). Esta etiqueta no solo absuelve el deseo licencioso del macho sino que también desarma la concepción esencialista/normalista de la sexualidad alejándola cada vez más del vínculo acomodado con el género. La incorporación del travesti, en este caso, representa una mayor flexibilización y apertura del discurso dado que añade al debate nuevas definiciones que robustecerán el activismo y el reconocimiento de estas identidades sexuales no "oficiales" en América Latina.

En un estudio epidemiológico del VIH/sida realizado por el Ministerio de Salud de Chile, que considera la evolución de la enfermedad entre 1984 y 2010, se establece que la vía sexual en dicho país es el medio predominante de exposición al virus cuya cifra asciende al 96,6% (Cáceres y García 27) dentro del cual "[l]os hombres que tienen sexo con hombres (HSH) es la vía de exposición más declarada, con 55%" (27). Tim Frasca señala un hecho muy curioso con respecto a la evolución de la enfermedad en Chile durante la primera década de su aparición y es que, a pesar de que el "HIV in Chile began and remains the most predominantly homosexual AIDS epidemic in Western Hemisphere" (214), el gobierno dictatorial de Pinochet (1973-1989) –y por consiguiente, los medios de comunicación– concentró su atención en las mujeres casadas infectadas, representadas como las "víctimas inocentes" e incluso en los enfermos por drogas intravenosas y los recién nacidos, cuyos casos en esa época eran muy reducidos. A pesar de que la mayoría de los enfermos eran homosexuales, el hecho de no darles cabida en el discurso público podía interpretarse como una maniobra represiva, a partir del silencio y/o invisibilidad, que transfería la estrategia que la dictadura llevaba aplicando desde inicios de los setentas con el "cáncer marxista", una enfermedad tan invasiva como el sida para el cuerpo político. La insensibilidad demostrada por la dictadura de Pinochet pone en relieve el papel relevante que tuvo la Iglesia Católica apenas comenzó a circular el virus del VIH en toda América Latina y que se centró fundamentalmente en el cuidado de los enfermos.

Para ilustrar lo anterior, aludiremos nuevamente al caso chileno. En 1988, el padre italiano Baldo Santi, director de "Caritas Chile", institución católica que brinda ayuda a la gente en estado de extrema pobreza, comienza a recibir en su casa a pacientes de sida. Posteriormente funda "La Casa del Sida". Este proyecto, sin embargo, no fue interpretado de la misma manera por sus vecinos quienes, como una forma de expresar su disgusto, no solo se contentaron con rayar continuamente las paredes exteriores del recinto, sino que llegaron al extremo de "arrojar desde un auto una bomba molotov" (Contardo 358). Por su parte, las Hermanas de Santa Clara de Asís se dedicaron a atender niños infectados por el VIH. A pesar de ello, no hubo por parte de la Iglesia Católica una intención de involucrarse con estrategias políticas o de prevención. Más bien se trataba de una demostración de misericordia: "[t]he government expected activists to support its efforts; doctors expected their patients to obey instructions; Catholic clergy expected people with AIDS to die" (Frasca 217). De esa manera se entiende el eslogan de Caritas, "Morir con dignidad", es decir, una asesoría en el proceso de morir, de superar los propios miedos surgidos por la enfermedad como una forma de eludir la educación sexual (Smallman 14) o de enfrentar el derecho a la autonomía sexual. Con ese criterio, la Iglesia Católica no solo se resistió y atacó las campañas de prevención que incluían preservativos, sino que también utilizó toda su influencia frente al gobierno para desechar esa opción proponiendo la castidad y la abstinencia como única alternativa viable. Este criterio, a su vez, refleja la actitud que el gobierno post dictatorial ha encarnado frente al tema del sida. Las buenas intenciones y entusiasmo manifestados por la ciudadanía y el gobierno democrático entrante no fueron suficientes para romper la mentalidad tradicional tan arraigada y promovida durante 17 años de gobierno militar. Es difícil desasirse del legado de la dictadura: "the armed forces, the business elite, the right-wing press, the Catholics bishops –although a minority, have neutralized the weak, liberal state and forced it to administer, rather than solve, social problems" (Frasca 250). Desde esta perspectiva, no resulta extraño entonces que en Chile aún no se pueda discutir abiertamente acerca del aborto y, en consecuencia, no exista una legislación al respecto.

El sida y la convulsión del discurso: objetivos de este trabajo

Alberto Sandoval-Sánchez en un breve, pero luminoso artículo titulado "Reescribiendo lo abyecto desde el inmigrante: SIDA y mariconería latina en el imaginario cultural" (2003) señala con relación a su experiencia como enfermo de sida, académico y artista desde comienzos de los noventa:

[e]n tanto gay latino, y en tanto investigador [y escritor], de ninguna manera puedo trazar una divisoria entre mi cuerpo y mi investigación: mi cuerpo me empuja siempre hasta el límite, y mi escritura siempre me fuerza a poner en práctica la dependencia recíproca entre cuerpo y mente. No puedo privilegiar lo intelectual sobre el cuerpo. Con el SIDA, debo constantemente desafiar el dualismo cuerpo / mente predominante en Occidente. Soy un cuerpo, luego soy. A pesar de la lucha constante con complicaciones físicas causadas por un sistema inmunológico deteriorado, y por un proceso sin fin de negociaciones con un cuerpo dañino, siempre me las arreglé para pensar con mi cuerpo, a través de mi cuerpo. Para sobrevivir, hago espacio para el SIDA mientras escribo con mi cuerpo, y, en tanto escribo con mi cuerpo, hago física mi investigación (344).

Antes del sida, el código habitual de interacción entre los sujetos no heterosexuales era el "silencio y la clandestinidad [donde predominaba] el valor del subtexto, la necesidad de leer entre líneas, de prestar atención a los indicios del medio que permit[ían] salvar los peligros de ser descubiertos" (Contardo 391). Recordemos que "desde el siglo XIX [...] la homosexualidad fue representada como un cuerpo superfluo, socialmente indeseable, extraño a las economías de (re) producción biológica y/o simbólica, en la encrucijada de lo raro, lo abyecto y lo ininteligible" (Giorgi 11).

Por su parte, el sida, en tanto que es una enfermedad asociada a los desórdenes sexuales, ubica al homosexual en una posición privilegiada tanto de referencia como de condenación. Asimismo, el origen del sida revive, especialmente en su primera década, discursos e interpretaciones que actualizan aquellas lecturas asociadas a las grandes pandemias del pasado: el equivalente de la lepra de la época moderna provocado por la corrupción; la asociación al cólera del siglo XIX atribuida a los pobres de moral; una lectura cristiana que lo percibe como un castigo de Dios por los excesos de la carne (una especie de materialización de su ira); o las teorías de conspiración que consideraban el advenimiento del sida como una arma letal que había desarrollado la CIA igualmente como lo hizo con el virus de la fiebre porcina para intervenir su producción en Cuba.

Asimismo, la identificación del virus a partir de los análisis de sangre contribuyó a la categorización y aislación de los pacientes: "the pink triangles of the 1980s as public labeling procedures setting up gay men and other risk categories as targets of public abuse" (Adam 158). Sander L. Gilman señala que el hecho de clasificar el sida como enfermedad de transmisión sexual es ambiguo, dado que también involucra a los hemofílicos y a los usuarios de drogas por vía intravenosa, por lo que podría haber sido denominado como enfermedad viral ya que es causada por un retrovirus (247). Esto denota nuevamente la fuerte carga moral y homofóbica que se traspasa al discurso, argumento que contribuye a la justificación de una primera etapa silenciosa o codificada que también se refleja en la representación literaria de la enfermedad.

En la novela *Colibrí* (1984) de Severo Sarduy, se alude a una plaga viajera, pero la tendencia general de los narradores es precisamente no aludirla ni confesarla. No será hasta "Mona", relato incluido en *Viaje a la Habana* (1990) escrita por Reinaldo Arenas y publicada el mismo año de su muerte, y posteriormente *Pájaros de la playa* (1993), también novela breve de Sarduy –quien contrae la enfermedad a fines de los ochenta– que tenemos los primeros trabajos donde el sida aparece escrito con todas sus letras en la literatura de América Latina. En el caso de Reinaldo Arenas, esta actitud de guardar silencio no es la excepción. Jorge Olivares, en su lúcido trabajo *Becoming Reinaldo Arenas* (2013), comenta el hecho de que el escritor nunca mencionó a su madre que había contraído el sida en Nueva York durante la correspondencia que ambos mantuvieron hasta que Arenas decidió quitarse la vida porque no pudo resistir los efectos de la enfermedad y, por lo mismo, tener que dejar de escribir. Finalmente, un caso emblemático y de impacto mundial es el de Michel Foucault quien muere en 1984 a causa de sida sin haber confirmado nunca públicamente su homosexualidad ni el padecimiento de la enfermedad.

A pesar de lo anterior, de alguna u otra manera los autores seropositivos de este periodo se las arreglan para expresar su angustia y desconcierto personal utilizando la escritura como medio de sobrevivencia y también de catarsis. Sus obras se transforman en genuinas tanatografías, es decir, conjuntos de fragmentos textuales "que alternan entre la amenaza de la descomposición y desperdicio, por una parte, y la esperanza de poder frenar el proceso de disolución y de aniquilación total, por la otra" (Angvik 39). Mirado desde esta lógica, el discurso se convierte en la metáfora del cuerpo y, en consecuencia, la escritura se constituye en el vehículo por donde circula indistintamente la realidad y la ficción. Esta convivencia de realidades material y lingüística revela una "duality inherent in all linguistic entities but extraordinarily exaggerated and potentially deadly in the case of AIDS" (Treichler 18). Por lo tanto, el acercamiento a cualquiera de estos textos requerirá de un lente especial, puesto que en ellos "las categorías no solo se vuelven inexactas, sino que se contaminan mutuamente" (Meruane 186).

Decíamos que junto con la llegada del sida se produce una desestabilización de los discursos existentes. Al mismo tiempo se introduce un discurso nuevo que escurre por las aguas subterráneas de la sexualidad como un virus destinado a disolver los límites que el antiguo orden pulcramente contenía. Este paisaje se describe claramente en la autobiografía del estadounidense Samuel R. Delany, *The Motion of Light in Water* (1988), en la cual se comenta la irrupción del sida como el punto de partida de una revolución social que se justifica "because of the infiltration of clear and articulated language into the marginal areas of human sexual exploration" (294). Asimismo, en el plano textual, ya nos hemos referido con relación al trabajo de Paula Treichler que el sida provocó una crisis de significación. Otros estudiosos como Andrea Kottow le confieren a este fenómeno un estatus de epidemia que transferido a la literatura:

> pone en jaque una limitación de realidad y ficción, de enfermedad real y enfermedad literaria, entretejiéndose de manera ineludible la conciencia acerca de una patología que afecta el cuerpo individual y cuerpo social, que puebla imaginarios colectivos y alimenta temores sociales, así como sustenta proyectos estéticos subversivos (Kottow 250).

Dicha situación de amenaza y crisis consustancial es la que le otorga al sida un poder performativo y una posibilidad de supervivencia entre otros discursos que debe ser definida y examinada, precisamente, a la luz de esta multiplicidad de discursos que estallan en el texto con su diagnóstico. En un proceso paralelo, este discurso sobre sida se vuelve mucho más complejo e incisivo, si se quiere, por la versatilidad de su forma y por la diversidad y contradicción de los temas que lo tocan:

39

> [l]a arbitrariedad de esta 'ficción normativa'… permite pensar la fuerza política de los lenguajes allí donde confeccionan y rearticulan órdenes de cuerpos a los que asignan 'valores' a partir de economías cambiantes… es una ficción que se vuelve 'realidad', que se hace cuerpo e identidades, que se reapropia y diversifica en culturas, lenguajes y prácticas, que instituye en fin, una representación social y un régimen de cuerpos (Giorgi 19).

La amalgama cuerpo/escritura/ser es uno de los rasgos que motivaron los primeros pasos de esta investigación. En el caso de la literatura de sida se evidencia una sofisticación estética impresionante producto de una marcada intención experimental del escritor/protagonista como una forma de sobrellevar la enfermedad que acarrea, ya sea en carne propia o dentro de la comunidad en la que este se circunscribe. Esta interrelación ficción/no ficción y cuerpo/discurso es la que funda la tónica de estos textos sobre sida. Se trata de variables que siempre están en movimiento y que se van intercambiando arbitrariamente dependiendo de su cercanía con la muerte.

Birger Angvik en "Arenas, Sarduy: Sida y tanatografía" (2006) justamente señala que en estos textos predomina además una voluntad personal y artística marcadamente confesional y autobiográfica, lo que "representa desafíos a las teorías, metodologías y críticas literarias a las que, por el momento [las obras sobre sida], exceden, se adelantan y se escapan para actuar siempre 'en otro escenario'" (37-38). Ese "otro escenario" al que se refiere Angvik se inscribe en el ámbito de la muerte cuya presencia desbordante en la escritura se confunde con la vida misma generando una dinámica tan particular que la vuelve porosa contagiándose y contagiando a todos los discursos en tránsito. La muerte, en la tradición occidental, encarna a ese "demonio que [hay que] espantar, el peligro de que huir [no obstante] no todas las muertes son iguales… La causa de la muerte sigue condicionando el discurso" (Aliaga 28). En consecuencia, se requerirá de un nuevo enfoque crítico que además considere que dichas obras en alguna medida trascienden, y en otras interpretan, el marco de lo posmoderno desde sus "connotaciones apocalípticas del despilfarro de las sociedades de consumo […] y de la contaminación ambiental causada por los excesos del mundo" (Angvik 38). Entre estas coordenadas, entonces, se delinean los objetivos de este trabajo. Uno de ellos será examinar aquellos factores innovadores que presentan estas narraciones "pervertidas", principalmente desde la experiencia e interacción del sujeto real y/o protagonista ficcionalizado con la enfermedad y en su relación con la muerte que puede ser inminente. Del mismo modo, pondremos atención en la manera en que la memoria y la temporalidad se articulan en dicho diálogo y veremos cómo funcionan con relación a otros discursos de resistencia. También, observaremos los recursos estilísticos de los cuales se sirve la escritura para plantear este fenómeno y cómo los mismos dan cuenta de los nuevos procesos que afectan el cuerpo, el deseo y la subjetividad homosexual, entre otros. Finalmente, y como consecuencia de lo anterior, esperamos determinar en qué medida y modalidad este discurso interviene la cultura heteronormativizada de América Latina representada por el grupo de obras seleccionadas para este trabajo.

Cómo se organiza este estudio: formalidades y conceptos

Es importante establecer desde el principio que el corpus que constituye este trabajo no se hace cargo de todas las obras literarias de sida. Para tal efecto hemos seleccionado algunas representantes de géneros menores: la autobiografía del cubano Reinaldo Arenas, *Antes que anochezca* (1992), muerto de sida en 1990; la selección de crónicas reunidas en *Loco afán. Crónicas de sidario* (1996) del chileno Pedro Lemebel y *Un año sin amor, diario de sida* (1998) del escritor argentino Pablo Pérez. Este criterio de selección tiene una justificación desde la perspectiva del formato. Veremos más adelante que la unidad formal se va alterando y/o combinando con otras dependiendo de las necesidades del discurso que se plantea en esencia híbrido, es decir, ajeno a cualquier rigurosidad normativa. La causa de esta alteración estructural responde a los cambios que experimenta el cuerpo enfermo que inspira la escritura. Esta interacción cuerpo-discurso genera un texto donde realidad y ficción son indivisibles sobrepasando cualquier intento de categorización. Esta condición le confiere a este tipo de discurso un poder performativo sin precedente lo cual representa en nuestra opinión un primer quiebre de paradigma.

Además, se hace referencia a textos de géneros mayores como la novela *El desbarrancadero* (2001), del autor colombiano Fernando Vallejo y *La ansiedad. Novela trash* (2004) del argentino Daniel Link. Se incluye en este grupo el relato "Mona", también de Reinaldo Arenas, el cual se publicó post-mortem en el volumen *Viaje a la Habana* (1990). Estos tres textos explican un segundo criterio de análisis que pretende evidenciar las transformaciones ocurridas antes y después de la incorporación del tratamiento de la triterapia o cóctel antiretroviral en 1996. Las medicinas que circulaban antes de este momento, como el AZT, servían para apalear momentáneamente algunos de los síntomas producidos por las infecciones oportunistas u otro tipo de enfermedades desencadenadas por las bajas del sistema inmunológico en el organismo. Sin embargo, el paciente sufría de una serie de efectos secundarios, muchas veces tan agresivos como el impacto de la enfermedad misma y la muerte, en cualquiera de estos casos, era inevitable.

Con respecto a los autores que aquí se estudian, es importante establecer que todos ellos son homosexuales. Esta característica común sirve para ubicar este análisis en el marco teórico de los estudios queer. *The Norton Anthology of Theory and Criticism* (2001) editado por Vincent B. Leitch, da cuenta que la teoría queer se ha constituido a partir de las ideas críticas del feminismo, estudios de la mujer y los estudios gay y lésbicos, siendo su principal contribuyente los estudios feministas que se establecieron en la academia a partir de los años setenta y que derivan de un movimiento político que lucha contra la discriminación e inequidad sexista. Una de las exigencias más importantes que activó la lucha de estos movimientos fue la que reclamaba la incorporación de la orientación sexual como parte de la leyes por los derechos humanos para proteger a quienes se les negaba techo o empleo por causa de su homosexualidad.

Los estudios gay y lésbicos estudian principalmente los ejes homosexual/heterosexual y su perspectiva moral/amoral y normal/anormal a lo largo de la historia. El trabajo de Gayle Rubin de fines de la década de 1980, examina, por ejemplo, la oposición normal/desviado dentro del comportamiento de la sociedad y, asimismo, cómo estas categorías se imponen como una forma de control. La teoría queer es la más nueva de todas las escuelas mencionadas y trasciende el objeto de estudio en su forma esencialista. *The Norton Anthology of Theory and Criticism* define a los estudios queer como aquel que

> attacks the homophobic and patriarchal basis on heterosexuality. It aims beyond lesbian and gay rights philosophies to study other so-called perverse, deviant, and alternative sexualities. For example, queer theorists investigate the historical developments of such categories as sodomite, hermaphrodite, and homosexual, as well as woman and man, stressing the socially constructed character of sexualities. Of particular interest are transgressive phenomena such as drag, camp, cross-dressing, and transsexuality, all of which highlight the nonbiological, performative aspects of gender construction (Leitch 25).

En América Latina, el reconocimiento de textos queer ha permitido vincular temas que anteriormente se pensaban aisladamente como es el caso de la sexualidad y la cultura o la nación como un cuerpo social donde se distinguen identidades diversas. La mayor contribución de estos textos es su "efecto desestabilizante, [el cual] depende de que haya una presencia queer –es decir, un conjunto de personas que asuman tal identidad, por provisional que sea" (Kaminsky 891-892). Igualmente, si incorporamos el tema del sida a esta dimensión teórica, se suman a la crisis de significación ya referida una serie de valores/conceptos ontológicos fundamentales que configuran la cultura de occidente:

> [l]ike the systemic depletion that allows AIDS to appear as a seemingly endless number of symptoms and thereby remain both the same as and different from itself, the material effects of AIDS deplete so many of our cultural assumptions about identity, justice, desire, and knowledge that it seems at time to able to threaten the entire system of Western thought –that which maintains the health and immunity of our epistemology: the psychic presence of AIDS signifies a collapse of identity and difference that refuses to be abjected from the systems of self knowledge (Yingling 292).

Por lo tanto, y dado que la figura de los autores aparecen en la ficción, este trabajo pondrá especial atención en el lugar de la enunciación y en la modalidad de su construcción dependiendo si estos se encuentran o no contagiados con el VIH/sida. También, se examinará la conexión de los narradores con el contexto social, médico-farmacológico, económico-político y sexual-genérico; y se mirará de cerca su comportamiento en tanto individuos para evaluar hasta dónde es posible el agenciamiento de discursos que movilicen, o al menos reflejen, esas colectividades marginalizadas afectadas por la epidemia.

Para estos efectos el estudio está organizado en tres capítulos. Cada uno de ellos abordará alguno de los rasgos ya mencionados de acuerdo a su predominio en los textos. El criterio de agrupación de las dos obras que constituyen cada capítulo tiene que ver con una afinidad conceptual, que en algunos casos se da por una posición de contraste más que por un orden cronológico establecido por su fecha de publicación. De esa manera, el capítulo primero se enfocará en los dos textos de Reinaldo Arenas, especialmente en "Mona", y se centrará en el tema de la temporalidad y de la sexualidad desde donde se desprende el discurso del sida como alegoría. El segundo capítulo estudia los dos textos de autores argentinos, *Un año sin amor* y *Ansiedad. Novela trash*. Aquí se revisará la parodia desde la perspectiva neobarroca con relación al cuerpo, la enfermedad y el cambio que se observa en las relaciones de pareja/comunidad según los distintos momentos del tratamiento sin perder de vista el contexto posmoderno. El último capítulo de análisis navegará a partir del discurso móvil que proporciona el sida por los mapas urbanos mediados por la memoria de las crónicas de *Loco afán* y *El desbarrancadero*.

Las infinitas posibilidades de significación que el sida provoca en el discurso literario determinan que es imposible utilizar un solo modelo teórico para explicar los fenómenos que el cuerpo registra en la letra. Por lo tanto, decidimos que nuestra aproximación también debía de ser promiscua. De este modo, tomamos de distintos estudiosos elementos que nos permitieran profundizar algún aspecto observado en el texto. En la siguiente sección, revisaremos las ideas principales que iluminarán el presente análisis.

Aproximaciones teóricas

En la conferencia del 14 de enero de 1976 en el Colegio de Francia, Michel Foucault medita acerca de las relaciones de poder que atraviesan nuestra sociedad y que son las que afectan y definen lo que él llama "cuerpo social". Asimismo, el autor observa que estas relaciones están basadas en discursos de verdad (cuya producción también está mediada por relaciones de poder), los que se hacen efectivos en la medida que son "produced, accumulated [and] put into circulation" (2003, 24). La interacción entre las relaciones de poder, derecho y verdad ha cambiado desde la Edad Media hasta ahora. Antiguamente, todo estaba centrado en el rey y su poder soberano y, por lo tanto, el aparato judicial/legal (entendido en un sentido amplio como las instituciones y aparatos de control), en calidad de siervo del rey, estaba sujeto a su poder, pues todos debían de jurarle obediencia. Sin embargo, en la sociedad moderna el poder soberano se transforma en poder de dominación que no consiste necesariamente en el poder que un individuo ejerce sobre un grupo específico o sobre un grupo superior a otro; más bien funciona a lo largo de las "multiples forms of domination that can be exercised in society […] subjects in their reciprocal relations […] the multiple subjugations that take place and function within the social body" (Foucault 2003, 27). Lo primordial para que el poder circule en el cuerpo social reside en el funcionamiento de un aparato de conocimiento y este se ubica especialmente en el cuerpo. Por ejemplo, en el siglo XIX tiene que ver con la eficiencia de la producción (a partir de la vigilancia y disciplina desde el marco del capitalismo industrial) y se distingue del poder del soberano que ponía su atención en la tierra (un sistema judicial traducible, entre otros, al cobro de impuestos). Lo que nos interesa específicamente de este desarrollo histórico del poder que hace Foucault es precisamente la transferencia del principio soberano que se actualiza en "a legislation, a discourse, and an organization of public right [around] the social body and the delegation of individual sovereignty to the State; and […] a tight grid of disciplinary coercions that actually guarantees the cohesion of that social body" (2003, 37). Entonces el poder que circula entre estos dos ejes –del derecho soberano conferido al Estado y el control disciplinal del mismo–, se constituye a través de un discurso propio que se aleja de un discurso legal y se acerca al discurso del conocimiento, en otras palabras, de la norma. Esta última se constituye por "[d]isciplines [that] will define not a code of law, but a code of normalization, and they will necessarily refer to […] the field of the human sciences" (Foucault 2003, 38). El estudioso se refiere especialmente al campo de la medicina a través de "the general medicalization of behavior, modes of conduct, discourses, desires and so on"

(2003, 39). Al respecto, es necesario ampliar un punto sustancial en este cambio del paradigma del poder que se representa simbólicamente desde la espada y conceptualmente en la idea de la sustracción: "[p]ower [...] was essentially a right of seizure of things, of time, bodies, and ultimately life itself; it culminated in the privilege to seize hold of life in order to suppress it" (Foucault 1990, 136). En cambio este nuevo paradigma se encargará de "ensure, maintain, or develop its life" (1990, 136). Lo anterior vaticina una era donde la vida es administrada a partir de "diverse techniques for achieving the subjugation of bodies and the control of populations, marking the beginning of an era of 'biopower'" (1990, 140). Aunque estos temas se tratan con mayor detalle a lo largo de este trabajo, especialmente en el capítulo que examina *Un año sin amor* y *La ansiedad,* queremos enfatizar en la relación que existe entre la sexualidad como tecnología del poder. De manera muy resumida, lo que estas obras reflejan responden básicamente a una reacción particular de cómo el poder se ejerce en el cuerpo individual con un objetivo utilitario y de control, el cual se enmarca en la ideología capitalista. Esta última consiste en maximizar la producción a un bajo costo en beneficio del progreso económico. En consecuencia, será la biopolítica, es decir la entidad encargada de proveer los conocimientos necesarios relativos a la disciplina del cuerpo y la regulación de la población, para que este plan se haga efectivo a través de las instituciones: "the family and the army, schools and the police, individual medicine and the administration of collective bodies" (Foucault 1990, 141). Por su parte, el biopoder será el responsable de equilibrar "the accumulation of men to that of capital, the joining of the growth of human groups to the expansion of productive forces and the differential allocation of profit" (1990, 141). En este contexto, la ley funciona como la norma que se va expandiendo en una red donde circula el poder, pero que en cuya dinámica también se van adhiriendo otros aparatos reguladores —como ya hemos mencionado—, en los que se destacan las áreas de la medicina y la economía. En síntesis, para Foucault la sexualidad es una construcción discursiva cuya producción en la sociedad "está a la vez controlada, seleccionada y redistribuida por un cierto número de procedimientos que tienen por función conjurar los poderes y peligros, dominar el acontecimiento aleatorio y esquivar su pesada y temible materialidad" (1974, 57) y el cuerpo es su instrumento y objeto. En consecuencia, es en el cuerpo donde se despliega/manifiesta el poder.

En un intento de aproximar el discurso del sida a estos postulados han de considerarse dos factores. El primero consiste en que al analizar el presente corpus de estudio se observa una escritura cargada de sexualidad. En otras palabras, quien escribe cumple a ratos la función de erotógrafo definido como aquel que "sente prazer em escrever de forma crítica ou pornográfica sobre temas que despertem ou mantenham o erotismo, o sensualismo e diversas manisfestações de disturbios sexuais" (Brasileiro, s/p). El segundo factor tiene que ver con la incorporación en la escritura de la descripción de los efectos que la enfermedad produce en el cuerpo y su consecuencia en el régimen del amor y el placer. La combinación de ambos factores podría utilizarse en beneficio del argumento focaultiano que tenía como intención desmentir esa falsa idea de que la sexualidad estaba relegada al silencio desde el siglo XIX. Esa otrora "intención perversa", cuya estrategia era reprimir la sexualidad durante la época victoriana y donde la figura del homosexual ostentaba la etiqueta de desviado (o enfermo), no puede ser más errónea. El solo hecho de categorizar lo anómalo basado en la descripción detallada del objeto de estudio mediante entrevistas, opera de manera reversa en la medida en que propicia la acumulación y divulgación de estos discursos fortaleciendo su presencia/poder en la medida en que se los libera. Veremos a lo largo del análisis crítico de nuestros textos, que este discurso que empoderiza lo sexual, y que Foucault observa que se encuentra avalado por los intereses económicos representados por instituciones de poder tales como la medicina, la psiquiatría, la prostitución y la pornografía, mantienen una relación que se estimula por un movimiento permanente puesto que se basa en "this analytical multiplication of pleasure and this optimization of power that controls it" (1990, 327). Al mismo tiempo, este binomio placer-poder se expresa a través de un vínculo simbiótico en el que ambos discursos "overlap, and reinforce one another" (1990, 327), situación que sugiere una infinitud de combinaciones y perspectivas posibles para abordar este fenómeno en el terreno del discurso en general y los textos sobre sida en particular.

Por otro lado, el sida se presenta como una amenaza frente a los discursos reguladores existentes puesto que estaría de alguna manera re-instalando el paradigma del poder soberano con el derecho de dar muerte (en oposición al actual que pretende administrar la vida), que en este caso no estaría dado por un privilegio de pureza de sangre, sino todo lo contrario, por contaminación de la sangre con el virus del sida. Sus nuevos portadores no son los herederos por línea genealógica; son los que ahora constituyen el grupo de los "subyugados", condenados por un comportamiento sexual impulsado por la avidez del deseo y el exceso de placer practicado con el cuerpo que se resiste al propósito reproductivo/productivo establecido por el dispositivo de la sexualidad. Finalmente, al proponer un nuevo orden de los discursos, no solo se resignifica el poder soberano, sino que se reorganiza el paradigma del poder comprobando que "[p]ower is not something that is acquired, seized, or shared, something that one holds on to or allows to slip away; power is exercised from innumerable points, in the interplay of nonegalitarian and mobile relations" (Foucault 1990, 94). Esta reflexión se aproxima a las ideas que proponen las obras del sida analizadas en la que veremos que el discurso del sida funciona como vehículo de otros discursos oprimidos que se definen por su versatilidad semántica y su permanente movilidad. La resistencia endémica que constituye estos discursos es precisamente la que posibilita el empoderamiento político y la apertura hacia una multiplicidad de significaciones.

Otro gran aporte para este estudio lo proporciona Judith Butler, principalmente, a partir de su idea de la desnaturalización del sexo y el género al presentarlos como construcciones sociales que se basan en el concepto de la performatividad. Este último término se constituye a partir de la teoría de los actos de habla que John Austin presenta en sus clases en la Universidad de Harvard las que luego son compiladas en *How to Do Things with Words* (1952). Allí se distinguen los actos de habla ilocutivos que al enunciarlos se concretan en un hecho. El ejemplo clásico es la expresión "los declaro marido y mujer" en una boda. En su libro *Gender Trouble* (1990), Butler aplica dicho concepto a la noción de género proponiendo que la performatividad del mismo se constituye a partir de "stylized repetition of acts" (140) y que se materializa a partir de la performance, es decir, mediante "bodily gestures, movements, and styles of various kinds [that] constitute the illusion of an abiding gendered self" (Butler 140). Esta propuesta se aleja de las categorías binarias masculino/femenino, hombre/mujer que consideraban un modelo fijo de identidad y que evidenciaban la representación de un discurso hegemónico y heteronormativo basado en jerarquías para una sociedad/cultura determinada en un periodo temporal/histórico específico. Sin embargo, si pensamos que la repetición estilizada de actos es la que define la construcción del género, observaremos que "the arbitrary relation between such acts, in the possibility of a failure to repeat, a de-formity, or a periodic repetition exposes the phantasmatic effect of abiding identity as a politically tenuous construction" (141). Dicho razonamiento, que plantea la existencia de un modelo binario impuesto por un discurso normativo que está sujeto a la falla, se complementa con la idea de que el género es una forma que nunca puede ser internalizada a cabalidad. Esta última se basa en el siguiente argumento: al desplegarse el género como resultado de un proceso performativo, no existe un modelo original al que seguir. Por lo tanto, la carencia de referente implica que todo es artificio, es decir, el proceso es externo y/o superficial. En consecuencia, dado que los géneros se despliegan en el ámbito del discurso, será entonces el lenguaje el lugar propicio para el ensayo de identidades, las que son entendidas como "culturally subjects as the resulting effects of a rule-bound discourse that inserts itself in the pervasive and mundane signifying acts of linguistic life" (Butler 145). Este razonamiento nos permitirá examinar con mayor apertura el discurso de sexualidades no normativas que están presentes en todas las obras de este trabajo. Entre estas, nos interesa especialmente la figura del travesti como categoría vacía y escenario para la subversión que permite la relativización de estas identidades. Asimismo, a nivel de discurso, la presencia del travesti promueve la permeabilidad de contenidos que enriquece, deconstruye y amplía aquellos discursos unívocos/oficiales que provee la norma, incluyendo las distintas versiones que se rescatan/ (re) construyen para interpretar el sida.

Desde esta misma perspectiva Jean-Luc Nancy propone una relación entre ser y cuerpo que es fundamentalmente exterior y libre de jerarquías –y de esta manera se aleja de la mirada metafísica constituida por el ser y la esencia, esta última percibida desde el interior– que puedan ejercer las partes del cuerpo en su representación. Dicho de otro modo, es un cuerpo que es significado (adquiere sentido) desde su fragmentación y desde la multiplicidad de formas que encarna su piel:

> [b]odies are places of existence, and nothing exists without a place, a there, a 'here' a 'here is', for a this […] It's acephalic and aphallic in every sense, as it were. Yet it is a skin, variously folded, refolded, unfolded, multiplied, invaginated, exogastrulated, orificed, evasive, invaded, stretched, relaxed, excited, distressed, tied, untied. In these and thousands of other ways, the body makes room for existence (no 'a priori form of intuition' here, no 'table of categories': the

transcendental resides in an indefinite modification and spacious nodulation of skin) (Nancy 2000, 15).

Nuestra interpretación del papel que juega la escritura en este nuevo modelo ontológico reside en que representa el recurso más dúctil para que el pensamiento se haga cuerpo. En esta operación se establece una somatografía, es decir, lecturas posibles a partir de los registros que producen estos toques entre las partes del cuerpo y el pensamiento que se traducen en sentido. Desde esta perspectiva, podemos notar una diferencia con lo que planteaba el proyecto de la modernidad que le adjudicaba significados al cuerpo desde los distintos discursos (la escritura sobre el cuerpo). La propuesta de Nancy plantea "que este se escriba, se toque, se convierta en significante" (Barrera 57), es decir, que se produzca una liberación del pensamiento en el sentido que se despoja de "toda idea, puesto que la idea es la plantilla de la identidad inmutable" (59). En otras palabras, el cuerpo, expresado mediante el lenguaje (la escritura), es la forma como el pensamiento se comunica y se expresa la esencia del ser, forma y contenido simultáneamente, la identidad que se despliega en un solo toque (en el aquí y ahora) y que es totalmente externo y carnal.

Estas ideas sirven para reforzar, por una parte, la extensión de los horizontes genéricos–sexuales y los usos del cuerpo que promueven los autores y personajes de las obras estudiadas y que se accrcan a lo que Paul B. Preciado define como contrato contrasexual. Este consiste en que "los cuerpos se reconocen a sí mismos no como hombres ni mujeres sino como cuerpos hablantes [con] la posibilidad de acceder a todas las prácticas significantes, así como a todas las posiciones de enunciación, en tanto sujetos, que la historia ha determinado como masculinas, femeninas o perversas" (13). Por otro lado, hemos visto que para estos pensadores el cuerpo es una cuestión central en su aparato crítico. Entonces el sida, como un fenómeno que afecta al cuerpo y que altera los discursos con relación al mismo, refuerza aún más la idea de que "the signifying body is political" (Nancy 2008, 71) e incorpora otro concepto que este análisis recoge que es el de la comunidad. Este último, visto desde la perspectiva de Nancy, no equivale a la conversación de cuerpos individuales o a la metáfora foucaltiana de la comunidad como un cuerpo social regulable por las instituciones. Para el filósofo, la política

> begins and ends with bodies. Because it's not really that there is, or isn't, something just or unjust, something equal or unequal, something free or something imprisoned: it is not a matter of signifying those things, but of giving them a place [and places] and even of measuring them [even if they're also incommensurable] (2008, 73).

Esta reflexión se encuentra muy ligada al principio genealógico que Foucault propone para estudiar la historia en el sentido de identificar aquellas coordenadas que permiten el despliegue del poder. En el caso de Nancy, este se reflejaría en el cuerpo a partir de su representación en la escritura que es precisamente lo que examinaremos aquí.

Una última aproximación a otra idea de Nancy que aplicamos en este estudio tiene que ver con el concepto "being singular plural". Este no se constituye a partir de la suma de seres individuales, sino por la esencia misma del ser que funciona "in the same way as a collective power: power is neither exterior to the collective nor interior to each of them, but rather consists in the collectivity as such" (Nancy 2000, 30). Nancy explica que el significado al que nos referíamos anteriormente, ese que se despliega a partir del cuerpo en la escritura, se produce siempre y cuando este es compartido "because meaning is itself the sharing of Being" (Nancy 2000, 1). Por su parte, el sentido del ser tiene una característica performativa si la pensamos desde la perspectiva butleriana aplicada al género en la medida en que ese ser "es" en la medida que circula: "the affirmation of meaning as the repetition of the instant, nothing but this repetition, and as a result" (Nancy 2000, 4). Esta idea de circulación está conceptualizada a partir del eterno retorno que desarrolla Nietzsche y que apunta a la idea de la eternidad que Nancy la define como:

> the originary plurality of origins and the creation of the world in each singularity, creation continued in the discontinuity of its discrete occurrences [where] the truth of this paradoxical 'first-person plural' which makes sense of the world as the spacing and intertwining of so many worlds ... that there is taking place of meaning, or the crossing-through of presence. 'We' (and 'we say') the unique event whose uniqueness and unity consist in multiplicity (2000, 4).

Lo anterior, además de encontrarse en una línea conceptual similar respecto de otros teóricos utilizados en este estudio, nos permite fundamentar el principio del flujo y diversidad que está presente en los discursos de las obras examinadas. Además, sirve para introducir otro elemento primordial para nuestro análisis: el eje espacio/temporal, cuya trascendencia se funda en dos dimensiones. La primera es la validación ontológica, es decir, la identidad que se manifiesta en un punto espacio/temporal específico (el "toque" de la escritura con el cuerpo), identidad en tanto cuerpo que significa y que proporciona el acceso para dar cuenta de un contexto histórico particular que contiene una serie de discursos (socio-políticos, sexuales, económicos, científicos, etc.) que lo perfila. En consecuencia, esas identidades periféricas se fortalecen en la medida en que su presencia se constituye como puntos de fuga de este marco heteronormativo. La segunda se manifiesta en función del antes y después de la enfermedad, donde podremos advertir diferentes representaciones del cuerpo a través del discurso donde además mediará otro eje de significación: la nostalgia y/o la memoria. Un último discurso que se desprende de esta segunda idea reside en el impacto de la triterapia o cóctel antirretroviral en el cuerpo y en el lenguaje que le da forma.

Si estamos analizando los efectos que produce la enfermedad en el discurso será necesario ampliar la definición de lo queer. Para Judit Halberstam esta no solo implica la sexualidad, sino además "nonnormative logics and organization of community, sexual identity, embodiment, and activity in space and time" (Halberstam 6). En *In a Queer Time and Place* (2005) Halberstam intenta descentralizar la relación entre identidad queer y sexualidad, y propone más bien el establecimiento de un "queer way of life" donde la concepción del tiempo y del espacio tienen una dinámica distinta a "the institutions of family, heterosexuality, and reproduction [and,] according to other logics of location, movement, and identification" (Halberstam 1). Esta idea se inspira en las declaraciones que Michel Foucault emite para la revista francesa *Gai Pied* en una entrevista que en su traducción al inglés se titula "Friendship as a way of life" (1981). Allí, el filósofo propone un sistema de relaciones humanas en el cual la sexualidad no heterosexual es un punto en común: "[t]he problem is not to discover in oneself the truth of one's sex, but rather, to use one's sexuality henceforth to arrive at a multiplicity of relationships" (Cecaty, Daet y Le Bitoux 135). Esta forma excéntrica de relacionarse le confiere a las coordenadas tiempo/espacio nuevas posibilidades de configuración y de discurso. En el caso del sida, por ejemplo, se produce un énfasis en el presente, "the here […] the now, and while the threat of no future hovers overhead like a storm cloud, the urgency of being also expands the potential of the moment" (Halberstam 2). En consecuencia, el discurso literario/artístico permite que se produzca esta reformulación del tiempo y del espacio mediada por un modo de vivir queer. Cada gesto que se sale de la lógica normativa corresponde a un "momento de ser" representado por un "toque", es decir, una forma de experimentar de acuerdo a cada subjetividad. Esto es muy similar a los que plantea Nancy, en cuya reorganización se permite vincular al ámbito de la sexualidad (y con ella al cuerpo, a la persona y a lo local), que según Halberstam eran elementos que antes se excluían de cualquier análisis de este tipo. De esta manera, en opinión de Halbertsam, se evadía el deseo como expresión individual de la sexualidad para privilegiar nociones marxistas generales como la clase, lo global y lo político que eran los únicos discursos activistas que se ponían en circulación frente al escenario capitalista. El punto del crítico con este argumento es precisamente el de abogar por una manera de interpretar en que se considere la multiplicidad y se respete lo íntimo/particular y que ambas formas se integren o trasciendan hacia el diálogo global como narrativas posibles dentro del marco de las que ya existen, conceptualización que también se complementa con el "being singular plural".

En definitiva, el postmodernismo, definido por Halberstam como un fenómeno simultáneo en el que coexisten "a crisis in the stability of form and meaning, and an opportunity to rethink the practice of cultural production, its hierarchies and power dynamics, its tendency to resist or capitulate" (6), es la plataforma más idónea para que se despliegue el tiempo queer. Este último se entiende como "those specific models of temporality that emerge with postmodernism once one leaves the temporal frames of bourgeois reproduction and family, longevity, risk/safety and inheritance" (Halberstam 6). Con este mismo razonamiento se incorporaría el espacio queer dentro del contexto posmoderno entendido como "the place-making practices [...] in which queer people engage and it also describes the new understanding of space enabled by the production of queer counterpublics" (Halberstam 6).

Michael Warner en *Public and Counterpublics* (2005) define counterpublic (contrapúblico) como "a scene where a dominated group aspires to re-create itself as a public and in doing so finds itself in conflict not only with the dominant social group but with the norms that constitute the dominant culture as public"

(Wagner 112). En las obras estudiadas aquí, se revisarán algunos espacios como los cines porno (establecimientos donde se exhiben películas pornográficas para la excitación sexual de la audiencia), los baños públicos, los "peep-shows" (espectáculos eróticos pagados donde el cliente mira por un agujero), los saunas y otros lugares de reunión de una colectividad subalterna que se resiste a las leyes públicas y hegemónicas. La relevancia de estos lugares, descritos en los textos como puntos de encuentro de sus personajes principales, posibilitan una lectura queer precisamente por distinguirlos entre ese espacio público "that can take their discourse pragmatics and their lifeworlds for granted, misrecognizing the indefinite scope of their expansive address as universality of normalcy [in opposition to] Counterpublics [that] are spaces of circulation in which it is hoped that the poesis of scene making will be transformative, not replicative merely" (Wagner 122). De esta manera se va construyendo un mapa urbano-sexual en el cual "the relations between sexuality and time and space provide immense insight into the flows of power and subversion within postmodernism" (Halberstam 13).

En el capítulo que examina *Loco afán* se complementará esta discusión con algunas ideas de Michel de Certeau para ampliar la mirada de estos nuevos recorridos urbanos, metafóricamente retóricos, que se adhieren al discurso del sida para ir rescatando otros discursos del margen entre los cuales están aquellos silenciados/subyugados por la dictadura política, neoliberalismo y diferencias étnico/sociales. Sin embargo, para que este despliegue se produzca es necesario tener en cuenta que las coordenadas tiempo/espacio que se manejan aquí están fuera de cualquier combinación binaria, o de sacralizaciones en términos foucaltianos, como público/privado, abstracto/material o local/global. En consecuencia, se reemplaza una lógica de la dialéctica por una "logic of diversity: diverse locals, globals, capitalisms, temporalities" (Halberstam 11). Dentro de esta dinámica, habría que agregar que una característica primordial de estos discursos es la intensidad. Esta se activa por la resistencia que estos mismos producen precisamente por concebirse desde la diferencia. Asimismo, estos discursos que se inscriben en el concepto de "being singular plural", y que se irán articulando a lo largo de este análisis, se corresponden con lo que Halberstam llama "postmodern geography". Esto última puede explicarse a partir del concepto de heterotopía formulado por Michel Foucault en una conferencia dictada en el Cercle d'études architecturales en 1967 titulada "Des espaces autres" ("De los espacios otros", traducción disponible en español desde 1984). En este ensayo, el pensador francés establece que nuestra época es eminentemente espacial y lo ejemplifica en el momento en que Galileo descubre en el siglo XVII que la Tierra giraba alrededor del sol, lo que en el fondo implica una apertura al espacio "infinito, e infinitamente abierto […] [d]icho de otra manera […] la extensión sustituye a la localización (Foucault 1984, s/p). Esta extensión que se actualiza en lo que Foucault llama "emplazamiento" se define "por las relaciones de proximidad entre puntos o elementos [y que] formalmente, se las puede describir como series, árboles [y] enrejados" (1984, s/p). Un ejemplo concreto de emplazamiento humano tiene que ver con las "relaciones de proximidad, qué tipo de almacenamiento, de circulación, de identificación, de clasificación de elementos humanos deben ser tenidos en cuenta en tal o cual situación para llegar a tal o cuál fin" (1984, s/p). En otras palabras, se trata de procesos que ocurren en un ámbito predominantemente espacial donde el tiempo es "uno de los juegos de distribución posibles entre los elementos que [allí] se reparten" (1984, s/p). Esta reflexión en torno a la relativización del tiempo y del espacio, al igual que la importancia de las relaciones y de los puntos de contacto, incorporan a la configuración del discurso como flujo la idea de la simultaneidad, lo cual brindará nuevas perspectivas para explicar ciertos recursos estéticos que presentan nuestro corpus como es el caso de la parodia. Estos últimos se incorporan, entre otros, una lectura desde el lente neobarroco inspirada en el ensayo "Barroco y neobarroco" (1972) de Severo Sarduy constituyéndose en una de las fuentes estéticas recurrentes por los autores que aquí se examinan y que se explican detalladamente de acuerdo a su uso en cada uno de los capítulos de este trabajo.

Con respecto a los espacios, finalmente debemos subrayar la distinción que Foucault hace entre los emplazamientos sin lugar real, que él llama utopías, que representan "la sociedad misma perfeccionada o […] el reverso de la sociedad" (1984, s/p) versus las heterotopías que son lugares reales

> que están diseñados en la institución misma de la sociedad, que son especies de contra-emplazamientos, especies de utopías efectivamente realizadas en las cuales los emplazamientos reales […] que se pueden encontrar en el interior de la cultura están a la vez representados, cuestionados e invertidos, especies de lugares que están fuera de todos los lugares, aunque sean sin embargo efectivamente localizables (1984, s/p).

Uno de los ejemplos más claros para comprender la relación entre utopía y heterotopía es el espejo "que es una utopía, porque es un lugar sin lugar […] [p]ero es igualmente una heterotopía, en la medida en que el espejo existe realmente [y] a partir del espejo me descubro ausente en el lugar en que estoy puesto que me veo allá" (Foucault 1984, s/p). Este efecto especular puede encontrarse en alguno de los textos como "Mona" y *El desbarrancadero*. Por una parte, se advierte como consecuencia del enfrentamiento de dos o más personajes en el nivel de la ficción. Por otra, se expresa a través del reflejo de la situación del escritor real que vive la enfermedad —ya sea en carne propia o a través de sus familiares/amigos cercanos contagiados— en el personaje de ficción. Este juego metaficcional es una constante que se hace extensiva a todo el corpus de esta investigación. Es heterotopía además, en cuanto no hay reverso/anverso o real/irreal, sino que el discurso mismo está a medio camino entre uno y otro.

Por otro lado, Foucault menciona la heterotopía de desviación constituida por "individuos cuyo comportamiento está desviado con respecto a la media o a la norma exigida" (1984, s/p). Aunque no considera a la homosexualidad en este grupo, sí alude a la vejez. A nuestro modo de ver, esta última comparte con la primera una misma cualidad en la medida en que el anciano dispone de tiempo libre y el homosexual (desde el punto de vista de su función reproductiva) no usa su tiempo productivamente, es decir, "se opone[n] al tiempo de trabajo [donde] el no hacer nada es una especie de desviación" (1984, s/p).

Otra forma de la heterotopía presente en este análisis son el teatro y el cine que responden a la propiedad que esta tiene de "yuxtaponer en un solo lugar real múltiples espacios, múltiples emplazamientos que son en sí mismos incompatibles" (Foucault 1967, s/p). Igualmente –y esta es quizás una de las características de la heterotopía que más fundamenta estos textos– tiene que ver con que están vinculadas principalmente a cortes de tiempo o "heterocronías". Es decir, la heterotopía se activa "cuando los hombres se encuentran en una especie de ruptura absoluta con su tiempo tradicional" (Foucault 1967, s/p). Tal es el caso del cementerio, los museos, las bibliotecas, las ferias. La heterocronía se aplica a nuestras obras de estudio en la medida de que cada una de ellas funciona como contenedora de textos previos, originados en distintos momentos, que acumulan y dispersan sentido. Estos textos anteriores se acomodan en su nueva versión a modo de parodias neobarrocas (intertextos/intratextos), como pastiches kitsch o despliegue metaficcional. En consecuencia, lo que resulta de esta operación discursiva es una nueva aleación de forma y contenido, de adentro y afuera, donde el espacio y el tiempo se pliegan y se repliegan en una dinámica de escritura donde prima la versatilidad cuyo ritmo es a la vez variable y continuo.

Del texto *De Cruising Utopia* (2009) de José Esteban Muñoz, nos interesa incorporar la propiedad que el autor le confiere a la utopía como una potencialidad, que es un término desarrollado por Walter Benjamin. Esta última funciona en la obra de arte impulsada "by a certain surplus in the work that promises a futurity, something that is not quite here" (Muñoz 7). Esta potencialidad es equivalente a lo que Ernest Bloch denomina *anticipatory illumination of art*, que al aplicarse dentro de la estética queer no puede ocurrir sino que en el futuro ya que el presente está configurado por lo heteronormativo. Esta es la razón por la cual permanece en estado de latencia o de *not-yet-conscious*.

Además, esta aproximación teórica propuesta por Bloch, distingue el exceso utópico del exceso capitalista. En este último, el valor del excedente "becomes profit in the form of capital for the capitalist, and it is at the expense of the alienated worker" (Muñoz 147). En cambio, si se considera la teoría estética a partir de los planteamientos de Muñoz, el excedente que "becomes that in the aesthetic that exceeds the functionalism of capital flows" (147). Un punto de contacto entre este punto de vista de Muñoz y las ideas de Judit Halberstam recién examinadas, consiste en que el exceso utópico también considera formas de ser que no se adecúan a este formato capitalista como lo es el modo de ser queer. Por lo tanto, si lo afectivo también excede el formato dominante, desde esta perspectiva utópica activa "a certain potentiality […] a relational field where men could love each other outside the institutions of heterosexuality" (Muñoz 9).

Estos conceptos contextualizados en la época del sida no solo permiten agregar nuevas narrativas en el discurso estético e imaginar realidades paralelas donde la homofobia, por ejemplo, no es una institución erigida por la norma. Lo que nos provee la utopía dentro de estas coordenadas descritas por Muñoz es la posibilidad de establecer "a critique of the present, of what is, by casting a picture of what can and perhaps will be" (35). Por otra parte, si tomamos en cuenta cómo se expresan estéticamente el antes y el después de la enfermedad, surge lo que este estudioso llama nostalgia utópica o "utopian longing" que es un discurso que prevalece en las obras que él describe en su libro y en las cuales advierte una construcción discursiva en torno a los recuerdos (memoria) provistas de una estructura que establece "a force field of affect and political desire" (Muñoz 35). La memoria adquiere fuerza política, en la medida en que esta le brinda la posibilidad de criticar el orden imperante de ese momento evocado, al mismo tiempo que activa su capacidad de ser reconstituida. Dicho de otro modo, se trata de la posibilidad de innovar respecto de ese orden dado a partir de la recuperación de los recuerdos. En este proceso la utopía privilegia el tiempo presente en la medida en que "understands its time as reaching beyond some nostalgic past that perhaps never was or some future whose arrival is continuously belated" (37).

Por último, destacaremos la memoria como un medio para acceder a esos discursos vedados o fantasmas. La idea del fantasma que Muñoz describe como un tema importante dentro de la teoría queer que sirve "to explain the relationship of homosexuality to heteronormative culture" (46), y que intenta dar cuenta de este discurso liminal, que no solo atañe a la sexualidad, sino también a otros discursos que en la medida que son revividos por la memoria "can help us reimagine the social" (47).

Consideraciones finales

Aquello que en un principio se señaló como promiscuidad teórica se traduce como una reacción neobarroca frente al fenómeno de la epidemia. Del mismo modo que no existe una teoría que dé cuenta de estos textos acerca del sida, una vez que arriba la enfermedad a América Latina, se hace imposible encararla como una unidad territorial, donde todos los países coinciden en una estrategia para controlar sus consecuencias y delinear un plan de investigación y prevención que la minimice. Cada país conforma un universo distinto con respecto a su disponibilidad de recursos, situación política, compromiso de las bases, atención que se les brinda, prioridad y tipo de cohesión en torno a la lucha por los derechos humanos de los pacientes. Del mismo modo, así como en América Latina no contamos con una escuela de estudios queer como la desarrollada en Estados Unidos o Europa desde principios de los años noventa, en el caso del sida no existía un modelo de lucha consistente como el que se constituyó a fines de los ochentas con ACT UP o Queer Nation. De ninguna manera estábamos inmersos en el mismo contexto político, social, económico, étnico, de género y sexual. Nuestra realidad se constituye tanto del mestizaje como de esfuerzos e iniciativas disparejas ya sean locales y/o extranjeras. Igualmente el sida tampoco se desarrolló de manera similar en todas partes; los ejemplos citados lo clarifican bastante. Esta reflexión a lo largo de esta investigación, contribuye a desechar un objetivo anterior que consistía precisamente en lo opuesto, es decir, en consolidar a partir de diversas líneas teóricas asociadas a los estudios queer, de un dispositivo único de análisis que permitiera abordar textos sobre sida en América Latina. Esta idea, aunque atractiva, era demasiado ambiciosa y quizás no lo suficientemente acertada o efectiva como se pensó en un principio. Sin embargo, inspira futuros proyectos que probablemente se desarrollarán en los años venideros. Del mismo modo, no se trata tampoco de establecer aquí un patrón de obras relativas al sida dotado de un listado de características a partir de la revisión meticulosa de un corpus. No es así, primero porque no se está abarcando la totalidad de las obras producidas; segundo, porque el valor de cada una de ellas se debe precisamente a su particularidad, a pesar de que entre todas conforman una constelación artístico-disidente invaluable e indivisible. En términos generales, lo que aquí se persigue es proponer, desde el análisis literario, una lectura que registre ese momento histórico y político, que abarca tres décadas, y la consiguiente respuesta estética y performativa representada por un puñado de textos, y en alguna medida desde las reacciones críticas, que estos, unos más, otros menos, nos revelan a partir de su secreto ominoso: para que nunca más se olvide.

I. LOS EFECTOS DE LA PROMISCUIDAD TEMPORAL EN "MONA" DE REINALDO ARENAS

Introducción y objetivos

En el presente capítulo se examinará el papel que juega la temporalidad en "Mona" (1990), del escritor cubano Reinaldo Arenas, y de qué manera la sexualidad, en tanto asunto central del relato, permite que el tema del sida vaya emergiendo progresivamente hacia la superficie del discurso. Asimismo, esta visibilización de la enfermedad en el texto puede leerse como metáfora del contagio del virus del VIH por parte del protagonista/autor ficcionalizado de la historia, fenómeno que también es extrapolable a la precaria situación que afectaba a la comunidad homosexual de los años noventa, antes de la aparición de la triterapia.

"Mona" corresponde al segundo viaje de los tres que conforman la novela areniana *Viaje a La Habana*. El relato se constituye a partir del testimonio de lo experimentado por su protagonista Ramón Fernández, un cubano de 27 años exiliado en Nueva York que trabaja como guardia de seguridad nocturno en un restaurante de comida rápida Wendy's. El personaje-narrador elabora su testimonio desde la cárcel con urgencia y temor de que va a ser asesinado por su perseguidor, cuya historia resumiremos a continuación. Una noche cuando Ramón estaba de turno en su trabajo ingresa a Wendy's una mujer, Elisa, de la cual se siente inmediatamente atraído por su particular belleza y con la que muy pronto logra iniciar una relación amorosa. Elisa es de origen griego y está de visita en la ciudad tan solo por algunas semanas. Tras numerosas citas en su departamento, Ramón –cautivado por el aire misterioso de su amante– decide seguirla. Por su investigación se da cuenta que esta tiene un apetito sexual insaciable, pues durante un día ha contado al menos media docena de encuentros con hombres diferentes. Luego de vigilarla en varias oportunidades se da cuenta que Elisa siempre termina su viaje en el Museo Metropolitano. Primero sospecha que trabaja allí, pero se da cuenta de que nadie la conoce luego de indagar entre el personal del museo. Posteriormente, la identifica como la modelo del cuadro de la *Mona Lisa* que estaba exhibiéndose en ese museo como préstamo del Louvre. Sin embargo, al notar que la pintura estaba fechada en el siglo XVI, supone que Elisa es una de las millonarias herederas y guardianas del cuadro. Finalmente, Elisa le confiesa a Ramón que ella es en realidad la *Mona Lisa* y que en definitiva es Leonardo a Vinci, ya que fue concebida como su autorretrato sobreviviéndolo por quinientos años. Lamentablemente esta confesión de Elisa le va a costar la vida a Ramón. Al momento en que ella intenta asesinarlo con un cuchillo, se produce un forcejeo que desencadena un apasionado encuentro sexual. El cuerpo de Elisa se va desvaneciendo para luego transformarse en la figura de un viejo y decrépito Leonardo quien, a partir de ese momento, está siendo sodomizado por Ramón. Este último escapa horrorizado y se le ocurre que su salvación reside en la destrucción de la pintura. Cuando finalmente se dispone a romperla a martillazos, la figura del cuadro advierte sus intenciones, extiende un brazo fuera del marco y activa la alarma por lo cual Ramón es arrestado y encarcelado. Ya en la cárcel, Ramón comienza a escribir su experiencia con la esperanza de que la difusión de su manuscrito evite que sea encontrado por su ejecutor/a. Sin embargo, a los pocos días se encuentra muerto en su celda (se presume que es un suicidio, ya que la policía halla vestigios de estrangulación) hasta que su cuerpo desaparece misteriosamente de la morgue cuando iba a ser examinado por los médicos forenses.

Estructura del relato y desarrollo de la temporalidad

El relato de Ramón Fernández viene precedido de dos textos a modo de prólogo. El primero de ellos consiste en una presentación de su amigo Daniel Sakuntala, quien recibe el testimonio de Fernández una semana después de su muerte. En su carta de presentación, Sakuntala describe las gestiones que realizó para publicar el manuscrito. Entre las personas consultadas figura el mismo Reinaldo Arenas quien, en esa época, dirigía la revista *Mariel.* Al momento de visitarlo, Sakuntala señala que el escritor ya estaba contagiado por el sida y nos anuncia que ha muerto recientemente. Luego hay un comentario malicioso de Sakuntala cuando establece que él cree que Arenas conoció a Fernández y que probablemente su negativa de publicar el relato de su amigo heterosexual se debe a que en el pasado este último había rechazado los requerimientos sexuales del escritor. La presentación termina en un tono bastante informal donde Sakuntala alude al autor del testimonio como "Ramoncito" (Arenas 2000, 63) y expresa su esperanza de que la publicación del mismo, si no pudo detener la muerte de su amigo, al menos "salve a muchos jóvenes tan apuestos como él" (2000, 63).

La segunda nota está firmada por "Los editores" en Monterrey del año 2025. Allí se aclara que Sakuntala no pudo publicar el manuscrito por razones económicas y se informa que el joven desapareció de manera misteriosa en el lago Ontario, Estados Unidos. Se menciona que existe una publicación previa del manuscrito fechada en 1999, en Nueva Jersey y editada por la revista *Unveiling Cuba* dirigida por Ismaele Lorenzo y Vicente Echurre, quienes también han desaparecido al igual que casi todos los ejemplares de esa publicación. Nuevamente se hace referencia a Arenas y se rectifica su muerte a causa del sida en el verano de 1987 en la ciudad de Nueva York. Finalmente, se establece la presente edición príncipe señalando que se han mantenido las notas al pie de los previos editores.

De lo anterior podemos establecer que existe un texto principal que es el de Ramón Fernández construido a partir de la alternancia desde el presente de la escritura en su celda y del pasado de la historia que va narrando. A lo largo del relato de Fernández, se establece un diálogo entre los editores. Estos últimos se constituyen por sus comentarios a través de las notas al pie de página, las cuales son abundantes y extensas con relación a lo habitual en este tipo de formato, e incluso invasivas del testimonio en cuestión. Por otro lado, dado que los editores son de distintas épocas, de alguna manera, van sustentando un texto pluritemporal que contribuye a la historia con elementos "contradictorios y conflictivos" (Carrión 33). Este nuevo texto, más que aclarar ciertos puntos del relato principal, establece una realidad paralela que se mueve en un eje temporal provisional incorporando información no relevante o que excede al testimonio.

Otro nivel de temporalidad, y que se suma a los anteriores, surge en el seno de la narración de Fernández, y se materializa en la pintura de la *Mona Lisa* y su creador Leonardo da Vinci. El desborde temporal en esta parte del relato se produce cuando, ese periodo que data de quinientos años, se reactiva para servir de sustrato en la creación de uno completamente nuevo. El punto de partida para esta nueva línea temporal se representa cuando Elisa se cruza en la vida de Ramón y comienza su historia común.

Esta diversidad temporal tiene varias consecuencias. Una de ellas es que establece un tejido textual rico en perspectivas. Otra, es que el aporte de elementos contradictorios por parte de algunos de sus interlocutores configura una atmósfera de ambigüedad y desconcierto respecto a lo que se dice y al cómo se describe, que nos exige como lectores conectarnos con el texto de manera cautelosa examinando cada voz, rechazando o aceptando su particular argumento, para armar nuestra propia versión de la historia. No obstante, y a pesar de lo anterior, este juego lingüístico urdido con una lógica estética tan sui géneris, no se escapará del desenlace inalterable que consiste en una muerte doble: la del protagonista en la ficción y, posteriormente, la del escritor en la no ficción.

Precisamente, una de las características que presenta la narrativa del sida consiste en la estrecha relación entre la escritura, la muerte y la singular dinámica del tiempo expresada en su discurso. En este sentido, Birger Angvik observa respecto al trabajo literario de Reinaldo Arenas que "bajo la amenaza de la muerte inminente […] se rebela contra ella acelerando la actividad creativa como si encontrara en el trabajo de la escritura la medida más propicia para vivir, hasta la última gota, y para morir en paz" (43). Esta idea se corresponde con lo que sucede en "Mona": Ramón Fernández escribe desde la cárcel con urgencia, revive una historia del pasado con la idea fija de que la escritura de la misma lo va a salvar de un final fatal. El presente de la narración tiene un ritmo atropellador, ansioso y desesperado que comienza de esta manera: "[e]scribo este informe a toda velocidad y aun así no sé si podré terminarlo" (Arenas 2000, 67). Más adelante señala: "suena el timbre que nos llama para ir a comer. Voy corriendo" (2000, 72). La escritura va contra un tiempo que se acerca como una avalancha mortal y, al mismo tiempo, supone ser su antídoto potencial: "tengo que apurarme" (2000, 79) y, "antes que se me acabe el poco tiempo que me queda, continúo" (2000, 86). Este presente simplificado y condicionado por la premura contrasta con el testimonio que despliega la narración del pasado. En ella, el ritmo temporal se distiende e incorpora una gran cantidad de detalles que provocan, entre otras cosas, un ambiente erotizado que incentiva una abundancia de imágenes que abre el texto a las variadas posibilidades de significación como se manifiesta en el siguiente pasaje de "Mona" donde Ramón describe a Elisa cuando la ve por primera vez:

[e]ra un ejemplar femenino verdaderamente extraordinario. Pelo largo y rojizo, frente amplia, nariz perfecta, labios finos y unos ojos color de miel que me observaron sin ningún reparo (y hasta

con cierto descaro) a través de sus largas pestañas postizas. Confieso que me impresionó desde el primer momento [...] contemplé el cuerpo de aquella mujer que aunque venía envuelto en un oscuro traje de invierno prometía ser tan formidable como su rostro. Mientras yo seguía embelesado, ella entró en el Wendy's, se quitó una estola o manta que llevaba sobre los hombros y dejó al descubierto parte de sus senos (Arenas 2000, 68).

Aunque no podemos hablar estrictamente de erotografía, se identificará a lo largo de esta historia señales de lo que Roland Barthes llama texto de goce, que es aquel que "pone en estado de pérdida, desacomoda [...], hace vacilar los fundamentos históricos, culturales, psicológicos del lector [...] y pone en crisis su relación con el lenguaje" (25). Asimismo, este tipo de relatos de goce inducen al lector para que "se sumerja en el texto, no por un interés hacia los personajes, el paisaje y la anécdota sino por el deleite que ofrecen las imágenes que van apareciendo" (Vargas 41).

Imagen e imprecisión

Esta intención de privilegiar la imagen se sustenta en el texto de Arenas mediante el uso de descripciones eminentemente visuales. Dicha carga pictórica le permite a la narración explorar nuevos caminos de expresión que se acercan al recurso de la *ekphrasis* Lourdes Arancibia, en *Reinaldo Arenas: entre Eros y Tánatos* (2001), observa que el escritor "pinta literalmente con el lenguaje [...] por la selección de las metáforas, el acento que pone en el color, las tonalidades, el calor, el verano, la luz, el sol, el fulgor del mar, el movimiento" (Arancibia 29). Específicamente en "Mona", el efecto que produce esta técnica reside en crear un entramado de sensaciones casi vívidas que, entre otras cosas, acentúa la imprecisión de los límites y fortalece la intensidad psicológica de lo descrito. En el último encuentro entre los amantes, el que prometía tener un final mortal, Ramón describe su entorno como,

> un terraplén amarillo por el que parecía que nunca había pasado la rueda de un automóvil [que] se hacía cada vez más estrecho [y] se internaba por entre unos promontorios casi indefinidos por la escasa luz. Eran como rocas verdosas y puntiagudas. Otras veces me parecieron cipreses marchitos enlazados por una extraña viscosidad (Arenas 2000, 82).

La idea de adentrarse en un paisaje con estas características, similares al de la famosa pintura de Da Vinci, refuerza la idea de porosidad mediante un viaje simbólico hacia otra época, la del siglo XVI: "así, agachado y prisionero bajo las piernas de Elisa, identifiqué el paisaje en medio del cual me encontraba. Era exactamente el mismo que aparece en el [...] cuadro que había visto en el museo" (Arenas 2000, 84).

Esta aleación de pinceladas narrativas y sexualidad (expresada por el personaje que describe su propia escena del crimen entrelazado por las piernas de su amante-asesina) fortalece la importancia de la imagen, y con ella favorecen la circulación de lo aparente o lo ilusorio, transformando al discurso en lo que Lourdes Arancibia Rodríguez identifica como "una serie infinita de máscaras" (27). Asimismo, este flujo metafórico provocado por la yuxtaposición de imágenes (paisaje natural, una pintura, un museo, un encuentro sexual) invita a la promiscuidad textual o libertad interpretativa, ya que toda idea puede ser re-semantizada y re-conectada. Esta infinita capacidad de mutación al nivel estructural del texto le confiere al mismo la flexibilidad necesaria para alinear no solo personajes de temporalidades diferentes, sino también para equipararlos desde su propia definición y singularidad. Esto ocurre con la figura de Leonardo da Vinci, en tanto representa el estereotipo del hombre renacentista, un hombre sobresaliente para su época y que, a su vez, encarna el espíritu de la diversidad y de la capacidad intelectual sin fronteras: el inventor, el intérprete de la naturaleza y creador infatigable.

Sabemos que Da Vinci también ha sido ampliamente reconocido hasta hoy en su calidad de artista y recordado, sin lugar a dudas, especialmente por su retrato de la *Mona Lisa*. Esta última ha sido extensamente estudiada aunque aún no del todo descifrada. Este halo de misterio que arrastra dicha obra del pintor florentino es la razón por la cual creemos que se ha incorporado en "Mona": para resaltar la similitud que existe entre la sensación de incertidumbre e inquietud provocada por la pintura y la recepción que estaba produciendo el sida en el momento en que Ramón, y tal vez el Reinaldo real, escribe su testimonio. Además, otro efecto de la inclusión de la *Mona Lisa* en el texto reside en que su sola presencia tiende un puente temporal que permite el acceso a otros personajes y acontecimientos relevantes de su época hacia el presente de la narración. A su vez, este fenómeno es continuo en su capacidad de establecer asociaciones que no respetan la linealidad temporal, sino que se nutren más bien de las infinitas combinaciones que surgen a partir de su ruptura. Como resultado de lo anterior, el discurso se mantiene en constante movimiento y, en la medida en que se va retroalimentando, produce nuevas capas de significado.

Elisa, la *Mona Lisa* y las cuestiones del género

Hemos mencionado en el resumen del argumento de "Mona" que Elisa representa a la *Mona Lisa*, obra que algunos estudiosos interpretan como el autorretrato de Leonardo da Vinci (Bradley I. Collins y Donald Sassoon, entre otros). Sin embargo, al representarlo en su versión femenina, se propone una lectura que disiente de la conceptualización binaria del género y que refiere a los estudios que justifican la homosexualidad del pintor. Esta nueva conceptualización de género está en consonancia con la propuesta de Judith Butler quien, en su trabajo *Gender Trouble* (1990), lo define como:

> an identity tenuously constituted in time, instituted in an exterior space through a stylized repetition of acts. The effect of gender is produced through the stylization of the body and hence, must be understood as the mundane way in which bodily gestures, movements, and styles of various kinds constitute the illusion of an abiding gendered self. This formulation moves the conception of gender off the ground of a substantial model of identity to one that requires a conception of gender as a constituted social temporality (140-141).

Esta definición nos ayuda para incorporar en nuestro análisis un elemento contemporáneo: las pestañas postizas que Ramón distingue en Elisa. De esta manera el protagonista puede relacionar a la chica con la figura del travesti o transgénero. Sin embargo, esta interpretación adquiere una nueva capa de significado en una descripción posterior, cuando Ramón comenta lo que ve en el cuadro de la *Mona Lisa* en el Museo Metropolitano de Arte: "[e]stupefacto retrocedí para examinar mejor aquella tela. Entonces mi mirada se encontró con la de Elisa quien desde el cuadro me observaba fijamente. Sostuve aquella mirada y descubrí que los ojos de Elisa no tenían pestañas porque eran los ojos de una serpiente" (Arenas 2000, 79). Esta vinculación no solo nos invita a leer el texto desde la perspectiva de las posibilidades sexuales aludidas en la primera descripción de los ojos de la chica con pestañas postizas, también refuerza la idea de la temporalidad diversificada. Juan Eduardo Cirlot caracteriza la serpiente en su *Diccionario de símbolos* (2011) como fundamentalmente ambivalente y multivalente (377). De esta manera, se establece una conexión entre este reptil y el discurso que nos ocupa, en tanto ambos renacen una y otra vez, mediante la muda de su piel, identificándose como un "símbolo de resurrección" (379). Sin embargo, sexualidad/moralidad y temporalidad no están del todo divorciadas: la multiplicidad de lecturas inspiradas en la serpiente evocan otra acepción que la reconoce como portadora del "dualismo moral [y la ubica en el origen de] la estrecha relación entre la vida y [la] perversión" (380). De esta manera, el ojo del personaje/modelo de la pintura se transforma en un punto de fuga interpretativo, pero también se constituye en un reflejo de aquello que motiva la construcción del discurso en sí mismo. En este último punto, es cuando el protagonista y la *Mona Lisa* se enfrentan en una sola imagen y se activa en lo que Jorge Olivares denomina como "act of seeing" (133), en el cual el autorretrato funciona, por una parte, como un espejo que propicia el autoanálisis y la autoreflexión del protagonista y, por otra, la de *Mona Lisa* y Leonardo da Vinci. Asimismo, este ejercicio especular alcanza otro plano ficcional, el del escritor Reinaldo Arenas, quien también se ve reflejado en el protagonista de su historia a partir de lo que está experimentando desde su realidad como homosexual y por la sospecha de estar contagiado por el sida. En consecuencia, lo valioso de esta cadena de personificaciones reside en su elasticidad metafórica que permite establecer juegos discursivos y/o intertextuales, utilizando situaciones similares entre personajes reales y de ficción a lo largo del tiempo. También, la reiteración de un mismo proceso (sexual, moral, artístico) le confiere un carácter contemporáneo al discurso y fortalece su propiedad performativa. Esta última nos lleva a la recientemente referida noción de género desarrollada por Judith Butler como "a stylized repetition of acts" (140), en la que el género se materializa a partir de la *performance*, es decir, "a reenactment and a reexperiencing of a set of meanings already socially established [where] individual bodies [...] enact these significations" (140). Por lo tanto, en el caso de "Mona", diremos que el cuerpo es sinónimo del discurso.

Leonardo da Vinci y la técnica del esfumato

La técnica utilizada por el maestro florentino para pintar la *Mona Lisa*, inventada y denominada por él mismo como esfumato, consiste en aumentar las capas de pintura de manera de obtener contornos imprecisos: "it is the achievement of smooth and imperceptible transitions of color or especially tone from light to dark [...] Leonardo da Vinci [...] said that light and shade should blend 'without lines or borders, in the manner of smoke'" (Earls 263). En "Mona" observamos que la aplicación del esfumato en el texto sirve para señalar las rarezas o las ambigüedades que trascienden todo intento de justificación racional o catalogación por parte del narrador, y que finalmente transforma la imagen y/o la desborda hacia nuevos horizontes de significación expresados en ejemplos como los que siguen: "por la madrugada, cuando, semidormidos nos besábamos, recuerdo haber experimentado durante unos segundos la extraña sensación de tener junto a mis labios los belfos de un animal. Prendí la luz. Junto a mí solo tenía, por fortuna, los labios de la mujer más bella que he conocido" (Arenas 2000, 70); "se quedó dormida, pero sus ojos no permanecieron cerrados por mucho tiempo, sino que, súbitamente se borraron [...] y al momento pude ver que sus ojos me miraban fijamente" (2000, 73) y "la vi entrar en uno de los tantos salones del museo y allí mismo, casi por delante de mis ojos, desaparecer" (2000, 76), entre otros.

El efecto o ilusión del esfumato que Ramón observa cuando mira fijamente alguna de las partes del cuerpo de Elisa es el mismo que se produce cuando una persona examina la boca de la *Mona Lisa*. Gracias a esta técnica pareciera que los contornos del personaje desaparecen pero que, sin embargo, las formas se recuperan cuando la vista se fija en otro lugar de la tela. En otras palabras, se trata de un juego de perspectivas que problematiza la indivisibilidad identitaria si extendemos esta discusión hacia la construcción del género. En este sentido, dicha fragmentación del cuerpo puede ser interpretada como un "efecto de despersonalización que se detecta en la fuga o rechazo de las identidades" (Perlongher 49) que trasciende al paisaje natural que sostiene el discurso de "Mona" a partir de elementos que abundan en su descripción como es el caso de la niebla: "la niebla, típica en aquel lugar, lo envolvía todo hasta nuestros cuerpos, con un fulgor plomizo que difuminaba los contornos" (Arenas 2000, 82). Este recurso no cumple otra función más que subrayar esa sensación de indeterminación y exceso que recorre todo el discurso.

El presente móvil del discurso

De acuerdo a lo que hemos observado hasta ahora, podemos resumir que el texto se constituye a partir de la interacción de una pluralidad de voces provenientes de diferentes momentos en el tiempo, lo cual posibilita el surgimiento de un presente móvil, o si se quiere, de un entre-tiempo. Este efecto se complementa con la selección de una estructura lingüística que privilegia un discurso donde todo es aparente y nada es concluyente. Al respecto, Francisco Soto en su estudio de esta obra, recalca la utilización reiterativa de los verbos "creer" y "parecer" en el texto, lo cual introduce "una falta de precisión en cuanto a lo observado por parte del protagonista, manteniendo así la ambigüedad en el texto" (175). Otro ejemplo que ilustra esta característica de lo indeterminado que establece la multiplicidad de tiempos, miradas y/o perspectivas es el debate que surge entre los diferentes editores por identificar la pequeña ciudad que Ramón y Elisa visitan. Sakuntala señala que es Syracuse (Arenas 2000, 71), los editores de 1999 apuntan a Albany (2000, 72) y los de 2025 se inclinan por Ithaca (2000, 72). En consecuencia, la imprecisión de ideas y la atmósfera de provisionalidad en el discurso construida a partir de los saltos temporales, nos ayudarán a explicar la propuesta inicial de este estudio. Esta sugiere que gracias al particular andamiaje textual que le da forma a "Mona" la sexualidad se ubica como una pieza estructural que progresivamente va revelando la presencia del virus VIH. A continuación revisaremos las claves o síntomas que generosamente nos entrega el texto para completar este proceso de visibilización.

Las marcas textuales del virus

"Mona" tiene como epígrafe la siguiente frase tomada de los Cuadernos de Notas del maestro florentino: "Estoy plenamente consciente de que al no ser un hombre..." (Arenas 2000, s/p). Si el epígrafe es una síntesis de todas las partes de una obra, nos encontramos aquí con una expresión que, al no ser concluyente, primero, no cumple su función como verdad irrefutable y segundo, y como consecuencia de lo anterior, invita a la relativización de cada uno de los temas planteados en el texto. Los puntos suspensivos con que termina la frase rectifican este abanico de posibilidades desde donde se puede leer el texto y cuya diversidad es tan amplia como la particularidad de los lectores posibles. Desde otro punto de vista, esta afirmación indeterminada incentiva al menos a la discusión y/o a una revisión de los parámetros genéricos, ya que nuevamente los puntos suspensivos activan una exploración más allá de la superficie otorgándonos el beneficio de la duda o, por lo menos, la oportunidad para cuestionar cuáles son esas identidades otras que se distinguen del general rótulo masculino asociado al hombre. Visto de esta manera, el texto se transforma automáticamente en un sustrato abierto y dispuesto para la recolección de evidencias. Por otro lado, nuestra interpretación de la "plena conciencia" a la que alude el pintor en este epígrafe es que la única certeza de la frase reside en ubicar la sexualidad como eje principal por el cual se organiza el discurso y que seguramente responde a una estrategia para incentivar el cuestionamiento y reflexión en torno a estos asuntos asociados al género.

Hay un momento en el texto, que podríamos llamar climático, y que hace perceptible el sida en el discurso. Este ocurre cuando Leonardo se materializa en pleno acto sexual. Este es también el momento que Elisa ha elegido para quitarle la vida a Ramón:

En el tercer orgasmo, Elisa que no cesaba de jadear [...] no solamente se olvidó del puñal, sino también de ella misma. Noté que al parecer iba perdiendo la 'concentración y energía' [...] De repente, su larga cabellera cayó de golpe y me vi entre los brazos de un anciano calvo, desdentado y hediondo que gimiendo me sobaba el sexo [...] Rápidamente lo puse en cuatro patas y, a pesar de mi asco, me dispuse a darle todo el placer que me fuera posible, hasta dejarlo tan extenuado que me permitiese escapar (Arenas 2000, 85).

Cuando hablamos de clímax hacemos alusión a una de las características que distingue a muchos de los textos arenianos que tienen que ver con la teatralidad. El mismo autor confirma la influencia del teatro en su escritura: "hay un momento culminante, tan trágico en sí mismo que no puedo expresarlo mediante los recursos narrativos, y la novela se convierte entonces en una pieza teatral" (Espinoza 50). La teatralidad, llevada a la obra que nos ocupa, se enmarca dentro del estilo neobarroco si la leemos desde los postulados de Severo Sarduy desarrollados en "El barroco y el neobarroco" (1972). Aquí este exceso –o el despilfarro en términos del autor– se constituye en el plano del erotismo y en la cita se representa por el tono sensual de las descripciones y por los tres orgasmos obtenidos en el encuentro sexual. Esta propuesta discursiva se aleja del equilibrio que establece el lenguaje de la heteronorma al proponer el erotismo como una actividad "que es puramente lúdica, que no es más que una parodia de la función de reproducción, una transgresión de lo útil, del diálogo 'natural' de los cuerpos" (Sarduy 1402).

Hasta el momento, hemos introducido el tema del homoerotismo en el texto haciendo hincapié en que su punto climático se representa mediante un acto de máxima intensidad sexual, que es similar, en términos formales, al de las tragedias griegas. El clímax en estas últimas se concentra en el punto donde la acción ascendente llega a su máxima expresión, generando una suerte de explosión del nudo o conflicto que marca el inicio de la acción descendente hasta llegar al desenlace.

Otra época de la historia evocada en el texto es el Renacimiento debido a la presencia de Leonardo da Vinci como personaje. Este hecho nos permite establecer una serie de conexiones que ampliarán aún más las perspectivas de lectura. Sander L. Gilman, en *Images of Illness from Madness to Aids* (1988) señala que en esos tiempos, la homosexualidad se percibía como "a sign of the absence of rational control over the self" (51). Por una parte, una sexualidad en exceso que se produce fuera del ámbito marital y que deja de ser útil en términos reproductivos. Y por otra, el acto sexual, ejercido por dos hombres en cuatro patas, se asocia con lo animal que también es entendido como una forma de desmesura. El estudioso explica que el origen de esta interpretación es de orden mítico y se basa en la leyenda griega de Pasifae. Recordemos que esta hija del dios Helios y la ninfa Perseis, profundamente enamorada y enardecida por el deseo, le pide a Dédalo que la ayude a transformarse en vaca para ser poseída por el toro blanco que Poseidón había enviado a su esposo Minos, el rey de Creta, desde el fondo del mar para legitimizar su poder (Hathorn 311-312). Esta imagen del toro fornicando con la Pasifae convertida en vaca, representaría la perversión y el exceso inherente a quienes experimentan una sexualidad que se escapa al control de la razón. En consecuencia, dicho acto bestial, que de acuerdo a la tradición religiosa de la época es una forma encubierta para referirse a la homosexualidad, se percibe como "a reversal of the 'natural order' of the world" (Gilman 61).

Por otro lado, dada la autoidentificación heterosexual de Ramón, es importante ampliar la cita señalada para revisar las consecuencias que conlleva esta dinámica activo-pasivo experimentada entre Elisa devenida en Leonardo y Ramón:

> Como jamás había practicado la sodomía quise hacerme la ilusión remota de que aquel esperpento […] al que además le había salido una horrible barba, seguía siendo Elisa. Y mientras lo poseía lo llamé por ese nombre. Pero él, en medio del paroxismo, volvió el rostro, mirándome con unos ojos que eran dos cuencas rojizas. –¡Llámame Leonardo, coño! […]– dijo mientras se retorcía y mugía de placer como nunca antes vi hacerlo a un ser humano. (Arenas 2000, 85).

Se destaca en este pasaje la utilización del verbo "mugir", referencia que vincula esta descripción con la representación animal del homosexual renacentista identificando al híbrido Leonardo-Elisa con la Pasifae-vaca. Además del origen griego que comparten ambas mujeres, se suma el rol pasivo que a ambas se les confiere en el acto sexual.

En América Latina, especialmente en los años sesenta y a principios de los setenta, se distinguen las prácticas homosexuales de acuerdo al rol que cada uno de los participantes realiza en el acto sexual. Carlos Almaguer en "Chicano Men: A Cartography of Homosexual Identity and Behavior" (1992), lo estudia a partir de los conceptos de activo y pasivo: el penetrado (anal/pasivo/femenino simbólicamente representado por la vaca) versus el penetrador (macho/activo simbólicamente representado por el toro) que no necesariamente es considerado homosexual. Sin embargo, el quiebre del binarismo se produce cuando Leonardo insiste en ser llamado por su nombre masculino. Este hecho, es reforzado posteriormente por Ramón al repetir a viva voz: "¡Leonardo! ¡Leonardo! ¡Leonardo! […] aterrorizado durante todo el trayecto de regreso a Nueva York" (Arenas 2000, 85). Si la reiteración es lo que facilita la performatividad, vemos que en este ejemplo se cumple, ya que se trasciende el poder denotativo de estos actos. El efecto inmediato de lo anterior consiste en que, al sobrepasar la heteronorma, se transgrede su función. Esta consiste en resguardar que los géneros se adscriban al binomio masculino-femenino como un asunto impuesto en pos de controlar la subjetividad. En el caso de "Mona", la subjetividad que se pretende controlar se representa en la figura del travesti/transgénero: "y rogándole que se controlase, le pedí que me contase ese fenómeno del cambio de sexo. Después de todo –intenté consolarla– Nueva York estaba lleno de trasvertidos" (2000, 83). Por lo tanto, al hacerse pública la identidad de Leonardo en el discurso, se reafirma esta intención de crear ambigüedad –al igual que con la técnica descriptiva del esfumato– acentuando esta atmósfera de indeterminación que atraviesa toda la obra, incluyendo de paso la inestabilidad de género. Como consecuencia, este proceso de "reapropiación discursiva" (Sutherland 20), que favorece la permeabilidad genérico-discursiva, permite la emergencia a la superficie textual de otro nivel de significación. Este nuevo nivel traza el viaje del virus del sida por el texto hasta el momento del contagio y muerte de su protagonista, tema del que nos ocuparemos a continuación y para lo cual será necesario revisar algunas evidencias que son previas al momento climático.

El sida y sus viajes

Viaje a la Habana fue escrito en Nueva York en 1986. Se sabe que al año siguiente a Reinaldo Arenas lo diagnostican de sida, aunque ya desde 1984 comenzó a sentir los primeros síntomas (Olivares 121). Desde la aparición de la enfermedad, a principios de la década de los ochenta hasta 1987, el tratamiento del sida consistía en controlar las infecciones, pero no detenía el avance del virus. En ese mismo año se implementa el tratamiento con AZT que no impide el desenlace mortal pero sí provoca una mejoría momentánea (Contardo 363).

En "Mona", el sida aparece mencionado explícitamente en dos momentos: al comienzo del texto y a través de las cartas de los editores del testimonio de Ramón. En ambas se asocia al nombre de Reinaldo Arenas (2000, 63-65) y no solo se señala que el escritor ha contraído el sida, sino que además ha fallecido como consecuencia de este. Este hecho no es arbitrario; todo lo contrario, nos señala que los límites entre la realidad y la ficción están entremezclados. Este desdoblamiento, en palabras de Jodie Parys, transforma al personaje en un otro que funciona como "reflection of the self. Providing a prismatic view of the past, present, and future variations of that infirm body through the imagined and real interactions with other bodies" (94).

En esta peculiar dinámica del discurso que se presenta en "Mona", es esencial considerar para su interpretación la relación entre el sida y el viaje. "Mona" es una historia contenida en una obra mayor titulada *Viaje a la Habana (novela en tres viajes)*. Las tres partes que la constituyen tienen que ver con desplazamientos desde y hacia diferentes puntos en el tiempo y en el espacio: salida de Cuba en la primera, llegada a Nueva York en la segunda y regreso a Cuba en la tercera. Este movimiento a su vez afecta otras variables que inciden en el texto, llamémoslas emocionales o psicológicas, como el espacio marcado por un adentro y un afuera que modifican la identidad de sus protagonistas en varios ámbitos.

En el texto que nos ocupa, se expone la situación del viaje asociado al exilio. Ramón se ha trasladado a la ciudad de Nueva York vía el Mariel donde ha permanecido por seis años desde 1980. Este dato coincide con la historia y situación política del Reinaldo Arenas de carne y hueso, lo cual abre un diálogo entre el plano de la ficción y de la realidad. Este hecho, de alguna manera se establece como una "condición previa para valorar [el texto, lo cual exige del lector que] sea capaz de ponerse en la piel del otro, de ser ese 'tú' afectivo y cómplice y ver con sus ojos [los del escritor] el mundo descrito" (Valcárcel 576). Pensemos que Reinaldo Arenas ha emigrado de Cuba dado que percibe que la situación allí corresponde a un sistema político represivo que coarta su libre expresión, principalmente, en los ámbitos intelectuales, cívicos y sexuales. Sin embargo, el distanciamiento físico de la Isla lo ha fragmentado como sujeto desde el punto de vista ontológico, tal como lo expresa en su última entrevista antes de morir: "[l]o que más añoro de Cuba es el hecho de que allí no tenía que cuestionarme acerca de mi existencia, pues estaba plenamente seguro de ella […] lo que más añoro de Cuba es […] la autenticidad que he perdido" (Espinoza 61). Esta situación tiene varias consecuencias. Una de las más importantes con respecto a este análisis es la voluntad de búsqueda o recuperación de ese ser a través de la escritura. El acto de escribir entonces, funciona como un arma de doble filo. Por un lado, intenta unir o reconfigurar algo que está desarticulado y que consiste precisamente en la re-construcción de esta historia. Esta última se representa en un primer nivel por el autorretrato de Arenas ficcionalizado en el personaje de Ramón que escribe su testimonio para salvarse, y en un segundo nivel a partir de la ficcionalizacion de Arenas en Da Vinci y la inscripción de la identidad homosexual del pintor en su autorretrato de la *Mona Lisa*. Por el otro lado, y de manera simultánea, se van dejando en evidencia los vacíos que conforman esa inconsistencia del sujeto que delatan un déficit inmunológico que estimula la promiscuidad discursiva impidiendo que esa existencia perdida y añorada por su autor real/ficcional sea restituida. En otras palabras, y llevado al plano de la alegoría, estos vacíos o intersticios que denotan la inestabilidad ontológica son los que posibilitan la circulación y acción del virus del sida, el cual, auxiliado por la confusión de pliegues temporales que acentúan la ambigüedad del texto, va infectando el cuerpo textual al mismo tiempo que avanza hacia la superficie del discurso hasta que se hace visible. En este viaje del virus donde el orden temporal está tergiversado del mismo modo como la interacción entre los planos ficción y no ficción, la enfermedad adquiere, al igual que el tratamiento de la sexualidad, una fuerza performativa que es capaz de activar el contagio de la enfermedad y predecir la doble muerte del escritor y del protagonista de "Mona".

La memoria

Hemos hablado del viaje como consecuencia del exilio, un movimiento forzado que afecta al sujeto y que lo fragmenta no solo física, sino también emocionalmente. La memoria, en este sentido, se convierte en un puente que mitiga la herida/vacío del desplazamiento, debido a la ventaja que tiene para manipular los recuerdos, para revertirlos en situaciones libres del dolor y acomodarlos en otro tiempo y espacio. Como resultado de esta operación, es posible imaginar una "good life that both was and never was, that has been lost and is still to come" (Muñoz 38). En "Mona", la memoria, entendida como "most certainly constructed" (Muñoz 35) y como el proceso que almacena recuerdos, permite unir hilos temporales disímiles que vinculados al tema del viaje facilita el acceso del virus del sida en el texto.

Por otro lado, la memoria es un elemento que no podemos disociar del texto, pues el testimonio de Ramón se elabora a través de los recuerdos que él va reviviendo y dando forma mediante sus elaboradas descripciones. Un ejemplo de esto se aprecia en el viaje que Elisa y Ramón emprenden hacia un pueblo montañoso ubicado en las afueras de Nueva York. Es en este punto del texto donde se postula que se produce lo que denominaremos "promiscuidad temporal", es decir, la convergencia reiterada en el presente de la narración de varias capas de tiempo separadas por siglos, con el objetivo de generar nuevas relaciones de significado y diversificar las perspectivas de interpretación:

[m]ás que un pueblo parecía un promontorio de piedras como pintadas de cal sobre las que se destacaba, aún más blanca, la torre de una iglesia tan antigua que no parecía ser americana. Elisa me aclaró el misterio. Aquel pueblo lo fundaron un grupo de europeos

(españoles e italianos) emigrados desde el siglo XVII quienes escogieron aquel sitio alejado para conservar sus costumbres […]. Y efectivamente, era una pequeña ciudad medieval –aunque con luz eléctrica y agua corriente- lo que se había construido en una montaña newyorkina (Arenas 2000, 71).

Esta conexión temporal y también espacial, dado que se origina por un movimiento migratorio (Europa-América), ubica a Elisa en su calidad de europea como un nudo que une lo contemporáneo con otros momentos de la historia. Del mismo modo, la cita sitúa a Ramón en una posición de subyugado, lo que sugiere una mirada desde la perspectiva del colonizador-colonizado que por el momento no trataremos aquí. Lo que queremos señalar es el hecho curioso de que una mujer griega que viene de visita por un par de semanas a Estados Unidos es capaz no sólo de enseñarle a Ramón, que ya lleva ya seis años en ese país, los sitios locales, sino que además demuestra poseer "conocimientos históricos y arquitectónicos" (Arenas 2000, 71) sorprendentes. En otro momento, el conocimiento de la mujer se extiende a otros ámbitos. En un paseo por las afueras de la ciudad, Elisa se ofrece a examinar la motocicleta que en un punto del viaje no quiso andar: "[c]onozco de esas cosas, me explicó sonriendo […] Incrédulo acerca de sus dotes como mecánico me acerqué a la terraza junto al Hudson y encendí un cigarro. No tuve tiempo de terminarlo. El motor [...] se había puesto a funcionar luego de haber hecho su explosión característica" (2000, 71). No se puede pasar por alto que prevalece en estos ejemplos un elemento fantástico que Francisco Soto ha estudiado de manera muy detallada en "Mona de Viaje a La Habana. Hacia una lectura fantástica" (1994). Allí, este autor propone que la escritura de Reinaldo Arenas utiliza el mismo criterio que Tzvetan Todorov cuando observa en algunos autores decimonónicos del siglo XIX, que se sirven del relato fantástico como una manera de disfrazar aquellos temas impensables de abordar en esa época como el incesto, la necrofilia y la sexualidad, sin ser acusados de pervertidos. Aunque este argumento tiene bastante sentido si lo aplicamos al tema del sida, el presente análisis privilegiará el recurso de la temporalidad para explicar esta máscara discursiva.

Las citas referidas nos advierten que los conocimientos y habilidades de los cuales Elisa es portadora exceden al estereotipo del rol femenino tradicional. Si la extrapolamos a otro tiempo podemos establecer similitudes con Leonardo da Vinci, quien se recuerda por su competencia en varios ámbitos de las ciencias y las artes. Esta relación es más estrecha si consideramos que en el Renacimiento se re-tomaron ciertos elementos de las culturas clásicas provenientes de Grecia y Roma. La Elisa de "Mona" es una mujer helénica que –a través de la mirada de Ramón– a ratos parece diluirse en otra persona: "Hubo un momento en que en vez de su cara creía ver la de un anciano espantoso, pero pensé que aquello no era más que los efectos de la velocidad que distorsiona cualquier imagen" (Arenas 2000, 71). Es precisamente la apariencia de las cosas, esa ambigüedad latente en el discurso (manifestado como algo que se creyó ver), la que gatilla una intención permanente en Ramón de encontrar una explicación razonable a aquello que se sale del rango de la normalidad y que, irónicamente, lo aleja más de ella. Como consecuencia, este elemento empodera al texto en su capacidad de generar distintos significados y relaciones en el proceso de ir conectando temporalidades diversas e ir convergiendo personajes que en un discurso lineal serían imposibles.

Otro ejemplo del efecto que produce la memoria en el discurso ocurre una noche en que la pareja se encuentra paseando por el mismo pueblo. Esta vez acuden a cenar al restaurante que habitualmente visitan cuando andan por ahí y que a Ramón le recuerda uno de Cuba:

[a]dvertí que Elisa tenía un apetito insaciable. Sin perder su elegancia engulló varios tipos de pasta, carnes, cremas, consomés,

panes y dulces, además de dos botellas de vino. Al terminar de comer ella me pidió que diéramos una vuelta por los alrededores. Al recorrer aquellas calles estrechas y mal iluminadas, luego de haber salido de un lugar parecido a la Bodeguita del Medio, me parecía como si hubiera vuelto a La Habana de mis últimos tiempos (Arenas 2000, 81-82).

Esta naturalidad con la que Ramón describe la extraordinaria capacidad de comer de su compañera establece una dinámica en la realidad narrada donde la exageración o el desborde dotan al discurso de una elasticidad donde todo puede ser posible. En este contexto, la memoria transforma la escenografía neoyorquina que acoge a la pareja en otro tiempo. Este ejercicio que realiza Ramón de recordar para narrar su historia con Elisa se funde con la evocación de su tierra natal a partir de la familiaridad que le produce aquel restaurante y sus alrededores que visita en compañía de la chica. De esta manera, la memoria produce una imagen cargada de sentimientos que se constituye en "a force field of affect and political desire" (Muñoz 35), y que Muñoz lo distingue como característico de "queer memories of utopia" (35). La utopía funciona como el lente que permite realizar un juicio del presente: "[p]ero lo que más semejaba el estar yo realizando ese viaje era una sensación de temor, casi de terror que emanaba de todos los sitios y las cosas, incluyéndonos a nosotros mismos" (Arenas 2000, 82). La cita alude, por una parte, a la complicada situación que el personaje estaba viviendo como consecuencia del haber conocido a Elisa. Por otra, evoca la atmósfera de represión política que Ramón/Reinaldo Arenas habían intercambiado por el exilio a los Estados Unidos, contribuyendo de paso a la tergiversación de los planos real y de ficción.

El punto de encuentro entre la memoria y lo "queer" reside en la desproporcionada capacidad de comer de Elisa y en su condición de travesti/transgénero cuya confesión ha de costarle la vida a Ramón. Alfredo Rodríguez, en su estudio introductorio al Burlador de Sevilla (1630), sugiere a partir del análisis de la tercera jornada una relación de complicidad entre la comida y la burla sexual, y entrevé en ella un "motivo trágico por un lado, su indefensión ante la agresión […] [y] por otro […] la fragilidad de [la] situación [de la víctima ante esta] situación de tormento" (60-61). Si añadimos el ingrediente de la memoria a esta interpretación, la lectura tiene sentido desde esta perspectiva cuando posteriormente Ramón se ve amenazado por el puñal de Elisa y comenta que "[e]n ese momento no era de mi familia en Cuba de lo que me acordaba, sino de la enorme mesa llena de ensalada que había en el Wendy's […] era como mirar mi propia vida durante los últimos años (fresca, agradable, rodeada de gente y sin complicaciones) hasta la llegada de Elisa" (Arenas 2000, 84-85). Este pasado colmado de buenos momentos señala un antes y después de la llegada del Elisa/sida, donde la comida vendría a representar un "sacrificio festejado" (Rodríguez 60). Igualmente, el juego de palabras entre el nombre del personaje y la enfermedad (Elisa/sida) se inspira en una lectura tipo anagrama donde el nombre del personaje, Elisa, sugiere el acrónimo de la enfermedad, el sida, que en el contexto de esta historia está por presentarse una vez que Ramón resulta contagiado (Olivares 129).

Asimismo, el hecho que Ramón trabaje en un restaurante de comida rápida nos permite vincular los tres temas que se despliegan a lo largo de "Mona": la temporalidad, la sexualidad (mediante la comida como su metáfora) y el sida. Con la misma rapidez que la comida está a disposición de sus clientes, Fernández seduce a las mujeres:

[a]llí sin desatender mis responsabilidades, conocí a muchísimas mujeres que llegaban a merendar o que sencillamente pasaban por la calle y a las que yo, detrás de los cristales […] les hacía una seña. Claro que no todas, pero sí una gran mayoría […] Hubo una noche en que en una sola jornada de trabajo llegué a ligar a tres mujeres (sin contar la cajera de Wendy's una negra durísima que ese mismo día me la había pasado por la piedra en el baño de señoras) (Arenas 1991, 68).

Esta idea de sexo expreso asociado con una de las grandes cadenas de comida del primer mundo apunta a una lógica de consumo capitalista donde el ciudadano ideal es aquel que demuestra un "apetito insaciable de nuevos objetos y, por qué no decirlo, de nuevos cuerpos" (Meruane 26). Vista desde otro prisma, la cita reafirma aquellas interpretaciones que conectan al sida con las malas prácticas sexuales, discurso que permitió la propagación del pánico entre la población y que fue extensamente promovido por las autoridades, quienes además implementaron campañas de educación que recomendaban por sobre todo la mesura en torno a la sexualidad (para combatir la promiscuidad y la alternancia de varias parejas sexuales) reforzadas con el designio papal de mantener el celibato (Adam 159). Como consecuencia, esta situación afectó directamente la frecuencia y la modalidad de las prácticas sexuales. En este punto, surge la reflexión con relación a la temporalidad pues existe una comunidad sexual no heteronormativa que ha dejado en el pasado una "culture of sexual possibility: back rooms, tea rooms, bookstores, movie houses, and baths; the trucks, the pier, the ramble, the dunes. Sex was everywhere for us, and everything we wanted to venture" (Crimp 140). Este cambio de conducta sexual, especialmente en la primera década de advenimiento del sida, ubica al homosexual de ese presente en un punto de máxima desigualdad respecto de sus derechos. Los posiciona, incluso, en una situación de discriminación peor a la que vivían en tiempos anteriores de la rebelión de Stonewall de 1968: "we are blamed, belittled, excluded, derided. We are discriminated against, lose our housing and jobs, denied medical and life insurance" (Crimp 146).

Con referencia al restaurante que Elisa y Ramón frecuentan, Jorge Olivares señala que en los manuscritos originales de "Mona" a los que él tuvo acceso se encontraba la frase: "[y] nos fuimos para el lujoso restaurant del easy sida" (123). Aunque no sabemos la razón de esta omisión, este dato proporcionado por el estudioso hace más evidente la intención del autor de incorporar la temática de la enfermedad en el texto. Además, nos permite plantear con mayor propiedad al personaje de Elisa como la encarnación del virus, e incluso, dada la confusión de épocas e intercambio metafórico de los discursos observados en el texto, proponer una relación de semejanza entre el proceso de contagio y las lecturas atribuidas a la sífilis y el sida.

Sida y sífilis: dos enfermedades, un solo discurso

Nos remitimos nuevamente al trabajo de Sander L. Gilman, *Disease and Representation* (1988), dado que allí se establece un paralelo entre el sida y la sífilis en cuanto ambas enfermedades comparten, especialmente en su periodo inicial, un origen atribuido a la transmisión sexual. Con relación a su representación, existe otro rasgo común que les confiere su raíz en el extranjero. En el caso de la sífilis se la ubica a finales del siglo XV como consecuencia de la llegada de Carlos VIII de Francia a la ciudad de Nápoles en 1495 culpando a la armada francesa de la propagación de este llamado "'mal de Nápoles', 'Morbus Gallicus', 'malafranzcos'" (Gilman 248), que muy pronto se extiende a Alemania. De acuerdo a Gilman, las primeras representaciones artísticas de la enfermedad caricaturizan al francés como un "outsider already associated in German myth with sexual excess and deviancy" (250). En otro momento, se relaciona el origen de la enfermedad con los viajes de Colón al Nuevo Mundo y se interpreta como un castigo social "for transgressing against God-given boundaries of human endeavor, the divine scourge for the collapse of the rigid feudal class system, the rise of capitalism, and the desire to find new worlds to feed this new economic system" (Gilman 263). El exceso se entiende aquí como una ambición desmesurada de índole económica que posteriormente en el siglo XIX retoma la línea del colonialismo y la dirige hacia la esclavitud. Aquí hay mucho en común con lo que ocurre con el sida, ya que en un principio se hablaba de su procedencia africana, lo cual denota según varios estudiosos (Gilman 1988, Sontag 1988) un componente racista que se une a otras propuestas que apuntan a un origen tropical "another infestation from the so-called Third World [...] as well as a scourge of the tristes tropiques" (Sontag 51-52). Entre otras teorías que se manejaron figura el origen animal de la enfermedad a partir los monos verdes africanos, o el contagio desde los inmigrantes haitianos a los Estados Unidos. Por su parte, esta última versión tiene su "contraataque poscolonial" (Meruane 159) que determina como responsables de la epidemia a los turistas homosexuales estadounidenses. En este punto el viaje nuevamente se presenta como un nudo temático que se presta para reforzar la incorporación del virus en el texto. Elisa es una mujer extranjera, provista de ciertos atributos que atraen a Ramón desde un comienzo. Se establece entre ellos una relación preponderantemente sexual y esta mujer misteriosa, también de gran apetito carnal, va gradualmente intrigando a Ramón quien decide abandonar sus tareas habituales para espiarla:

[p]retextando un fuerte dolor de estómago, salí del Wendy's [...] y tomando mis precauciones seguí a Elisa de cerca [...] En la calle 47, alguien, que evidentemente la estaba esperando, abrió la puerta de un Limosine y Elisa entró en él. Solo pude ver la mano masculina que la ayudó a entrar [...] Mi experiencia me dijo que aquella mujer acababa de sostener un largo y satisfactorio combate sexual. Ella miró su reloj y echó a andar rumbo al Parque Central. A la altura de la calle 79 se acercó a un banco donde estaba sentado un joven quien obviamente la aguardaba [...] Sin mayores trámites los dos se internaron entre los matorrales [...] No me fue difícil mirar sin ser visto lo rápido y bien que la pareja se acoplaba ... sobre las doce y treinta ya Elisa se paseaba con gran serenidad sobre la zona pornográfica de la calle 42 [...] Elisa se detuvo ante un negro gigantesco y bien parecido que estaba parado junto a la puerta de un peep show [...] antes de cinco minutos entraron en una de [sus] cabinas [...] Eran las dos de la madrugada y todavía ella seguía caminando por aquella zona. Unos instantes después la vi entrar con tres robustos norteamericanos de apariencia campesina en una caseta del peep

show llamado el Black Jack. A los quince minutos tiró la puerta de la cabina y salió al parecer bastante complacida […] vi entrar a Elisa (ahora con un puertorriqueño que tenía un ostensible aspecto de chulo) en el peep show que está en la octava avenida entre la 43 y la 44 calles […] Pero quince minutos antes de las tres, ella salió del peep show y se encaminó hacia el Wendy's […] A los pocos minutos llegó Elisa y nos fuimos para mi cuarto (Arenas 2000, 74-75).

Este fragmento sugiere la representación del desplazamiento del virus como una alegoría. Del mismo modo como la turista griega transita por las arterias urbanas, el virus se va expandiendo por medio del contacto sexual. Si consideramos los verbos usados en este párrafo notaremos que en su gran mayoría indican un movimiento con intenciones transgresoras: entrar, acercarse, internarse, acoplarse, encaminarse. También, dicha selección favorece la imagen de la circulación de un virus que ubicado en una ciudad tan cosmopolita como Nueva York, específicamente en un sector asociado con la perversión sexual, coincide con esta idea del sida como enfermedad urbana que define a sus víctimas como "black, drug-using, homosexual and urban–a geography of difference which is now part of the American iconography of the AIDS patient" (Gilman 266). Desde esta perspectiva, podemos agregar que el sida "like syphilis […] seems to foster ominous fantasies about a disease that is a marker of both individual and social vulnerabilities" (Sontag 65), que en el texto se identifican con el comportamiento sexual licencioso de Elisa que se va tornando colectivo en la medida en que ella incorpora a individuos de diversos grupos y procedencias: hombre rico en una limosina, joven en el Parque Central, yanquis campesinos, negros robustos y chulo puertorriqueño en los peep shows, y un cubano exiliado. Esta secuencia de goce que se produce en un mismo barrio no solo refuerza la constitución de una colectividad. Si la llevamos al plano de la enfermedad, se evidencia "a chain of transmission, from the past" (72-73) representado por Elisa que resulta ser la Mona Lisa que ha sobrevivido cinco siglos como portadora de la metáfora de la enfermedad que ha permanecido en estado de "characteristic latency" (67) y que se ha actualizado de sífilis a sida.

Por su parte, esta idea de lo cosmopolita asociado al contagio de las enfermedades, también se aplica en el texto a un lugar de alto tránsito como el Museo Metropolitano de Arte. Al respecto, observamos en la siguiente cita: "[c]uando [Ramón] estaba inspeccionando una a una a las vigilantes de la sala [para encontrar a Elisa], me llamó la atención una muchedumbre formada de variadísimas nacionalidades (japoneses, sudamericanos, indios, chinos, alemanes…) congregada frente a un cuadro [*Mona Lisa*]" (Arenas 2000, 78). Esta descripción se ajusta al presente análisis si se lee como una representación de la acción del virus, en este caso del sida, personificado por Elisa/*Mona Lisa*, el cuadro que ha congregado a esa multitud tan variopinta y que no respeta fronteras de ningún tipo.

El sida y la mujer licenciosa

Dentro de este razonamiento subyace el argumento que responsabiliza a la mujer como principal propagadora de la enfermedad. Gilman explica la transferencia del hombre como principal blanco (o víctima) de la sífilis hacia la mujer como su causante desde mediados del siglo XVIII en adelante cuando "the female is seen as the source of pollution, but also as the outsider, the prostitute, the socially deviant individual" (256). En el caso del sida, a partir de 1987 se comienza a difundir al público que la enfermedad no se limita al homosexual ni a un grupo marginal determinado, sino que puede afectar a cualquier persona. En este momento se observa cómo converge la similitud con el fenómeno de la sífilis puesto que, en esta etapa de reclasificación de la enfermedad, la culpa recae en la mujer pero dentro de un espectro bien específico: "only those who are beyond the social pale of respectability" (269). Si aplicamos esta observación a "Mona", podemos comprobar la correspondencia de esta imagen de la mujer, aunque no prostituta sí promiscua, representada por Elisa. También es posible evidenciar la etapa en la que se encontraba el desarrollo de la enfermedad en la época del escritor, cuando lamentablemente aún no existían medicinas que prolongaran la vida de los enfermos o previnieran el contagio. Esta situación de vulnerabilidad se vislumbra en el texto de manera creciente. También, justifica su interpretación desde la alegoría que le atribuye al personaje de Elisa la encarnación del virus del sida: "Ni si quiera me sorprendió el que [Elisa] hubiera podido entrar al edificio, aunque la puerta de la calle permanece siempre cerrada y solo los inquilinos tienen llave" (Arenas 2000, 77), cuando comenta Ramón respecto de la facilidad que tiene su amiga para acceder a su hogar por la noche durante su ausencia. Por otra parte, a medida que avanzan las páginas, el nombre "Elisa" se hace presente de manera reiterada como reforzando el sentido epidémico o conductor de su carga viral: "¿Pero cuántas batallas [se pregunta Ramón] con tristeza– no habrá sostenido hoy ella antes de llegar hasta aquí?" (2000, 77). La desmesura del virus personificada en la figura del travesti circula en el discurso y se revela en su nombre de pila, Elisa, que, tal como lo señala Jorge Olivares, curiosamente coincide con el nombre del examen que permite diagnosticar la enfermedad, el test de Elisa, el cual comienza a comercializarse a partir de 1985.

Los síntomas del sida, el homosexual y la visibilización de ambos

De acuerdo a lo informado por los Centros para el control y prevención de enfermedades en los Estados Unidos, durante periodo de infección del sida se observa que entre la semana dos y cuatro el paciente experimenta lo que se llama síndrome retroviral agudo (ARS por sus siglas en inglés) que se caracteriza por síntomas similares al resfrío común. Luego del momento climático que ya hemos señalado en el texto, se produce la huida de Ramón. Este cambio de trayectoria que sufre la narración viene acompañado de ciertos malestares corporales de su protagonista: "alguna gripe o algo peor había pescado durante esos días a la intemperie" (Arenas 2000, 86). Daniel Sakuntala hace referencia a que, durante el tiempo que ocultó a su fugitivo amigo, tuvo que suministrarle "un calmante estomacal que puede contener las diarreas" (2000, 87). De ahora en adelante, notamos que Ramón se refiere a Elisa como "aquella cosa" (2000, 88) que lo persigue sin parar. En su desesperación, Ramón intenta escaparse en tren. Sin embargo, ella aparece "debajo del gran reloj de la estación terminal" (2000, 88) como queriendo expresar que ya le ha llegado la hora para morir. Por otro lado, si consideramos el sitio donde se encuentran, "un hervidero humano –o mejor dicho, inhumano– formado por miles de personas que se empujaban despiadadamente por llegar a tiempo a sus trabajos" (Arenas 2000, 88), se refuerza esta lectura alegórica de la propagación del retrovirus, mediante la facilidad de desplazamiento y la ubicuidad que caracteriza a Elisa: "pero ella aparecía por todas partes" (2000, 88).

Después Ramón decide que, para salvarse de las garras mortales de ese "engendro que a tantos hombres ha destruido" (Arenas 2000, 90), debe distinguirse del contingente humano desnudándose en medio de la estación. La interpretación conferida a este acto es que, al exponerse el cuerpo desnudo de Ramón, se visibiliza el contagio de la enfermedad. Esto, sumado a las prácticas sexuales al margen de la heterosexualidad del personaje, terminan por identificarlo como representante de aquella comunidad que durante esos años se declaró como principal grupo de riesgo y foco de contagio del sida. Ramón mantiene una apasionada relación con un travesti personificado en Elisa, que al final de la narración se traduce en una sodomización consciente de un anciano. Del mismo modo, durante el periodo en que se encontraba prófugo, Ramón establece una relación homoerótica con su amigo Daniel Sakuntala: "[m]is propios gritos me despertaron tan repentinamente que tuve tiempo de ver a Daniel succionándome el miembro" (Arenas 2000, 87). En consecuencia, este fenómeno que se expone en el texto no lo transgrede, todo lo contrario, le da continuidad al pensamiento homofóbico existente.

La crítica queer hace referencia a este grupo tan diverso sexualmente reduciéndolo al término homosexual que es el que mantendremos aquí para conservar la lógica de los argumentos que estamos desarrollando, especialmente porque esta es la denominación oficial que surge como categoría médica desde finales del siglo diecinueve (Foucault 1995). Dicha definición es la que se extiende hacia la población en general imprimiéndole, mediante el uso público, una connotación de sexualidad indecorosa y perversa que es la que sobrevive y alimenta posteriormente las múltiples lecturas del sida. En "Mona", este razonamiento encuentra su lugar cuando Ramón comenta que al entregarse a la policía, que lo detiene por falta a la moral pública, ha recuperado su seguridad: "[s]entí una sensación de paz (la primera en muchos días) cuando me pusieron las esposas y me metieron a empujones en el carro patrullero" (Arenas 2000, 89). Se produce aquí una doble visibilidad que en palabras de Gabriel Giorgi se constituyen en etiquetas médicas y disciplinarias respectivamente, que al evidenciarse en el discurso público descubren "los límites de lo social" (18). El homosexual, "[s]e constituye como categoría sexual, social, jurídica y cultural en la ambivalencia de ese límite [...] su realidad es inseparable de su función normalizadora" (18). Durante la primera mitad de la década de los ochenta, la única manera de tener tratamiento para el sida consistía en que el paciente fuera confirmado y catalogado como miembro de alguno de los grupos de riesgos de la enfermedad. Néstor Perlongher reflexiona que, con la aparición del sida, la homosexualidad se desvanece: "[a]l tornarla completamente visible, la ofensiva de la normalización [...] ha conseguido retirar de la homosexualidad todo misterio, banalizarla por completo" (88). Sin embargo, lo que se quiere puntualizar de esta afirmación es la oportunidad que brindan estos textos de rearticular el discurso para representar estas posibilidades sexuales en su singularidad. A pesar de que en el plano de la no ficción no se impedirán sus muertes en caso de contraer el sida, al incluirse estos sujetos en textos como "Mona" acarrean una potencialidad de establecerse como "resistencias y desvíos" (Giorgi 30) e instalan lecturas diversas y nuevas formas de vincular la vida y la ficción construidas en torno a comportamientos sexuales tan versátiles que si no superan, al menos igualan al virus del VIH en su mutabilidad y flujo constante. En este sentido se corrobora la importancia y ductilidad del cuerpo como "un texto socialmente construido, un archivo orgánico de la historia de la humanidad como historia de la producción– reproducción sexual, en la que ciertos códigos se naturalizan, otros quedan elípticos y otros son sistemáticamente eliminados o tachados" (Preciado 18).

"Mona" y *Antes que anochezca:* el Reinaldo Arenas de carne y de papel

Hemos comentado la importancia que tiene en esta narración del sida la incorporación de un Reinaldo Arenas ficcionalizado, técnica que le facilita al escritor y personaje especular en torno a una enfermedad que en la realidad sospecha tener y que en la ficción se impone para reflejar su precariedad frente a la vida demostrada por su permanente desasosiego, desarraigo y soledad. Esta interrelación de consecuencia performativa también se alude en su autobiografía *Antes que Anochezca* (1992). En uno de los capítulos finales de este libro titulado "El anuncio", Arenas-narrador comenta:

[e]n 1985 murieron dos de mis grandes amigos [...] Jorge [Ronet] murió del SIDA; la plaga que, hasta ese momento, tenía solamente para mí connotaciones remotas por una especie de rumor insoslayable, se convertía ahora en algo cierto, palpable, evidente;

el cadáver de mi amigo era la muestra de que muy pronto yo también podía estar en esa misma situación (Arenas 1992, 334).

Este afán de registrarlo todo, de transformar en testimonio o en cuerpo discursivo ese rumor que deviene en estridente grito hacia el final de la historia contada en "Mona", arrastra otras figuras de la vida del autor, que también son ficcionalizadas y puestas allí para alimentar el efecto de ambigüedad similar al que surge de la enfermedad, la sexualidad y la vida en el exilio.

Una de ellas que no podemos dejar de mencionar es la de Daniel Sakuntala, personaje de ficción que aparece en otros textos de Reinaldo Arenas. Su contraparte en la no ficción es Daniel Fernández, amigo del escritor con quien además comparte su oficio. Asimismo, en 2009 Daniel Fernández publica *Sakuntala la Mala contra la Tétrica Mofeta* donde se narran dos décadas de la era castrista desde la perspectiva de Sakuntala, el personaje areniano, y donde la "Tétrica Mofeta" corresponde al Arenas ficcionalizado. Este hecho nos sugiere que este intercambio entre ficción y no ficción, y entre mundos ficcionales creados por uno y otro autor, no es un recurso exclusivo para divagar en las arenas misteriosas y escurridizas de la sexualidad y el sida. También funciona, e incluso se agudiza con la adición de estos mismos temas, en un discurso social y político alternativo cuyo valor se intensifica a partir de esta nueva estética que lo representa.

Otro personaje inspirado en la realidad es Kokó Salas, nombre que surge en las últimas páginas de "Mona" a partir de una conversación paralela de los editores que se hacen presentes en las notas al pie de página del testimonio de Ramón. En el momento en que se está describiendo que Ramón intenta destruir el cuadro de la *Mona Lisa* con un martillo, Daniel Sakuntala interviene con una nota para ampliar la información de los sistemas de protección de las pinturas famosas y menciona a Salas como gran conocedor de estos en su calidad de curador de arte. Lorenzo y Echurre, los editores de 1999, desmienten la competencia de Salas como curador en la nota siguiente y lo redefinen como "delincuente común dedicado al tráfico ilícito de obras de arte en Madrid bajo la protección del gobierno de La Habana" (Arenas 2000, 91). Por su parte, los editores del año 2025 intervienen en la última nota al pie de "Mona" en defensa del vilipendiado Salas: "[d]efinir a Kokó Salas como un vulgar delincuente [...] es subestimar su personalidad y su importancia histórica. Kokó Salas (nunca sabremos si fue hombre o una mujer) fue una persona culta y superdotada dedicada al espionaje internacional al servicio del Kremlin" (Arenas 2000, 91). Esta última versión del personaje alude, con el singular humor y sarcasmo areniano, a una historia de traición: Roger Salas o Coco Salá, como lo llamaba amistosamente Reinaldo Arenas, se salvó de ser encarcelado por corrupción de dos menores de edad debido a su rol de colaborador de la Policía de Seguridad del Estado del gobierno de Fidel Castro. Sin embargo, esta misma acusación confinó a Arenas a ocho años en la prisión del Morro. Esta pesadilla terminó con una confesión forzada por parte del escritor que aniquiló, como él mismo lo asegura en su autobiografía, con su "dignidad y [su] rebeldía" (Arenas 1992, 231). En este punto, nos interesa destacar otro elemento testimonial de Arenas en la autobiografía que tiene que ver precisamente con la confusión entre cuerpo (no ficción) y discurso (ficción). Hay un pasaje en *Antes que Anochezca* que contribuye a materializar la tanatografía como hemos caracterizado a este tipo de narrativa, donde la realidad encuentra un eco en el texto, acto que termina siendo intercambiable además de traslucir su acento performativo: "al entrar allí, decidí que en lo adelante tendría más cuidado con lo que escribiera, porque parecía estar condenado a vivir en mi propio cuerpo lo que escribía" (Arenas 1992, 222). Arenas se refiere aquí a lo experimentado en las celdas: soledad, privación de luz, comida, agua, higiene y dignidad, entre otros, y la insistente presencia de la muerte que contribuye al cuadro general de tortura. Curiosamente, Ramón Fernández relata su historia en un contexto similar: una pequeña celda fuertemente custodiado y totalmente inmune a la enfermedad, así como también subordinado al poder de las instituciones que velan por la seguridad del estado. Nuevamente el juego de la temporalidad da pie para recrear nuevas versiones y resignificar aquellos temas que tanto le preocupan al escritor. Y en este sentido, la presencia de Kokó o Coco Salas se emplea para personificar una plaga tan virulenta como el sida y también para expresar la opinión que Arenas tiene del gobierno de Castro. Los atributos de indeterminación sexual ("no sabremos nunca si fue un hombre o una mujer") y el acervo cultural y conocimiento especializado que se le confiere a Kokó, nos permite establecer un paralelismo con Elisa (el virus) que combinado con la actividad de espionaje permite que en una sola vía, la escritura, confluyan el discurso de la enfermedad (combinado con la disidencia sexual) y la política (desde la visión del disidente que termina en el exilio), ambas preocupaciones esenciales para Reinaldo Arenas, las cuales en conjunto inspiran su último acto performativo: el suicidio. El sida es el medio para huir de la represión, es la mano liberadora/purificadora de la muerte. Es, en palabras de Arenas de *Antes que anochezca*, un "mal perfecto [...] pues gran parte de la población marginal que no aspira más que a vivir y, por lo tanto, es enemiga de todo dogma e hipocresía política, desaparecerá con esta calamidad" (1992, 15).

Consideraciones finales

Hemos visto que en "Mona" se produce una promiscuidad, entendida en su doble acepción: aquella que la caracteriza como "irregular o mezclada" (Seco 3677) y afecta la parte estructural del texto, y la que alude directamente a la sexualidad como "relación sexual con varias personas" (3677) en este caso conferida a personas del mismo sexo que deriva en la ficcionalización del proceso de contagio de sida. Estos elementos se van desarrollando en varios niveles del texto. Uno de estos es la temporalidad:

en la historia se intercalan varios hilos temporales que se superponen o se combinan para crear situaciones alternativas. De esa manera se rompe con la linealidad y se expone la narración a múltiples interpretaciones y niveles de compromiso con la anécdota principal.

Nos hemos apoyado en esta convergencia de épocas para homologar personajes como Leonardo da Vinci y Ramón Fernández. En una relación especular hemos transferido las técnicas pictóricas del artista hacia la escritura del joven personaje a través de la técnica del esfumato que nos ha servido para explicar cómo esta promiscuidad temporal a su vez se cimenta por una estructura lingüística que privilegia la intensidad psicológica de los personajes por medio de la imagen borrosa creada a partir de descripciones muy detalladas en las que priman los sentidos, el color y las texturas, y que en su conjunto van creando capas de significado. Paralelamente, hemos advertido, en un nivel más profundo, otro tema que atraviesa y conecta las líneas temporales que es el de la sexualidad. Debido a ciertas características históricas que posee la figura del pintor y algunas señales que nos devela el texto, hemos podido plantear un modelo de análisis en el que se postula a la inestabilidad del género. Sin embargo, a nuestro parecer, no es este el propósito principal que tiene la historia. La presencia del sida nos entrega una clave muy interesante para este ejercicio alegórico, especialmente si el escritor del texto aparece ficcionalizado. Este hecho nos motiva para combinar algunas evidencias que encontramos allí que tienen que ver con la amenaza del sida durante la década de los ochenta y su condición de exiliado cubano en Estados Unidos. Estos elementos superan la ficción y se entremezclan con la situación del escritor real que en el tiempo que escribía "Mona" estaba padeciendo los síntomas de la enfermedad que le sería diagnosticada al año siguiente y por la cual se suicidaría cuatro años después. Estos antecedentes también nos llevan a establecer otras correspondencias en el texto. Así como Ramón escribe a toda velocidad su testimonio para salvarse de las garras de Elisa, que en la alegoría representa el virus del sida, Reinaldo Arenas va construyendo una "literatura de urgencia en todos los sentidos" (Manchover 127), invocando su "poder catártico" (127) que de alguna manera le permite exorcizar aquella vulnerabilidad que lo aqueja no solo como homosexual expuesto a la enfermedad, sino también como exiliado que siente que ha perdido su identidad. Visto de esta manera, surgen nuevas perspectivas de análisis en los textos de este autor. En *Antes que anochezca*, por ejemplo, otra interpretación posible de la lectura de esta obra reside en establecer al gobierno de Castro como metáfora de una enfermedad tan mortal como el sida. Allí, Arenas enumera como causas de su suicidio "el estado precario de [su] salud y a la terrible depresión sentimental que sient[e] al no poder seguir escribiendo y luchando por la libertad de Cuba" (1992, 343), situación que atribuye como único responsable a "Fidel Castro" (1992, 343). Cuando Arenas expresa respecto de su persona que "no exist[e] desde que lleg[ó] al exilio [y que] desde entonces comen[zó] a huir de [s]í mismo" (Arenas 1992, 314), es más fácil comprender la idea del escritor seropositivo como un vagabundo, un ser errante cuyo presente no tiene valor y que su capacidad de sobrevivencia reside en la memoria, una memoria donde la imaginación juega un papel esencial en su reconstrucción pero que lo fundamental consiste en que "[is] always political" (Muñoz 35). La memoria en este contexto se asocia con una figura que a la vez es melancólica y solitaria. La melancolía está presente dado que el sujeto se encuentra arraigado hacia el pasado, a pesar de que no puede desvincularse del angustioso presente de la enfermedad que lo relega a una situación miserable intensificada por la soledad. La suma de todo lo anterior produce, según Donald Crimp, un efecto desbordante de "cumulative loss" (9) que incrementa y justifica ese desapego por el presente. Por otro lado, en el ámbito de la enfermedad, la melancolía de acuerdo al modelo de Gilman, está representada por un gesto de sumisión pasiva, reflexión y desesperación (252) que es lo que vemos reflejado en el personaje de Ramón cuando intenta escaparse de Elisa/sida y se siente protegido en la celda de reclusión. La seguridad a costa del resguardo que priva la libertad personal revive también una de las medidas institucionales para detener el avance de la epidemia. En Cuba, por ejemplo, cuando se sabe la noticia de la muerte de Rock Hudson (1985), Fidel Castro establece que toda la ciudadanía debe hacerse el examen del sida y quienes resulten portadores deben identificarse y recluirse en clínicas especiales que los mantendrán controlados y sin contacto con la sociedad sana por alrededor de diez años. Esta medida ha provocado distintas lecturas desde la realidad y la ficción. El escritor chileno Pedro Lemebel, que tiene la oportunidad de visitar uno de estos sidarios cubanos en el contexto de la Sexta Bienal de Arte en La Habana de 1997, comenta en una entrevista del año 2000 realizada por César Güemes, que "controlar la epidemia de esa forma fue una medida de emergencia bastante efectiva para impedir el contagio, sobre todo si se mira la velocidad sexual de los turistas con los jineteros y las jineteras en el Malecón" (Güemes, s/p). Sin embargo, en su crónica "El fugado de La Habana" perteneciente al volumen *Adiós mariquita linda* (2004), el narrador, que se supone alter ego del mismo Lemebel, recrea el fugaz amor con un caribeño infectado por la enfermedad durante su estadía en ese lugar a propósito del evento cultural ya mencionado. Se trata de Adolfo, pintor oriundo de La Habana, un joven contagiado de sida por una turista italiana a los diecisiete años y, por lo cual, se presenta voluntariamente a este paradisíaco sidario donde "todo es hermoso, los prados, los pájaros en sus jaulas, las flores, el paisaje, la comida, los gays que no [lo] dejaban en paz, la medicina, todo era demasiado hermoso en realidad" (Lemebel 2004, 88). Estas características del sidario son irónicamente las que lo llevan a fugarse de él y mantenerse en la clandestinidad por algunos años. Además debe lidiar con la presión constante de sus camaradas pidiéndole que recapacite y que vuelva al hospital, con la convicción de que al dejar "que la revolución se haga cargo de [su] vida" (Lemebel 2004, 89) el joven artista, impedirá que "el individualismo [lo lleve] por caminos reaccionarios [hasta que la] medicina cubana [encuentre] el remedio" (2004, 89). Estos ejemplos nuevamente nos llevan por la senda de la relativización del discurso en torno al sida producto de la diversidad de reacciones que esta produce en los individuos. A pesar de que el escritor chileno precisa que "nunca [ha] estado contra la revolución" (Güemes, s/p), la crónica aludida refleja una mirada mucho más compleja con respecto a la situación del sida en Cuba de finales de los años noventa, donde la politización del cuerpo emerge como tema cuando Adolfo expresa que: "[a]unque ahora han cambiado las cosas, el sistema sidario es más libre. Uno puede salir firmando un compromiso de no contagiar a nadie, de no zingar con nadie, de no conocer a nadie. ¿Me entiendes?" (Lemebel 2004, 88). Otra cara de la moneda se manifiesta en un cuento de la antología cubana *Toda esa gente solitaria* (1997) donde participan algunos narradores internados en estos sidarios. En el texto de Ronaldo Menéndez Plascencia *La moneda, la bóveda, yo solo trato de alcanzar*, se cuenta la historia de un grupo de jóvenes drogadictos que han convenido inyectarse el virus del VIH. En una cadena de imágenes que rayan en la psicodelia, donde la alucinación por efecto de las drogas altera la conexión con la realidad y la percepción del tiempo, este grupo de amigos/amantes que no tienen nada que perder ni nada que ganar, deciden en un acto de aventura sin igual encontrarse con la "muerte en una aguja bruja" (Menéndez Plascencia 79). En este caso, no hay en la superficie del discurso una motivación sexual ni un cuestionamiento a un programa político que se quiera desestabilizar a partir de la narración. No se ha podido encontrar evidencia textual que refuerce el argumento de que estos jóvenes busquen el contagio para ampararse en un sidario que les ordene la vida o terminar una agonía que no tiene fin. Será precisamente este razonamiento sin asidero conocido el que defina el valor del texto de Menéndez y lo convierta en una de las más originales representaciones literarias inspiradas en la enfermedad.

En textos como "Mona", el presente poco afortunado de la narración plantea un contraste con el pasado del protagonista donde el recurso de la memoria funciona como antídoto brindando la posibilidad de recurrir al pasado para reconstruir esos momentos felices previos a la llegada del sida. Ese viaje creado por la memoria responde a una imagen diluida, fantasmagórica que circula por una temporalidad provisional cuyo potencial de resignificación es infinito y que, en el caso del homosexual exiliado, "reflects its ambiguity as a term of exclusion which nonetheless confers interiority" (Muñoz 46). Esa condición de mutabilidad imprecisa y atmósfera intimista es la que justifica esa relación de paralelismo entre este tipo de discurso y el comportamiento del virus. El lugar de enunciación es errante; se mantiene siempre en movimiento y allí radica su valor, su condición de único y original. Este desborde creativo, motivado por el dolor y la fragilidad frente a la vida, es el que le confiere profundidad y novedad a estos textos dado que no existe ninguna interpretación que se imponga como definitiva, característica que a su vez lo constituye como una nueva forma de resistencia.

Si el propósito de este análisis se ha concentrado en explicar que esta historia representa la ficcionalización del proceso de contagio de la enfermedad y los efectos que está produciendo en la sociedad de la década de los ochenta, la lectura que se hace de este fenómeno se produce desde la perspectiva heteronormativa con las características ya descritas con respecto a su conceptualización tradicional en cuanto a la atribución a su origen extranjero y la responsabilidad conferida a ciertos grupos de riesgo entre los que se encuentran los homosexuales y las mujeres licenciosas. Estos discursos no tienen nada de novedosos en la medida que replican modelos de hace quinientos años, como los que se originaron en la época en que la sífilis causaba estragos en la población mundial y que posteriormente el advenimiento del sida reutilizó. Sin embargo, hemos podido comprobar que la llamada narrativa seropositiva de este periodo, rótulo atribuido a Lina Meruane cuando se refiere a un corpus literario latinoamericano que "hace del sida su escenario crítico" (13), utiliza las técnicas aludidas para representar la enfermedad de una manera en que pareciera estar oculta en la superficie del texto y que afecta a individuos aislados, es decir, sin una comunidad que los ampare. Esto también responde a la realidad de la enfermedad en ese momento donde no se habían desarrollado medicinas que revirtieran el desenlace mortal, lo cual generaba un ambiente de gran desolación. En este contexto, la escritura juega un papel excepcional en cuanto se vale de todas las técnicas narrativas que tiene a mano hasta el punto en que también se sale de su propio marco y se construye con una carga metafórica inusual que en este caso se teje desde la interconectividad temporal y mediante la yuxtaposición indiscriminada entre la ficción y la realidad. Estos recursos se van alternando para expresar el desasosiego y la necesidad de encontrar respuestas por parte de un escritor que presiente que ha contraído la enfermedad y que por necesidad, inconsciente o no, percibe que la única forma en que puede torcerle el brazo al destino es a través de este periplo estético. En otras palabras, el verdadero antídoto que proporciona el texto consiste en la convicción de su autor de que, en la medida en que se dilate la escritura, se mantendrá la ilusión vital. Esta condición le confiere el estatus de viajero permanente.

II. TEMPORALIDAD Y PARODIA NEOBARROCA: PILARES PARA UNA NUEVA ALEACIÓN DEL CUERPO Y SU REPRESENTACIÓN EN EL TEXTO SEROPOSITIVO

Introducción y objetivos

En este capítulo se dará cuenta de los textos *Un año sin amor. Diario de sida* (1998) de Pablo Pérez y *La Ansiedad, novela trash* (2004) de Daniel Link, ambos escritores argentinos, principalmente desde el lente de la parodia, como la define Severo Sarduy en su ensayo "El barroco y el neobarroco" (1972). La tesis que se propone desarrollar es que la base estructural de estos textos se funda en el estrecho diálogo que se produce con otras obras cuyo denominador común es esta enfermedad. La singularidad reside en la manera en cómo se articulan estas conexiones a partir de una nueva conceptualización del cuerpo. Esta va de la mano con el desarrollo de las investigaciones científicas para el tratamiento del sida desde mediados de los noventas y la nueva concepción del sujeto a partir de la emergencia del posmodernismo. Como consecuencia de esto último se proponen diversas maneras de interacción entre los personajes que considera a los mismos autores ficcionalizados lo que hace cada vez más difuso el límite entre la realidad y la ficción, donde el diario y la carta, recursos literarios pertenecientes a los llamados géneros menores, responden adecuadamente a la versatilidad que manifiesta este tipo de escritura.

Un año sin amor. Coordenadas

En el prólogo de *Un año sin amor. Diario del sida*, Roberto Jacoby señala que este libro "transcurre precisamente durante ese año bisagra y [que] cuando comenzó a escribirse su autor no podía imaginar el happy end" (10). Se trata del año 1996 cuando "el cóctel de azt, ddi e inhibidores de proteasa logra reducir la presencia del virus hasta niveles indetectables en la sangre [...] con lo que el Sida [sic] dejó de ser una enfermedad necesariamente mortal" (10). Por el contrario, Pablo se figuraba que "su muerte estaba cercana y trataba de evadirla mediante un sinnúmero de triquiñuelas" (10). Así, en la ansiedad de la espera, Pablo, el protagonista de la novela, problematiza el deseo mismo, el control de su cuerpo y la interacción con los demás. En una conversación en *Página 12* el 2005 con Julián Gorodischer, Pérez señala al respecto que su intención en *Un año sin amor* fue "demostrar que los enfermos de HIV [sic] no reprimimos nuestra vida sexual, no estamos encerrados en nuestras casas. ¡Hay una falta de información! La gente no se anima a hablar de sexo" (Gorodischer, s/p). Por su parte, Martin Mazzini se refiere a la labor de Pérez, escritor abiertamente homosexual, como un coqueteo

> con los límites donde la literatura llega a ser inaceptable. En esa búsqueda [Pablo Pérez] escribió un diario novela del año en que, enfermo de sida, esperaba su muerte. En Un año sin amor cuenta con honestidad brutal [...] sus encuentros en cines porno y sesiones sadomasoquistas. Con el mismo tono explícito publicó un libro por entregas que ubica dentro de un género novedoso, la 'literatura fast food', de título 'El mendigo chupapijas' que fue lectura obligada en el ambiente literario (citado en Bazán s/p).

El ingrediente autobiográfico es clave en este autor quien además lo vincula a la actividad creativa con la convicción de que esta realidad atroz que impone la enfermedad es necesario expresarla a pesar de poder tener un público reacio al tema. Por otro lado, esta experimentación literaria va unida a la necesidad de saber de la enfermedad, donde la escritura es el vehículo para el autoconocimiento pero al mismo tiempo sirve de paliativo para el sufrimiento. En una reseña de *Clarín.com* de 1999, la periodista Mónica Sifrim observa en *Un año sin amor* el reclamo del autor donde ficción y realidad se confunden: "todo el mundo corre por más saber, todos pretenden leer todo lo que existe para poder hablar de ello, dice Pérez con un aire de poeta maldito. La queja es comprensible: un artista cachorro ve el cuerpo amenazado por algo más oscuro que la melancolía o el spleen" (Sifrim s/p). Otro elemento que apunta Bazán, y que nos ayuda a entender el impacto de estos textos en ese momento, es que este tipo de escritura se lee en un ambiente reducido. Ante la pregunta de si existe la literatura gay, Pérez comenta que "es un concepto que tiene una importancia más política que literaria […] A mí me gustaría que mi libro sea leído como cualquier otro, pero después de tantos años de discriminación me parece necesario que se identifique la literatura gay para poder criticarla, estudiarla […] para hablar de ella" (citado en Bazán s/p).

El sida entonces, se presenta como un lugar propicio para hacer visible la diferencia y comenzar un diálogo, que es lo que busca Pérez. Su intención es conseguir apertura y una contención colectiva donde el sida se libere de la carga del estigma. En ese sentido nos parece que su postura es muy consecuente dado que, hasta el día de hoy, Pérez ha utilizado su escritura para hablar de la enfermedad no solo desde la literatura, sino desde una columna popular que escribe periódicamente en el suplemento "Soy positivo" del diario argentino *Página 12.*

El diario como espacio de escritura y sus alcances intimistas

El primer antecedente de la escritura de un diario que tenemos del personaje de Pablo Pérez, homónimo del autor, es de uno comenzado en París. Se trata de un cuaderno que inaugura "después de enterarme de que yo era HIV [sic] positivo" (Pérez 32). El contagio de la enfermedad gatilla en el enfermo y, en este caso también en el escritor, la necesidad de expresarse a través de la escritura. Las primeras líneas de este diario titulado *Un año sin amor. Diario de sida* no solo justifican su existencia de esta misma manera, también se presenta como una práctica autoimpuesta: "[t]engo que escribir" (19). Las entradas que Pablo registrará de allí en adelante, conformarán un texto que tiene como objetivo dar cuenta de su recorrido a través de la "búsqueda del amor, de la pérdida del amor, del deseo y del miedo ante la muerte" (Pérez 49). Por lo tanto, el diario traducirá los estados anímicos de Pablo y a su vez se convertirá en la tabla que lo mantiene a flote a medida que transcribe todo un año de altos y bajos con respecto a su salud y los estados emocionales que están asociados a la posibilidad o no de su sobrevivencia. En este ejercicio encontramos varias reflexiones acerca del rol que juega el diario. Roberto Jacoby en la introducción del texto de Pablo Pérez destaca, por ejemplo, que se trata de un "ensayo de auto observación y de cuidado de sí" (11), y que esta necesidad de escribir de alguna manera está ligada a la "emergencia de una identidad [donde el protagonista/autor] [...] al escribir su historia, se hace a sí mismo" (11). Este rasgo ontológico entonces legitimiza dicho formato como expresión literaria del sida en cuanto sirve como medio exploratorio de

> la auténtica experiencia de la intimidad (lo íntimamente extraño de sí mismo) del proceso de la enfermedad y la sobrevivencia, para una aproximación sin patetismo ni prevenciones estéticas al paso y la desaparición de la vida por las palabras porque las atraviesa la vida en diálogo con la muerte [y que son] de nadie o cualquiera (Giordano 115).

Ese extrañamiento de sí mismo tiene que ver con la presencia de la enfermedad en el cuerpo. En el diario de Pérez, el virus se presenta como un elemento ajeno que coloniza el cuerpo: "lo peor de todo esto no es lo que pueda escribir, sino el veneno que mi cuerpo destila, el veneno de la infelicidad" (21). La enfermedad a su vez confluye con el sentimiento poco feliz que identifica Pablo y que tiene una raíz genealógica donde la escritura funciona además como una vía de escape frente a una "familia enferma" (Pérez 20-21). El cuerpo de Pablo "destila" un veneno que no es otro que la metáfora de un mundo enfermo, de un mundo donde el orden está invertido si lo miramos desde el paradigma de la norma puesto que "cada vez más, los padres entierran a los hijos" (Pérez 21-22). Esta afirmación da pie para desarrollar aquí una digresión en torno al impacto del sida en la sociedad a partir de la década de 1980. Si nos remitimos a algunas ideas expresadas por Michel Foucault en su *Historia de la sexualidad* (1995), específicamente en "Derecho de muerte y poder sobre la vida", entendemos que la biopolítica surge de un cambio entre el privilegio soberano del "derecho de vida y muerte" (1995, 97) a un "poder que se ejerce positivamente sobre la vida, que procura administrarla, aumentarla, multiplicarla, ejer[ciendo] sobre ella controles precisos y regulaciones generales" (1995, 98). De soberano a "gerente de la vida y la supervivencia, de los cuerpos y la raza" (1995, 98) se despliega la era del bíopoder que se preocupará de desarrollar una tecnología doble que incorpora la anatomopolítica. Esta última se define en tanto concibe al cuerpo como una máquina que funciona de acuerdo a los preceptos que le impone la educación con el propósito de obtener un "aumento de sus aptitudes, el arrancamiento de sus fuerzas, el crecimiento paralelo de su utilidad y su docilidad, [y] su integración en sistemas de control eficaces y económicos" (Foucault 1995, 100). Las instituciones que más representan la anatomopolítica son la escuela, el ejército y también la tecnología biológica encargada de velar por las "regulaciones de población, [donde] figura la demografía, la estimación de la relación entre recursos y habitantes, los cuadros de las riquezas y su circulación de las vidas y sus probables trabajos" (1995, 101). Además del cambio de paradigma, lo que nos interesa destacar aquí es que Foucault no sitúa la teoría del poder en un discurso especulativo, sino más bien en "la forma de arreglos concretos" (1995, 101) en el cual "el dispositivo de la sexualidad [...] es uno de los más importantes" (1995, 101).

También es esencial entender la correlación de esta administración de los cuerpos con el capitalismo debido a la incorporación de los primeros en los procesos productivos en los cuales el bíopoder tiene un papel preponderante en tanto colabora en el "ajuste entre la acumulación de los hombres y la del capital, la articulación entre el crecimiento de los grupos humanos y la expansión de las fuerzas productivas y la repartición diferencial de la ganancia [es decir en] la invasión del cuerpo viviente, su valorización y la gestión distributiva de sus fuerzas" (Foucault 1995, 102).

Para consolidar este argumento es necesario destacar otro concepto que tiene que ver con la importancia de las tecnologías y la administración de la vida, esa combinación entre saber y poder que a partir del siglo XIX le permite a Foucault hablar de la bío-historia y que se constituye a partir de que "el hombre occidental aprende poco a poco en qué consiste ser una especie viviente en un mundo viviente, tener un cuerpo, condiciones de existencia, probabilidades de vida, salud individual o colectiva, fuerzas que es posible modificar y un espacio donde repartirlas de manera óptima" (1995, 102). Este saber que estimula el desarrollo de nuevas tecnologías plantea la posibilidad de que lo biológico se manifieste en el territorio político accediendo al ejercicio del poder. Lo anterior es lo que se conoce como la actividad biopolítica. Esta última actúa sobre el cuerpo del que recién se ha comenzado a tomar conciencia observando que, aquella maleabilidad que lo distingue, se subordina al poder imperante. Por lo tanto, si estamos hablando principalmente del dispositivo de la sexualidad desde su propiedad reproductiva/productiva, es importante considerar el cambio que observa Foucault en tanto el poder en su calidad de guardián de la norma, es decir, un aparato judicial que cumplía una función reguladora entre "la unión del 'cuerpo' y la 'población', el sexo se convi[erte] en el blanco central para un poder organizado alrededor de la administración de la vida y no de la amenaza de muerte" (1995, 106). Sin embargo, llama la atención que este cambio que Foucault señala de que antes todo giraba alrededor de la sangre (en términos de alcurnia, de su instrumentalización en la guerra, de su precariedad como elemento fisiológico, etc.) con la llegada del sida esta cobra importancia, ya que activa la vulnerabilidad del sistema inmunológico y del saber/poder que se había desarrollado en torno a las tecnologías de la sexualidad, el capitalismo y la medicina en general. Al decir Foucault que "la sustitución de la sangre por el sexo [resume] por sí sola las transformaciones que marcan el umbral de nuestra modernidad" (1995, 106-107) ¿no estará la emergencia del sida marcando un retroceso –o al menos un desvío– desde el punto de vista de lo normativo? Esta era analítica de la sexualidad que Foucault distingue de la era simbólica de la sangre puede interpretarse como una fractura epistemológica que es necesario re-pensar, ya que la sangre ha reaparecido en lo que simbólicamente podríamos llamar como las coordenadas cartesianas de una sexualidad regulada. La figura del homosexual, como principal generador de este movimiento regresivo, se acerca a esa sexualidad que predomina en el poder de soberanía practicado por Sade, donde "la sangre corre a lo largo del placer [y el sexo] carece de norma, de regla intrínseca que podría formularse a partir de su propia naturaleza [una] soberanía única y desnuda" (Foucault 1995, 107) que ciertamente es excesiva, si la miramos desde la perspectiva del modelo reproductivo/productivo, y especialmente poco productiva si la analizamos desde el saber y sus tecnologías ya que no será hasta mediados de los noventa que los científicos no serán capaces de controlar el virus del VIH.

A partir de las complejas relaciones familiares que describe Pablo podemos advertir que ese amor que describe *Un año sin amor* es transversal, es decir, va más allá de las relaciones de pareja y establece una redefinición de cada una de esas relaciones debido a la presencia del sida y la sexualidad de su protagonista. Una de ellas tiene que ver con la muerte de su hermana Paula. En varias oportunidades Pablo trae a colación el suicidio de la joven en Buenos Aires, con la cual tenía una relación muy cercana a pesar de que él vivía en Francia al momento de su deceso. Especialmente doloroso fue el día cuando sus padres descubrieron las cartas que él le enviaba a ella desde Paris ya que produjo su "[s]ali[da] del clóset abruptamente" (Pérez 139) puesto que en ese momento sus padres se enteraron de su homosexualidad. Durante el año en que Pablo escribe este diario recuerda con mucho dolor que, al confesarle a su hermano Diego que en realidad Paula se había quitado la vida, la madre en despecho le revela a Diego que su hermano es homosexual y que además tiene sida (Pérez 83), razón por la cual Diego no le vuelve a hablar a Pablo nunca más. Homofobia, celos, prejuicios: los estigmas históricos trascienden la escritura; el suicidio desencadena otras muertes y deroga identidades.

Por otro lado, Pablo tenía un amante en Francia que, al llamarlo RV en su diario, establece una relación intertextual con Hervé Guibert (Ingenschay 2006, Angvik 2006), el escritor francés que murió a principios de la década de los 90 a causa de sida y que publicó también varios diarios que exponen su testimonio de la enfermedad. Aunque le dedicaremos una sección más extensa en otro momento, nos concentraremos por ahora en que a Pablo le sugieren traducir esos diarios del francés. Su amigo Lionel los trae de París, pero en un principio Pablo se muestra reacio a proceder: "lo único que nos interesaba en esa lectura salteada que hice de sus escritos era saber que [RV] pensaba de mí y si tenía que ver con que yo lo hubiese dejado para venir a Argentina, su decisión de abandonar todo tratamiento y dejarse morir" (Pérez 26). Si tomamos en cuenta las razones expresadas por Pablo para interesarse en los diarios de su amigo, no es difícil establecer una ligazón estrecha entre este tipo de formato de escritura con la temporalidad y la muerte. Alberto Giordano observa al respecto que "todo diario íntimo se escribe desde la perspectiva temporal de la muerte" (117). Se dice que quien escribe un diario es un sobreviviente y que en el acto mismo de la escritura, mantiene esa tensión, un "'mientras'" (118) que constituye el presente y que parece estirarse como un elástico durante ese periodo que la comprende. A continuación, veremos cómo se articulan estos elementos a lo largo del discurso narrativo de *Un año sin amor*.

El diario, el erotismo y la *petite mort* neobarroca

Una de las aproximaciones que nos parece interesante explorar dentro de la línea experimental de este tipo de textos es aquella que los vincula con los principios estructurales de la estética neobarroca. Al respecto, Severo Sarduy se sirve para su reflexión, entre otras fuentes, de las ideas que José Lezama Lima consigna en su colección de ensayos *La expresión americana* (1957) donde fundamenta las características del barroco americano definiéndolo como un "arte de la contraconquista" (32). Para Lezama Lima el señor Barroco toma el mensaje europeo y lo transforma en un banquete donde se funden ambos mundos, el europeo y el americano, cuyo producto es esta expresión barroca que funciona como "un pacto de igualdad, en que todos los elementos de [la] raza y de [la] cultura tienen que ser admitidos" (51). Hemos mencionado que uno de los elementos principales de la estética neobarroca que también caracteriza al discurso seropositivo es que el lenguaje que se utiliza está conformado por fragmentos y que en algún momento Sarduy le llama aleación barroca dado que "renuncia a su nivel denotativo, a su enunciado lineal [y] desaparece el centro único en el trayecto que hasta entonces se suponía circular [y que ahora es] dispersión, pulverización" (1386). A lo que se alude aquí es al cambio de perspectiva que se produce desde el Renacimiento con los descubrimientos científicos (la circulación de la sangre por Harvey, la teoría heliocéntrica desarrollada por Copérnico, las órbitas elípticas que se introducen a partir de los estudios de Kepler y la incorporación del método científico propuesto por Bacon, entre otros) que impactan en la mirada del ser humano provocando un cierto desplazamiento del antropocentrismo que va acompañado de la pérdida de la fe y la presencia caótica de la naturaleza que sirve de contexto al barroco de esos siglos. Desde esa época entonces apreciamos un desbalance y un vuelco hacia la forma que se promueve a través de la teatralidad, el despliegue de la imagen, la artificialidad y, por supuesto, del exceso. Una particularidad de ese potencial experimental del barroco americano descrito por Lezama Lima que hereda el neobarroco es la sofisticación del lenguaje. Si pensamos en la metáfora, esta cobra preponderancia en tanto se sitúa más allá de "lo nombrado y lo nombrante [y destaca esa] distancia exagerada [revelando que] todo el barroco no es más que una hipérbole cuyo 'desperdicio' veremos que no por azar es erótico" (Sarduy 1389). De estas reflexiones hay dos marcas neobarrocas que se señalan en el diario de Pablo Pérez. La primera tiene que ver con el cuerpo y la segunda es de índole ontológica. Comprobaremos a continuación no solo que una incluye a la otra, sino que también se suma un tercer factor que funciona como aliado de esta fusión: el erotismo.

En una entrevista a Severo Sarduy del año 1977 llevada a cabo por el periodista español Joaquín Soler, el escritor se refiere al cuerpo como una máquina barroca revolucionaria y explica que su escritura es de por sí un acto erótico en cuanto la realiza con todo el cuerpo, con todos los órganos y sentidos. En esa instancia Sarduy expresa, además, que lo que resulta de la experiencia escritural que lleva a cabo en sus libros es, precisamente, un diálogo entre los cuerpos. Si repasamos los argumentos expuestos por Foucault anteriormente y los enfrentamos con esta actitud despilfarradora y de total descontrol del cuerpo en función del placer que se opone a la dinámica biopolítica cuya voluntad es ordenarlos (y controlarlos) en función de ejercer el poder, es posible explicar mejor esta idea del cuerpo como aparato de subversión y conectarla con la idea del placer en el ámbito de la sexualidad y de lo que ocurre en espacios de escritura como el diario, donde es viable transcribir el fenómeno ontológico que allí se despliega en torno al flujo de identidades o directamente la petite mort o la disolución del yo.

Para ver cómo funciona este argumento debemos remitirnos a la segunda parte de *Un año sin amor*. Allí, Pablo menciona sus sesiones con la psicóloga del hospital y la recomendación de esta última de abandonar la actividad sexual debido a su delicada condición de salud. Sin embargo, Pablo se resiste a la idea de dejar de masturbarse contrargumentando que el orgasmo lo "remite a una sensación de vida […] Siempre me sentí medio muerto, y cada orgasmo para mí es como un golpe eléctrico que me revive un poco aunque sea por unos minutos, como un rayo que me trae de la muerte a la vida" (Pérez 64).

Severo Sarduy establece en el neobarroco una relación simétrica entre su retórica y el erotismo, en tanto la retórica abandona su función (re)productiva –que consiste en la conducción de un mensaje– y asume la de representar el "desperdicio en función del placer" (1402). Siguiendo ese razonamiento, al alejarse el lenguaje neobarroco del nivel denotativo, el erotismo se presenta como "la perversión que implica toda metáfora, toda figura" (1388). Esta idea alude a la *petite mort* o la muerte erótica que nos refiere a George Bataille, una de las mayores influencias de Sarduy. Bataille la describe como aquella que se produce en el momento cuando el lenguaje cruza las fronteras de los significados, hacia lo que carece de sentido, y se encuentra con la muerte que es la desaparición de uno mismo. Esta pérdida de conocimiento se asemeja a la muerte erótica dado que en el orgasmo se produce esa sensación de cancelación de conciencia que nos hace desaparecer en el goce y nos deja sin habla. Vista desde esta perspectiva, y como un efecto en negativo de lo que produce en el protagonista de *Un año sin amor*, esta experiencia estético/sexual nos permite vincular al erotismo con el sida y el acto de escritura que practica Pablo cuando este comenta que escribe "desnudo porque [sigue] con esa enfermedad monstruosamente porno" (Pérez 29). Acto seguido relata sus paseos nocturnos que incluyen incursiones en los cines donde busca saciar su deseo. Las descripciones de esos encuentros nos dejan inmersos en una erotografía que se reitera en varios momentos (aproximadamente una docena de ellos) contagiándonos de cierta disposición hacia la fisgonería con la que Pablo transcribe casi en términos cinematográficos el detalle tanto de la ambientación de los lugares como las prácticas sexuales sadomasoquistas que concerta con su grupo de amigos leather. Haciendo alusión a "El placer del texto" de Roland Barthes, Muñoz Millanes acota que "además, al calificar de 'perverso' el placer del escritor [se alude] al carácter selectivo de su mirada: el diarista [...] se deja llevar por preferencias, por gustos, por lo que considera notable, y así, efectúa una lectura fetichista de la realidad, es decir, arbitrariamente parcial" (Muñoz Millanes 136-7).

Es necesario establecer aquí un paréntesis para introducir algunas de las ideas del filósofo Jean-Luc Nancy, quien desarrolla sus pensamientos en torno al cuerpo en *Corpus* (2008). En este texto establece relaciones respecto de la temporalidad, la escritura y el ser. Señala, por ejemplo, que "touching the body, touching happens in writing all the time" (Nancy 2008, 11) y que en ese proceso el punto de contacto entre cuerpo y escritura es lo que llamamos "sentido". Ese toque de "sentido", secundado por la escritura, es el que define la existencia del cuerpo. A su vez, el contexto para que esto ocurra es temporalmente el "here without place [...] straining to dislocate the place and the opening of bodies in the present, and in the midst of the very discourse and space that we occupy" (Nancy 2008, 15). A nuestro parecer, estas ideas tienen que ver, por lo tanto, con el cuerpo como contenedor en sí de la existencia que se produce en ese instante del aquí y el ahora, en otras palabras el presente, y que está marcado por la escritura. Vemos en este punto rasgos de una performatividad que trasciende los actos ilocutivos del lenguaje a los que alude Butler. Se acerca más bien a este concepto de la muerte erótica que vive, muere y resucita en tanto el cuerpo entra en diálogo consigo mismo a partir de la escritura. Este trance es único e infinito, y lo valioso es que se define por ser cada vez original e irrepetible. Curiosamente es el diario el formato que puede traslucir este proceso con eficiencia. Si volvemos a la introducción de *Un año sin amor* podemos apreciar cómo estas conceptualizaciones se van apoyando unas a otras como cuando Jacoby señala que el diario de Pérez "parece el espacio de intersección de múltiples identidades fluidas: el conjunto de un solo elemento a través de ese largo momento en el que tambalean todas las identidades, en el que todas las diferencias vacilan frente a la gran ecualizadora" (13). La gran ecualizadora a la que se refiere el crítico nos remite a Foucault. Entonces el texto del que nos ocupamos intenta acaparar nuestra atención registrando estos puntos de intensidad vital y de caídas mortales que nos narra su protagonista y que Jean-Luc Nancy identificaría con la somatografía. Esta se define como una suerte de mapeo descriptivo del cuerpo humano, un recorrido neobarroco por el cuerpo estipulado por Sarduy donde el diario, nuevamente, hace de vitrina para que el ojo lector y el ojo escritor experimenten ese placer del texto. Muñoz Millanes advierte en este sentido otra gran potencialidad del diario que consiste en la posibilidad de realizarse en él un "ejercicio retórico de la ekphrasis" (140), en que el orador trata de exaltar un objeto apelando a la imaginación visual del auditorio: "al representar sus cualidades más relevantes sucesivamente en una enumeración que corresponde al recorrido analítico de la atención" (140). Las descripciones en estos textos de sida privilegian lo sensorial, reflejan la intención de seducir mediante lo visual, que es lo que en definitivas cuentas Nancy vincula al cuerpo, llamándolo "carnation" (lo carnal) y caracterizándolo como "plain and simple, referring to the vibration, color, frequency, and nuance of a place, of an event of existence" (17). Ese contacto entre cuerpo y escritura a través del sentido, Nancy lo interpreta y lo ejemplifica desde la envidia que Diderot sintió por los pintores de su época "who could approximate in colors, something he couldn't approximate in writing: a woman's pleasure" (17). Por lo tanto, en nuestra lectura de *Un año sin amor*, el cuerpo se manifiesta como eje de la escritura y signo de la existencia, donde la subversión radica en la intención de su protagonista de hacerse cargo de su propio cuerpo (y de los potenciales placeres que pueda producirle) porque el sida ha superado las posibilidades que hasta el momento cuenta ese "saber" institucional: "por ahora siento que mi mejor médico soy yo mismo" (Pérez 23), expresa Pablo, y así comienza su batalla personal contra la enfermedad.

El sida, el tiempo presente y la utopía queer

Con la aparición del sida a principios de los ochenta y la casi nula posibilidad de sobrevivencia de los pacientes infectados hasta el año 1996, el tiempo queer se ve afectado y se modifica de ahí en adelante en su relación con el futuro expandiendo "the potential of the moment" (Halberstam 2) y también reformulando "the conventional emphasis on longevity and futurity" (Bersani 1996, Edelman 1998). En *Un año sin amor*, este fenómeno se representa con la urgencia de dejar consignado un presente que se extiende por todo un año: "ahora recuerdo una de las cosas sobre las que quería escribir. Se trata de un presentimiento que me invade desde hace varios días: no pasaré este año" (Pérez 40).

Cuando hablamos de tiempo asociado con lo queer estamos utilizando la conceptualización elaborada por Judith Halberstam, en su libro *In a Queer Time and Place* (2005). Allí, Halberstam define lo queer como "a nonnormative logics and organization of community, sexual identity, embodiment, and activity in space and time" (6). Asimismo, el mismo autor señala que la "manera de ser queer" se constituye entonces en torno a un "potential to open up new life narratives and alternative relations to time and space" (2). Como base para su propuesta del tiempo y espacio queer, Halberstam utiliza el estudio de David Harvey, *The Condition of Postmodernity* (1990) donde se plantea que los conceptos de tiempo y espacio son construcciones sociales. Explica Harvey que, debido a que entendemos el tiempo como una progresión natural, no nos damos cuenta de su construcción, y que éste se organiza "according to the logic of capital accumulation" (Halberstam 7). En consecuencia, quienes se benefician de ello son los mismos que evitan, ignoran o reprimen a quienes se resisten a esta lógica. Las reacciones emocionales y físicas ante formulaciones espacio-temporales específicas como, por ejemplo, sentirse culpable por el ocio, frustrado por la espera o satisfecho por ser puntual, entre otros, confirma esta idea de "our sense of time as 'natural'" (7). En este contexto, el tiempo queer surge desde el posmodernismo. Este último se entiende como "a crisis in the stability of form and meaning, and an opportunity to rethink the practice of cultural production, its hierarchies and power dynamics, its tendency to resist or capitulate" (6). En la medida en que este sujeto queer se instala fuera del marco temporal de la "bourgeois reproduction and family, longevity, risk/safety, and inheritance" (6), su presente se expande a infinitas posibilidades de realización.

Esta reformulación del tiempo es similar a la que ocurre con los espacios. Por lo tanto, dado que tiempo y espacio queer son mutables, estos se oponen a la conceptualización impuesta por la norma y se convierten inmediatamente en variables reaccionarias dado que exceden los límites impuestos por esta. Para poder apreciar cómo se articulan estas definiciones en textos de sida como el de Pérez vamos a añadir algunas reflexiones de José Esteban Muñoz expuestas en *Cruising Utopia* (2009). Para desarrollar sus ideas, Muñoz incorpora algunos elementos que Theodor Adorno y Ernest Bloch proponen para describir la "función utópica del arte" y las aplica en las obras de un grupo de artistas homosexuales y neoyorquinos VIH positivos entre las décadas de los ochenta y noventa. Su trabajo se centra principalmente en dar cuenta de lo que estos intelectuales de la escuela de Frankfurt llamaron "the anticipatory illumination of art", caracterizada como "the process of identifying certain properties that can be detected in representational practices helping us to see the not-yet-conscious [which is] knowable, to some extent, as an utopian feeling" (Muñoz 3). Lo que tiene en común este rasgo estético con las coordenadas temporales y espaciales queer propuestas por Halberstam es que ambas se caracterizan por evidenciar un "surplus of both affect and meaning" (Muñoz 3). Por su parte, Bloch afirma que "the essential function of utopia is a critique of what is present" (citado en Muñoz 37), lo que incluye un cuestionamiento de los límites y barreras que ese presente establece. Entonces, si tenemos en mente la utopía en estos términos y evocamos el momento justo del advenimiento de la pandemia del sida, podemos examinar las posibilidades que existen para "conjuring of the past [and] do the work of letting us critique the present, to see beyond its 'what is' to worlds of political possibility, of 'what might be'" (Muñoz 39).

Para ilustrar lo expuesto pondremos en práctica un concepto que Muñoz propone también desde el arte para establecer posibilidades sexuales en el marco de la enfermedad y que él llama "public-sex-mimetic cultural production" (Muñoz 35). Dijimos que en *Un año sin amor*, Pablo relata sus experiencias y emociones con la convicción inicial que la muerte será inminente. Recordemos que la aparición del sida impuso un control del cuerpo: como parte del proceso de higienización, el enfermo debía o abstenerse o practicar sexo seguro con preservativo. Paralelamente se fueron clausurando muchos lugares que convocaban encuentros homosexuales como los baños públicos o tea rooms. Se intensificó la vigilancia en los parques y cines, se controlaron periódicamente los bares, discotecas y otros lugares de esparcimiento donde la comunidad homosexual era asidua. En consecuencia, se intervino la interacción de los cuerpos en desmedro del deseo.

En *Un año sin amor*, Pablo encarna el dilema entre ser responsable de seguir su tratamiento médico cumpliendo con los horarios de las medicinas, o simplemente dejarse llevar por el ansia del deseo que lo motiva a escribir anuncios en el periódico para concertar encuentros sexuales y/o frecuentar a su grupo de sexo sadomasoquista. Casi al final de la narración, Pablo conoce a Luis en el entre acto de un espectáculo de strippers:

> [l]os dos nos estábamos masturbando en el baño y allí empezamos a besarnos y a tocarnos delante de los otros que también se masturbaban en la fila de mingitorios. Lo invité a venir a casa […] en el colectivo Luis quería besarme pero no se animaba. Me mordía el hombro y yo lo dejaba sin importarme que la gente nos mirara mal (Pérez 129).

Aquí no solo se describe esta práctica prohibida, expresar el deseo sexual en un baño público, sino que se explicita un (impaciente) gesto de afección. Desde la perspectiva de Muñoz, este acto, en vez de recuperar la memoria de un pasado perdido (cuando existían este tipo de interacciones: década de los setentas post-Stonewall, tiempos de activismo y mayor libertad sexual), lo que produce es la activación de la potencia que contiene ese espacio lleno de significado queer (la libertad del deseo) que ahora es imposible. Al hacerlo se está transgrediendo esa estructura (negando la autoridad) liberando ese espacio para establecer un acceso hacia posibles/nuevos mundos de significación. Es, a través de la escritura (evocando la experiencia del autor-protagonista), donde ese presente se emancipa de la norma y por lo mismo se manifiesta políticamente (estableciendo la ciudadanía sexual). En este sentido, la utopía se declara performativamente como una crítica hacia el "dominant order [that] has no space to exist outside the most theoretically safeguarded abstractions" (Muñoz 39).

Retomando lo que decíamos en la sección anterior, este argumento del desborde del presente justifica la importancia de la contemplación de los detalles y de la parcialidad en la escritura para lo cual el diario resulta, nuevamente, un formato muy apropiado. Si en *Un año sin amor* su protagonista describe con meticulosidad las escenas sadomasoquistas es precisamente porque estas corresponden a las preferencias sexuales de Pablo y representan otras alternativas de exploración respecto del presente heteronormativo. Allí, el cuerpo es el elemento principal y no reconoce jerarquía alguna.

Parodia, fragmentación y traducción: configurando redes y estrechando vínculos con el presente

En su ensayo "El barroco y el neobarroco", Sarduy se refiere a la parodia en el contexto del barroco latinoamericano estableciendo un énfasis en la desfiguración:

> [s]ólo en la medida en que una obra del barroco latinoamericano sea la desfiguración de una obra anterior que haya que leer en filigrana para gustar totalmente de ella, pertenecerá a un género mayor, afirmación que será cada día más valedera, puesto que más vastas serán las referencias y nuestro conocimiento de ellas, más numerosas las obras en filigrana, ellas mismas desfiguración de otras obras (1392-1393).

La cita destaca la idea de la deformación como parte esencial de la estética neobarroca, ya que es el medio para que los textos trasciendan en el tiempo o lo que Sarduy señala como género mayor, que es lo mismo. Del mismo modo, es posible evocar otro texto desde un rasgo de contenido o lo que Sarduy llama intratextualidad. Sarduy define así textos y/o imágenes que aparecen de alguna manera cifrados o resemantizados en otro. Finalmente, aquellos que son evocaciones literales, al incorporarse citas textuales de la obra que le dio origen, Sarduy los denomina intertextualidad. Cualquiera que sea la opción, ambos recursos producen una nueva unidad a partir de la alteración en la forma de una unidad previa. Por lo tanto, podemos inferir que el nuevo texto es una consolidación de fragmentos lo cual hemos visto que es otra peculiaridad neobarroca. Distinguiremos a continuación qué tipos de fragmentos constituyen el texto que da singular forma a *Un año sin amor*, no sin antes justificar que la ductilidad del diario para estos efectos también ha sido reconocida por otros estudiosos. Muñoz Millanes, además de mencionar el carácter parcial como característico de los diarios, agrega que como consecuencia de ello observan una "incontrolable divisibilidad textual [producto de que el diario] responde al hecho de que en ellos las anotaciones se generan por pura yuxtaposición" (Muñoz Millanes 139).

En esta dinámica de la parodia vamos a incorporar la tarea de la traducción considerando que la nueva disposición de estos fragmentos tomados de textos previos produce un efecto que gatilla la actividad interpretativa que no es otra cosa que una traducción "para sí" de los elementos expuestos. Pablo va a traducir unos textos de Hervé Guibert quien, de acuerdo a lo que consigna en su diario, fue su amante. Por su parte, el diario y la traducción comparten el propósito de registrar "el presente tanto para intentar fijarlo, porque se sabe de su inmediata caducidad, como para dejarlo abierto a futuras transformaciones" (Giordano 115). Veremos que la anterior definición tiene bastante coherencia en la actuación de Pablo ya que él solo va a realizar una traducción en donde seleccionará las cosas que para él son significativas. Esta nueva lectura representa una posibilidad entre muchas otras que puede sugerir ese texto. Sin embargo, la relevancia de este nuevo texto reside en que se ajusta a una lectura que refleja la singular perspectiva de un sujeto en un punto específico de su historia. Este razonamiento, privilegia, entonces, la capacidad de la traducción de producir textos a la medida. Si extrapolamos este principio a un escenario más general con relación a la enfermedad del sida en Latinoamérica y sus diferentes representaciones podemos distinguir textos, entre los cuales podríamos incluir el de Pablo Pérez, que intentan elaborar una versión social y estética (su visión/vivencia) de la enfermedad.

Este último punto desde el neobarroco tiene bastante sentido. Tal vez no sea pertinente hablar de un proceso de colonización "viral" (de Europa hacia América), pero sí nos parece legítimo plantearlo en cuanto se exponen dos realidades para una misma enfermedad, se extraen ciertas cosas de estas dos experiencias y se forma una nueva aleación para explicarse el impacto del sida en estas coordenadas específicas. Veremos cómo este razonamiento se cumple secundado, entre otros, por este principio del exceso que mencionaba Halberstam que es imprescindible para que la parodia se haga efectiva. Para probar esta idea revisaremos algunos puntos de convergencia entre el diario de Hervé Guibert y de Pablo Pérez.

Hervé Guibert escribe *Al amigo que no me salvó la vida* (1991) cuyo título original viene del francés: *A l'ami que ne m'a pas sauvé la vie*. Se trata de un diario que comienza el 26 de diciembre de 1986, en la ciudad de Roma cuando el autor tenía 25 años. La motivación de su escritura, al igual que el diario de Pablo Pérez, es el sida. Del mismo modo que en *Un año sin amor*, Hervé, su protagonista, experimenta la ansiedad y desconocimiento mediante la escritura con relación a su destino: "puedo imaginar varios finales, todos los cuales dependen por el momento de la premonición o del deseo, mas el conjunto de su verdad permanece oculto para mí; me digo que este libro sólo tiene su razón de ser en este margen de incertidumbre que es común a todos los enfermos del mundo" (Hervé 11). Las semejanzas entre ambos diarios son evidentes: la atmósfera pesimista y melancólica que recrea el mundo íntimo que constituye la narración en primera persona, la soledad que rodea a los protagonistas y su permanente estado de incertidumbre en su condición de enfermos de sida sin cura carentes de tratamientos definitivos que puedan brindarle alguna esperanza más o menos confiable, entre otros. No llama la atención que aquello que los vincula sea una relación amorosa entre ambos personajes puesto que así funciona la lógica de ese exceso afectivo que menciona Halberstam y que constituye esta nueva dinámica del tiempo y espacio queer o el presente de la parodia sarduyana.

Este tejido de invocaciones incluye a Michel Foucault, ficcionalizado en el diario de Hervé con el nombre de Muzil y a quien el primero le dedica casi en su totalidad el primer cuarto del texto. Desde la perspectiva del personaje de Hervé vemos que recuerda a un Muzil que lucha discretamente con una enfermedad que nunca hace pública. Sin embargo, la parodia se manifiesta en la sensación de urgencia que invade a la escritura, la cual ya podemos visualizar como característica propia de este tipo de textos. Hervé hace referencia a *La historia de los comportamientos*, cuyo autor es Muzil, y que en definitiva es un pseudónimo para la *Historia de la sexualidad* de Michael Foucault publicada originalmente como una primera parte de tres, que corresponde al volumen titulado *La voluntad del saber* (1976). El plan de Muzil, en el contexto del diario en cuestión, incluye otros dos volúmenes cuya escritura, explica Hervé, había ido perdiéndose en los recovecos del pensamiento de su autor, dilatando el objetivo original de publicarlas. Sin embargo, al ser impactado por el sida y tomar rápidamente conciencia de que "tenía el tiempo contado, Muzil se dedicó a reordenar con claridad su libro [y cuando se desplomó en su cocina unos meses más tarde] había entregado a su editor sus dos manuscritos" (Hervé 35-36). Precisamente, los volúmenes 2 y 3 de la *Historia de la Sexualidad* se publican en 1984 que es el año que fallece el filósofo francés en la ciudad de París víctima del sida.

Otro punto de contacto entre estos dos diarios son las preferencias sexuales de sus personajes. Pablo Pérez y Muzil comparten el gusto por los placeres sadomasoquistas como queda registrado en el texto de Hervé, cuando Stéphane, una vez fallecido su amante Muzil, "encontró en [su] armario un gran bolso lleno de látigos, caperuzas de cuero, correas, frenos de caballo y esposas" (Hervé 28). Ejemplos como estos no son pocos y podrían servir de base para un estudio muy revelador. A continuación haremos referencia a dos citas que nos pueden proveer de algunas reflexiones importantes para este análisis. En *Al amigo que me quitó la vida*, Hervé recuerda que "a Muzil le encantaban las orgías violentas en los saunas. Pero el temor de ser reconocido le impedía frecuentar los saunas parisinos" (Hervé 28). Por lo tanto, cuando viajaba a San Francisco aprovechaba su clandestinidad para visitar esos lugares y gozar a sus anchas. Hervé reflexiona acerca de estas vivencias descritas por su amigo comentando desde su presente que dichos espacios, otrora dedicados al placer desenfrenado, ahora se encontraban "vacíos a causa de la epidemia" (28). Sin embargo, Muzil replica todo lo contrario aclarando que "'nunca ha habido [...] tanta gente en los saunas, y además el ambiente es ahora extraordinario. Esa amenaza que existe ha creado nuevas complicidades, una ternura nueva, nuevas solidaridades. Antes nadie hablaba con nadie, ahora la gente se habla. Todo el mundo sabe muy bien por qué ha ido allí'" (29).

De estos fragmentos podemos inferir varias cosas. Una de ellas revela una idea central que Michel Foucault plantea en *La voluntad del saber* que postula que desde el siglo diecisiete todo el mundo habla sobre la sexualidad a diferencia de lo que se creía en esa época. A pesar que el siglo veinte no es igual que la época victoriana, la llegada del sida podría habernos remitido a esa "hipótesis represiva" que Foucault tanto se esmeraba en refutar con evidencia genealógica. Sin embargo, el fragmento referido no solo le da la razón al intelectual, sino que de paso la rearticula anunciando una nueva forma de relacionarse a partir de la enfermedad introduciendo una suerte de "fraternidad seropositiva". Por otra parte, el pasaje en cuestión establece otra relación entre textos literarios que a nuestro juicio refuerza esta idea de puntos de fuga que consolidan la diversidad de posibilidades desde las perspectivas ya mencionadas al conectar estas ideas con algunas expuestas en *Antes que anochezca* (1992). Esta es la autobiografía del cubano Reinaldo Arenas exiliado en Estados Unidos en la década del ochenta y que curiosamente se publica el mismo año que el diario de Hervé luego que Arenas se suicida vencido por el sida.

A continuación revisemos un pasaje donde su protagonista, Reinaldo Arenas, mantiene que es desde el seno de la represión política del gobierno de Castro donde surge el destape sexual y el empoderamiento de los homosexuales en la Isla:

> [q]uizá como una propuesta contra el régimen, las prácticas homosexuales empezaron a proliferar cada vez con mayor desenfado. Por otra parte, como la dictadura era considerada como el mal, todo lo que por ella fuera condenado se veía como una actitud positiva por los inconformes, que eran en los años setenta casi la mayoría. Creo, francamente, que los campos de concentración homosexuales y los policías disfrazados como si fueran jóvenes obsequiosos, para descubrir y arrestar a los homosexuales, solo trajeron como resultado un desarrollo de la actividad homosexual (Arenas 133).

Conceptualmente estas reflexiones de Arenas delinean el mismo contraargumento/subversión de Muzil respecto del discurso oficial y represivo en torno a la sexualidad homosexual (o sexualidades otras de las derivadas de la norma binaria). Podríamos concluir entonces, que tanto la dictadura y el sida se presentan en estas obras como discursos totalizadores y que estas voces combinadas y/o extrapoladas funcionan como desmanteladoras de los mismos.

Dijimos que las referencias inter y/o intratextuales se actualizan en un nuevo texto o lo deforman. Este es el caso del diario de Pablo Pérez donde los fragmentos se organizan a partir de un nuevo espíritu comunitario o, si se lee en los términos de Jean-Luc Nancy, en un "nuevo cuerpo" constituyéndose "fantasmagóricamente [en] un cuerpo único, absolutamente solidario" (Hervé 184). Esta nueva conceptualización se revela con mucha claridad en la siguiente reflexión de Hervé ya casi al final de *Al amigo que no me salvó la vida*: "[y]o quería a los hijos de Berthe y de Jules [Jules es también pareja de Hervé] más que a mí mismo, como si fueran míos, y sin duda más aún que si lo hubiesen sido […] porque el HIV [sic] me había permitido penetrar en su sangre, compartir con ellos ese destino común de la sangre" (Hervé 196). La soberanía de la sangre nuevamente se hace presente, pero en una versión reformulada. Aunque en ella de alguna manera siguen circulando los mismos nombres, se encuentran ordenados de manera diferente, parodiados y reconceptualizados para ajustarse a otro presente, un presente donde cuerpo, escritura y muerte son los ejes más relevantes, y donde todos los personajes/ escritores ya sean de ficción o no ficción, están unidos "por un destino tanatológico común" (Hervé 94).

Otra manera de representar esta acumulación paródica surge de la utilización de otras fuentes que podríamos distinguir desde un origen doble: texto y formato. Para el primero diremos que el diario alimenta su sustrato de "sentido" fraternal evocando entre sus páginas textos y autores de épocas anteriores. Cuando Pablo trata de definir los tipos de relaciones amorosas que le gustan menciona las historias de amor entre samuráis (Pérez 79) que alude a la obra inscrita en *El gran espejo de amor entre hombres* (1687) del japonés Ihara Saikaku en cuya primera parte narra los amores entre los samuráis y sus jóvenes sirvientes, práctica que se realizó sin problemas hasta la llegada de la era Mejí en el siglo diecinueve que es cuando el amor homosexual quedó relegado a la clandestinidad. Esta referencia ejemplifica una sexualidad libre que le permite al protagonista contrastar lo que ocurre en su tiempo y deslizar su crítica: "siempre me pareció absurdo querer calcar las relaciones homosexuales sobre el modelo de las relaciones heterosexuales" (Pérez 79). En otro pasaje Pablo menciona que se sentó a escribir "a ver si resulta la receta de Lezama Lima que me contó Arturo el otro día" (Pérez 120). Aunque no se especifica qué tipo de receta es la que se recomienda, las alusiones a este escritor cubano y sus recomendaciones culinarias son suficientes como para establecer una conexión paródica. En ese momento Pablo se encuentra en medio de su tratamiento contra el sida lo que ha provocado una disminución de su apetito que en su condición de enfermo es un problema ya que lo estimable en esas circunstancias es ingerir alimentos para recuperar fuerzas.

Por otro lado, clínicamente Pablo está pasando por etapa de experimentación de la triterapia y debe tomar la decisión si se somete o no a este nuevo tratamiento que está lleno de restricciones o si sigue buscando otras alternativas como la comida macrobiótica: "cuesta hacerme a la idea de todo lo que debía dejar: el mate, el queso y todos los demás lácteos, la carne, las harinas blancas..." (Pérez 121). Esta decisión de explorar otras vías por su cuenta, tiene que ver con su resistencia a abandonar ciertos placeres. Tanto Lezama Lima como Pablo Pérez son escritores que disfrutan de una comida bien preparada y del sexo homosexual. Las medicinas, en este caso, provocan una "medicalización del sujeto y su goce" (Meruane 274). Abandonarlas significaría alejarse de la posibilidad de salvarse, pero también de cerrar la puerta a la diversidad de oportunidades o a la muerte definitiva: "[q]uiero dejar de tomar todos los medicamentos, ayunar, y dejar que mi cuerpo haga lo que tenga que hacer: si tengo que morirme, morirme, pero me cansé de vivir semiahogado, en esta semivida que no me sirve de nada, que me molesta" (Pérez 119).

Por otra parte, la combinación de comida y cuerpo en función del goce no es nueva. Sin embargo, la nueva fórmula que se introduce aquí tiene que ver con la segunda modalidad de la parodia que hemos reconocido en este diario donde el cuerpo se utiliza de una manera poco conocida, o divulgada, para obtener el placer, y que definitivamente se sale del marco normativo. La presente lectura de la incorporación del sexo sadomasoquista en el cual se emplean otras partes del cuerpo pone en juego la metáfora que incorpora en este "banquete neobarroco del goce" otros "órganos textuales" que producen placer estético a partir de su re-organización. Este principio no tiene límites pues no solo se remite al contenido. La porosidad del diario permite la interacción con otros formatos/artefactos que apelan a los sentidos. El teléfono es un dispositivo comunicativo que sirve de base para la socialización y sexualización de Pablo. La transcripción de un mensaje telefónico traspasa su función comunicativa y le confiere un valor que se suma a esa cadena fraternal que la parodia facilita:

> [h]ola Pablo, bueno, habla Alejandro, esteeee…recibí tu mensaje por la revista, eeee…bueno, no sé, son las once, decían que llame después de las diez de la noche, que estabas…así queee…bueno, voy a ver en todos caso si te llamo mañana, en algún momento del día. Un abrazo, chau (Pérez 113).

Lo mismo ocurre con los anuncios que publica Pablo en la revista gay "NX": "30, 1,73, 62, seropositivo, buen cuerpo, carácter fuerte, masc. Busco hombre protector, act, viril, de hasta 40, para compartir placeres simples, exóticos, etcétera. Bienvenidos artistas, intelectuales, deportistas. Mentes cerradas, no" (Pérez 139). Este nuevo régimen numérico es muy distinto al conteo de cd4 que tiene en suspenso la vida de Pablo, todo lo contrario, invita al placer "abierto" a la experimentación y a nuevas amalgamas corporales. Una última idea que establece un punto de convergencia con el segundo texto que estudia este capítulo tiene que ver con un elemento paródico que se incorpora a la narración. Su aporte puede identificarse como de formato, ya que se trata de una película, pero también desde el contenido por sus propuestas en torno al cuerpo y su goce. Se trata de la incorporación de *Crash* (1996) del realizador francés David Cronenberg, película que se estrena el año en que se escribe este diario y de la cual Pablo comenta luego que va a verla al cine:

> [u]nos diez minutos de la película me calentaron mucho: desde que Ballard se deja tatuar por Vaugham la sigla de una marca de automóviles. Luego se lamen los tatuajes, se abrazan, se besan, Ballard sale y se mete en un auto del depósito de chatarras a masturbarse.

Vaugham lo arremete con su auto, lo choca suavemente dos veces: golpes suaves pero de una virilidad que me emocionó, casi lloré y me sentí vacío (Pérez 132).

Los rasgos neobarrocos emergen de esta cita en un lenguaje sensual que se desborda en todas direcciones. La búsqueda de placer se dibuja de otra manera e incorpora elementos ajenos al cuerpo como las máquinas. Esta visión es sin duda una apertura y veremos que se presenta con mayor sofisticación en *La ansiedad. Novela trash*.

Travestismo y escritura

La idea de la transformación configurada en estos textos también se inscribe en el tema de la sexualidad. Por otra parte, su lectura es similar a la que Judith Butler señala respecto al género como concepto vacío que genera la ilusión de la existencia a partir de la repetición. Esta noción se hace presente en los diarios revisados mediante la recurrencia de ciertos temas o la confluencia de experiencias similares generando la sensación de una escritura que es todo flujo y que transciende cualquier intento de querer fijar un concepto. El flujo de géneros y experimentación de la sexualidad en *Un año sin amor* se despliega hacia el final de la narración cuando Pablo manifiesta su deseo de explorar nuevas opciones. Y utilizamos el concepto flujo de géneros para evitar caer en el análisis binario, y por ende cerrado en sí mismo, que ubicaría a Paula como la otra cara de la moneda de un Pablo travestido. Recordemos que en el texto también Pablo menciona que le gustaría experimentar el sexo con mujeres: "últimamente siento más ganas de ser activo que pasivo e incluso ronda por mi cabeza la idea de hacer algo con una chica" (Pérez 128). Lo que trasciende de la cercana relación entre los hermanos tiene que ver con la idea transformativa de la muerte. A pesar de los reiterados deseos de matarse que manifiesta el protagonista, es su hermana la que finalmente concreta esa idea. Al hacerlo se gatilla otra muerte, simbolizada en la segunda salida del armario de Pablo manifestada por su intención de travestirse como mujer y/o de intentar el sexo con chicas. Las múltiples posibilidades de exploración genérico/sexual representan un fenómeno parecido a la *petite mort* que ya hemos descrito y que es similar a la escritura del diario de Pablo Pérez. En cada entrada el joven escritor experimenta una *petite mort*. Se podría decir que el diario en su conjunto constituye una secuencia de ellos: los golpes eléctricos, de intensidad vital, que como consecuencia de la escritura de cada registro recibe su cuerpo textual, representan una resurrección: un fresco comienzo a partir del re-ensamblaje. Esta segunda salida del armario a la que ya aludimos sirve de catalizador para la indagación genérico-sexual de un Pablo renovado, de un cuerpo revitalizado, que ha comenzado a recuperar su salud. Así como la escritura, la vida se trasviste y la lectura numérica adquiere un nuevo sentido: "[a]hora tengo que intervenir quirúrgicamente los zapatos de taco de gamuza azul número 39 que me dio mi amiga Judith, para lograr que entren en mis pies 43 … Feliz año nuevo" (Pérez 145).

De acuerdo a lo comentado, apuntamos una última reflexión en torno a los diaristas que subraya el hecho de que estos "no escriben para saber quiénes son, sino 'para saber en qué están transformándose, cuál es la dirección imprevisible en la que están arrastrándolos las catástrofes' [Alan Pauls citado en Giordano] que gobiernan sus vidas, para saber que pueden hacer con su continuo dejar de ser" (Giordano 116). Por lo tanto, el acto de escribir un diario como el que nos ocupa funciona como una llave de lucidez, una brújula que indica el camino de la sobrevivencia, una instancia que se despliega en el presente de la escritura y que consiste en un punto de máxima tensión que va mutando sucesivamente: muriendo y resucitando cada vez.

La ansiedad. Novela trash: novela travestida de epistolario virtual

La ansiedad. Novela trash (2004) es un texto que también está escrito por fragmentos. Resulta ser un híbrido entre epistolario virtual, referencias de libros y otros formatos extraliterarios como conversaciones por chats, mensajes de correo electrónico, encuestas e informes médicos dirigidos al protagonista, Manuel Spitz, para dar cuenta del estado de avance del virus VIH. Cada una de las voces que constituyen esta aleación llamada *La ansiedad. Novela trash* son conversaciones entre varios interlocutores y especialmente citas de otras obras, de tiempos diferentes, que están tejidas de tal manera en el texto que generan una dinámica interactiva que nos da la sensación de simultaneidad puesto que continuamente se están refiriendo unas a otras a propósito de un tópico en particular. Esta auto/interrreferencialidad produce un desdoblamiento ficcional, cuyo escenario tiene la característica, como ya dijimos, de ser virtual ya que estos intercambios en su mayoría se realizan vía internet. Otra singularidad que tiene esta obra es que el texto mismo viene precedido por dos entrevistas realizadas al autor, Daniel Link, por Santiago Lima y Marita Chambers respectivamente. Estos dos escritos se incorporan al corpus general del texto, convirtiéndose en una nueva referencia que coexiste con los otros fragmentos que constituyen la obra. En consecuencia, desde un principio nos enfrentamos a otra manera de utilizar los recursos ficcional y paródico que desde las primeras páginas levantan una bandera de alerta para los lectores advirtiéndonos que debemos mantener nuestros sentidos abiertos ya que la linealidad se subvierte al representarse desde distintas dimensiones: todo está pasando a la misma vez y desde distintos frentes.

Decíamos que en el texto se insertan pensamientos/ideas/párrafos de obras de otros intelectuales. En este ejercicio de escritura que propone *La ansiedad,* se entrevé la intención de dejar establecido e incorporado dentro del texto mismo su propio marco teórico y justificar de una vez sus excesos formales como el cruce de los límites de los géneros literarios y la (re)articulación de la realidad ficcional-no ficcional en un espacio/tiempo virtual:

De: Claudio Guillén, Múltiples moradas. Ensayo de Literatura Comparada, Tusquets, Barcelona, 1998
Para: <manuspitz@hotmail.com>

Al profundizar en el proceso de ficcionalización que caracteriza la escritura epistolar en general […] borramos toda distinción absoluta entre la llamada carta real y la imaginada. Se suprimen las barreras y se vuelven borrosas las diferencias. Todo el campo de la epistolaridad se nos aparece entonces como compuesto no de categorías fijas, sino de movimientos, virtualidades y tendencias (Link 2004, 72).

Al igual que en *Un año sin amor*, la lectura que propone este texto no está sujeta a ninguna conceptualización ni jerarquía pre-establecida. Así lo reconoce el Daniel Link al ser entrevistado en las primeras páginas de esta obra: "[t]oda 'la ansiedad' está escrita en un cocoliche de lenguas manejadas con total impunidad […] Lo interesante es ver cómo ese sistema precario va contaminando la lengua del otro corresponsal" (2004, 13). Al hablar de contagio en la lengua se alude en general al carácter experimental de la escritura misma producida y modificada por el sujeto "disperso" del siglo veintiuno. Aquel que se encuentra inmerso en la tecnología y en el "capitalismo actual; esa producción de ansiedad o de esquizofrenia funcional al carácter experimental de la subjetividad en este tercer milenio […] que empezamos a vivir" (Link 2004, 14-15). Veremos que la conceptualización de la ansiedad también es de índole mutable porque es un signo marcado por los afectos que en toda época se manifiestan como un exceso y cuyo rasgo de versatilidad es lo que mejor representa a ese sujeto del presente, a ese ser que se erige en un instante para re-crearse/devenir en otro al instante siguiente. Esas son las reglas del juego virtual: un estado de permanente adaptación que también considera a quienes son portadores de VIH tal como Link lo precisa: "[m]e pareció que le agregaba un plus de ansiedad. La técnica no es sólo comunicacional, hoy por hoy. Es también farmacológica" (2004, 21). Al examinar esta afirmación emerge aquella lectura de Foucault que nos remite curiosamente a otra referencia que *La ansiedad* observa y, por ese mismo hecho de evocarla, la deforma. Se trata de *La voluntad del saber* en su edición de 1985 y sus argumentos en torno a la implantación del discurso perverso en la época victoriana que ya mencionamos en *Un año sin amor*. La intención de su inclusión es precisamente adaptativa a los nuevos tiempos si consideramos a la farmacología como una forma que toma el poder en la actualidad y que en este caso está aplicado al tratamiento del sida que –como hemos visto– su efectividad, al menos hasta 1996, requería una restricción sexual estricta si es que no su anulación por parte de aquellos sujetos que estaban fuera del marco heterosexual y reproductivo. Pues bien, en esta re-formulación de la referencia del Foucault de *La ansiedad* pone énfasis en la idea de que "poder y placer no se anulan; no se vuelven el uno contra el otro; se persiguen, se encabalgan y reactivan. Se encadenan según mecanismos complejos de excitación y de incitación" (Link 2004, 40). De esa manera, el texto establece una apertura hacia las múltiples posibilidades secundado, en este caso, por la autoridad intelectual del filósofo francés.

Acerca de la novela coral y la génesis de un nuevo estilo de comunidad par la lettre

En la entrada del 15 de mayo del año 2000, se registra la siguiente conversación por chat entre Spitz, bajo el nombre de <ansioso 40>, y <HERNAN33>:

<ansioso 40>:   '¿por qué estamos acá?' (en el chat)

<HERNAN33>   Bueno, el chat es nuestro único punto de contacto…Hasta ahora somos letras.

<ansioso 40>   Si, más que letras, estilos :) (Link 2004, 63)

De este breve diálogo se desprende una idea que es recurrente a lo largo de todo el texto y que tiene que ver con la importancia de la letra. Decíamos que *La ansiedad* es una obra que está compuesta por voces que vienen de textos diversos, de otros autores que reflexionan acerca del amor, la enfermedad y la muerte, entre otros. Todas las citas están perfectamente identificadas con el nombre completo de la obra y el año de publicación, como si fueran fichas bibliográficas de un estudio literario-filosófico. Sin embargo, lo que llama la atención son precisamente "los estilos" a los que alude <ansioso 40> en la cita, esto es, la manera premeditada de disponer estas referencias. Si se lee atentamente cómo están compaginadas estas ideas encontramos que en gran parte de *La ansiedad* los intertextos están organizados de modo que van explicando los distintos estados que va sufriendo la relación entre Spitz y su amigo Michel. Al final de la primera parte de *La ansiedad*, Michel, el joven francés que Spitz conoció hace unos meses en una discoteca en Barcelona y con quien ha mantenido contacto durante varios meses, ha decidido comenzar una relación seria con su amigo y ya se ha instalado en su casa en Argentina. Por su parte, Spitz le ha conseguido a su novio algunas entrevistas de trabajo en Buenos Aires por lo cual este último debe realizar un viaje a esa ciudad por un par de días. En un correo electrónico Spitz le escribe a Michel: "[m]i amor, qué rara mañana sin tu cuerpo junto al mío, sin tus ojos, sin tu cara, sin tu sonrisa. Espero que estés trabajando bien, conquistando Buenos Aires […] Aprovecho la mañana para trabajar un poco. Pero te extraño tanto (te echo tanto de menos) que estoy paralizado" (Link 2004, 112).

En la página siguiente hay una entrada de correo electrónico dirigido a Spitz. Quien se lo manda es Roland Barthes cuya información como remitente está expresada bibliográficamente: "De: Roland Barthes. Fragmentos de un discurso amoroso (trad. Eduardo Molina). Siglo XXI, México, 1982" (2004, 113). En esta cita se transcriben algunos fragmentos de la obra aludida. Uno de ellos pareciera haber sido escrito a imagen y semejanza de los sentimientos que Spitz está experimentando en la entrada anterior:

> 5. Dirijo sin cesar al ausente el discurso de su ausencia; situación en suma inaudita; el otro está ausente como referente, presente como alocutor, De esta distorsión singular nace una suerte de presente insostenible; estoy atrapado entre dos tiempos, el tiempo de la referencia y el tiempo de la alocución: has partido (de ello me quejo), estas ahí (puesto que me dirijo a ti). Sé entonces lo que es el presente, ese tiempo difícil: un mero fragmento de angustia (Link 2004, 113).

¿No evidencia acaso esta conciencia dispositiva una nueva manera de hacer comunidad, de configurar al sujeto mediante ese saber atemporal de las ideas que se encarnan en el texto mediante el recurso de la letra? Nos referimos a esa comunidad fraternal a la que aludíamos en la sección anterior, donde la contención emocional se produce por el desborde temporal, y paródico, que se materializa por la escritura. Como información adicional, Spitz es escritor al igual que Daniel Link y Ronald Barthes y muchos otros intelectuales cuyas ideas circulan en *La ansiedad*.

Sida, inmunidad y nueva carne

Esta correlación que ocurre entre la historia amorosa que trata *La ansiedad* y las citas bibliográficas es una dinámica que también se aplica para desarrollar el tema del sida. Manuel Spitz recibe un correo electrónico del Laboratorio de Cartometría y Biología Molecular con un informe que da cuenta de la carga viral plasmática VIH-1 que indica un porcentaje bastante bajo de su nivel inmunológico. Este es el primer indicio que tenemos como lectores que nos anuncia que el protagonista tiene sida y que luego se corrobora con un segundo informe que recibe en la segunda parte de la obra con resultados más o menos similares. En ambos casos ocurre que el mensaje que viene a continuación tiene como remitente al escritor Thomas Mann cuyo contenido está relacionado con la enfermedad. Si nos concentramos en el primero de ellos, los detalles del remitente se expresan así: "Thomas Mann. La montaña mágica (trad. Mario Verdaguer). Plaza y Janés, Barcelona, 1993" (Link 2004, 54). Una breve síntesis del argumento de esta novela publicada en la Alemania de 1924, narra la vida de Hans Castorp quien va a visitar por unas semanas a su primo, Joachim Ziemssen, enfermo de tuberculosis e internado en una clínica ubicada en los Alpes suizos. La estadía de un par de semanas se extiende a siete años ya que Hans tiene algunos problemas de salud. La narración se centra en ese periodo de tiempo en el cual Castorp se familiariza con todos los pacientes y se abstrae del mundo en este microcosmos del sanatorio donde aprovecha de reflexionar acerca de variados temas de profundo interés humano y en especial para la sociedad alemana posterior a la primera guerra mundial como la muerte y la enfermedad, entre otros:

> [t]odo esto se refería a la patología, a la doctrina de la enfermedad, y era el acento del dolor colocado sobre el cuerpo, pero al mismo tiempo sobre la voluptuosidad. La enfermedad era la forma depravada de la vida. ¿Y la vida? ¿No era quizá también una enfermedad infecciosa de la materia, al igual que lo que podía llamarse el génesis original de la materia no era tal vez más que la enfermedad, el reflejo y la proliferación de lo inmaterial? (Link 2004, 54).

Si ponemos atención a la relación entre la enfermedad y depravación de la vida sugiere un tercer factor que participa en este estado de alteración de lo natural (o voluptuosidad) como lo propone la cita de Mann y que se encuentra totalmente explícita en el reporte médico de Spitz. La marca de la enfermedad en el cuerpo mediante el dolor se debe a cierto fenómeno ya sea interno o externo que rompe su estabilidad inmunológica. Roberto Esposito, en "The Immunization Paradigm" (2006), desarrolla el concepto de inmunidad y establece que existen dos posibles elaboraciones para este desde el paradigma de la biopolítica, una negativa y otra positiva, que se originan en la distinción fundacional que hace Foucault respecto del poder soberano y la biopolítica. Lo interesante del modelo de inmunidad que este autor propone es que abarca ambos elementos en una unidad la cual se organiza a partir de una relación de causa y efecto que funciona en la medida que "the negation doesn't take the form of the violent subordination that power imposes on life from the outside, but rather is the intrinsically antinomic mode by which life preserves itself through power" (Esposito 24). Este concepto de la inmunidad aplicado a la biopolítica queda aún más claro si lo llevamos al plano de la medicina en su práctica de vacunación del cuerpo individual "so the inmunization of the political body functions similarly; introducing within it a fragment of the same pathogen that it wants to protect itself from, by blocking and contradicting natural development" (24). Lo "depravado" estaría representado por aquello que contradice o rebasa las normas dictadas por las instituciones que representan el poder y desde donde precisamente se genera la inmunización misma destinada, en última instancia, a aislarnos o controlarnos "from the excess of subjetivity through an objective mechanism that simoulstaneously liberates and deprive" (26).

Se desprende una segunda idea de la cita de Mann, en la que se asocia la enfermedad como reflejo de lo defectuoso de la materia que instiga la proliferación de lo inmaterial. Esta afirmación podemos extrapolarla a la relación que existe entre la escritura y el cuerpo. Precisamente Jean-Luc Nancy propone una nueva modalidad para definir al cuerpo donde este último representa "the word in excess" (Nancy 2008, 21) y que contextualizado en el tiempo de Spitz como paciente de sida, se produce cuando la sexualidad se desborda en la diversidad de sus prácticas aumentando su potencial de materialización en los cuerpos. Esta situación es percibida por las instituciones como una amenaza a la supervivencia de la humanidad provocando como consecuencia un incremento de los discursos "en el imaginario homofóbico [al definir a los culpables de este fenómeno como] una raza de hedonistas, una raza humana que renuncia a la producción y la reproducción en favor del deleite puro, el sexo puro, lo que posiblemente se traducirá en la muerte de una especie que ya no se siente cautivada por la multiplicación ni la preservación" (Levinson 5).

Se infiere de la idea anterior que esta nueva comunidad que pone en peligro a toda una especie se ubica en unas coordenadas que están fuera del ámbito de la naturaleza. Ya que estamos hablando de un grupo de sujetos inscritos en el discurso, parece adecuado incorporar a este análisis algunos principios desarrollados por la nueva carne que es una estética inspirada en los textos del autor estadounidense William Burroughs. En "La Nueva Carne/Vicios viejos" (2002), Jesús Palacios caracteriza la nueva carne como una mutación constante del ser humano producto del conocimiento que este mismo va produciendo y que en *La ansiedad* se ejemplifica en la interacción de voces que la constituyen. Al igual que en la *Montaña mágica*, este fenómeno se vislumbra a partir de las divagaciones filosóficas que Castorp va recolectando entre los pacientes que habitan ese microcosmos medicinal ubicado a un poco menos de dos mil metros de altitud del resto del mundo. Por otra parte, la nueva carne también se manifiesta mediante "un distanciamiento inteligente que nos conduce [...] al centro de la cuestión: la lucha eterna del hombre contra la Naturaleza" (Palacios 23). Este último argumento nos lleva nuevamente al neobarroco, porque el énfasis está puesto en lo artificial donde se ubica la homosexualidad en tanto se percibe "como paradigma de la desviación de lo natural" (Palacios 26). En este mismo sentido, lo virtual también se inscribe en la nueva carne, ya que su motivación por lo artificial encauza el "ambiguo y doloroso deseo de mutar, cambiar, evolucionar a pasos más veloces y en direcciones distintas a lo que nos impone una Naturaleza inhumana" (Palacios 30). Esa necesidad de mutación puede traducirse en el texto de Link como una motivación erótica, como una ansiedad "insaciable" de obtener placer. Precisamente otro de los rasgos que definen a la nueva carne es su "carnal obsesión por el sexo, sólo igualada, quizás, por la obsesión por la inmortalidad. Lógicamente, siendo el tema en sí… la superación de la Naturaleza, sus dos ejes no podrían ser otros más que la conquista de la vida eterna y la conquista del placer más allá del bien o del mal" (Palacios 24). Nuevamente emerge la *petite mort* como una "conquista del placer absoluto, del orgasmo supremo, de la intensificación de los sentidos, hasta un grado próximo al masoquismo (que puede representar la superación final del dolor, al convertirlo en placer)" (Palacios 28), y que en las dos obras estudiadas aquí se persigue como un fin en sí mismo (arte por el arte) y a partir de sus propios medios: Pablo Pérez en los cines porno, en sus sesiones sadomasoquistas o en los baños. Manuel Spitz de manera presencial con Michel o en la red:

> <sm master>   I then got rid of the ball stretcher off his balls because I like him and didn't want to hurt him a lot or damage his balls,

> <sm master>   and then I get a leather whip and started whipping his butt.

> <Ready>   mmmmmmm

<sm master>He just la[y] on the floor
<sm master>Like a good puppy and let me whip his butts.

<sm master>all he can do was received his punishments (Link 2004, 154-155).

En *La ansiedad*, Manuel incorpora nuevas formas de relacionarse como el internet, que no solo excede su radio de acción, sino que puede contactarse con una persona de cualquier lugar del mundo. Además altera la manera de vincularse sexualmente (encuentros virtuales instantáneos e infinitos) y afectivamente (privilegiando lo virtual sobre lo concreto). Habría que pensar aquí, de qué manera hace comunidad ese sujeto que ya hemos distinguido como fragmentario y mutable, pues su preocupación trasciende el principio preventivo de mantener una actividad sexual segura. Lo que se cuestiona, más bien, son las responsabilidades afectivas y en ese proceso se le confiere mayor protagonismo a la escritura:

<Buscopasi> La verdad es que soy algo descreído de las palabras […]

<ansioso>   Mejor es creer en el lenguaje y en el entendimiento de los cuerpos… […]

<Buscopasi>   Hay tantas cosas para compartir y entenderse. Lo importante es buscar la misma frecuencia y cuando se pierde la sintonía, tratar de mover el dial para armonizar la frecuencia y que no haya ruidos perturbadores.

<ansioso>   Sí, es cierto. Pero a veces… cada uno mueve el dial para otro lado… […]

<Buscopasi>   Sí, es verdad. Es que estamos acostumbrados a ser nosotros mismos los que manejamos el dial. Y queremos compartir todo sin perder nada […] Y no queremos asumir ningún compromiso de corazón, sólo de palabra (Link 2004, 234-235).

El uso de "frecuencia" como referente para el entendimiento afectivo y "sintonía" como alusión al desarrollo de una mayor conexión amorosa entre los individuos subraya el alto grado de despersonalización entre el cuerpo y los sentimientos al menos desde dos puntos de vista. El primero de ellos establece un distanciamiento entre deseo y compromiso afectivo. El segundo sugiere que la actividad sexual no sólo está amparada, gracias a los avances de la tecnología, en un contexto íntimo (una habitación y no una discoteca o un baño público de un cine como antes) sino que también se encuentra dirigida exclusivamente por un individuo (a pesar que los chats pueden contener a decenas de sujetos cada uno de ellos funciona desde su singularidad) quien controla todas las variables de esta actividad y que, en definitivas cuentas, se comporta como un demiurgo cuyos universos descartables usan el lenguaje como materia prima. Es el lenguaje, por su capacidad de transformación y adaptación frente a cada nuevo universo construido por este individuo y por los efectos que en él produce (placer sexual), el único vínculo que trasciende cada una de estas incursiones. En consecuencia, se podría decir que el lenguaje es el cuerpo con el que ese individuo, esencialmente, interactúa.

Cuerpo, máquina y amor

En "Imágenes corporales: de los cuerpos obsoletos a la cultura cyborg" (2011), Carmen Barreto observa que antiguamente la cultura occidental manifestaba un desprecio por el cuerpo o simplemente no había cuerpo: "la infravaloración platónica del mundo sensible, la estigmatización escolástica de la carne y la desconfianza cartesiana hacia los sentidos tenían como objeto resguardar la supuesta pureza de la razón" (359). A pesar que luego el cuerpo se aborda con un criterio científico para realizar estudios de sus partes y respectivos procesos biológicos, no será hasta el posmodernismo cuando se reflexiona desde el mismo y a través de él se da cuenta del estado de la sociedad. En el caso del sida, este fenómeno se explica claramente, pues su presencia "pone en relieve no sólo la enfermedad, y los diversos comportamientos ante ella, sino también la realidad –cultural, social y política– en la que ésta se inserta" (Mateo del Pino 333). Refiriéndose al caso australiano, Ángeles Mateos del Pino observa que las "tensiones entre las minorías y la corriente dominante revelan la metamorfosis de los sentires relacionados con la sexualidad, y además demuestra cómo la homosexualidad […] proporciona una lupa a través de la cual se puede observar la evolución de las instituciones y las actitudes" (Mateo del Pino 333). La visibilidad y publicidad que tiene el sida a partir de los ochenta lo eleva a categoría de mal globalizado (Sontag 1988). Es en ese sentido que nos interesa explorar el cuerpo a la luz de estos textos desde el desarrollo de la estética de la nueva carne en cuanto esta lo concibe "como soporte y textura de una nueva metamorfosis […] de una nueva realidad que cree en una transformación del cuerpo mediante la tecnología" (Díaz, 28). Esta transformación responde a la dinámica de los nuevos tiempos donde el sujeto aparece fragmentado, mutando constantemente según lo requiere este mundo globalizado y digital. Esta situación se transfiere a las relaciones humanas, los afectos y el deseo puesto que, como consecuencia de ello, "los cambios producidos por la tecnología han transformado la manera de concebir el cuerpo y también [de] presentarlo" (Barreto 370). Al respecto, Barreto se pregunta cuál es el límite entre la máquina y lo humano para introducir la figura del cyborg haciendo referencia a las personas que utilizan prótesis o marcapasos, entre otros. En consecuencia, el sexo y el género también entran en esta categoría en la medida que son considerados por "el uso de la testosterona o dildos como formas de incorporación proteica y como indicadores de la plasticidad sexual del cuerpo" (373). En esta enumeración se incluyen las pastillas como el viagra cuya fórmula "puede poner a funcionar de forma eficiente y maquinal la sexualidad humana [...] [y que,] al igual que la pornografía, es la promesa de que existe una sexualidad mejor de la que practicamos" (372). Desde esta perspectiva se examinará una sesión de chat de *La ansiedad* donde Manuel le comenta a su amigo Kevin la causa por la cual Michel lo ha abandonado:

Manuel 04/08/00 02:11:a.m.: su argumentación es que me hice una paja en el Internet mientras él dormía. Esto significa que no estoy enamorado de él. Esto le quita deseos de seguir con nuestra relación

Kevin 04/08/00 02:12:a.m.:   ¿Y vos hiciste eso?

Manuel 04/08/00 02:13:a.m.: Sí, yo me hice una paja mientras creía que él dormía (Link 2004, 177).

Esta circunstancia evoca un momento de *Un año sin amor* en que Pablo va a ver al cine la película *Crash* de David Cronenberg que, además de ser un prolífico director, es uno de los mayores exponentes de la nueva carne y, en alguna medida también, de la estética cyborg. Allí, se hizo hincapié en los efectos de la máquina, el choque de autos específicamente, que suscita el deseo según lo comenta el mismo protagonista. En un correo electrónico que recibe Manuel Spitz de "Marshall Mc Luhan. La comprensión de los medios como las extensiones del hombre. México, Diana, 1980 (trad. Ramón Palason)", se confirma esta nueva combinación del hombre y la tecnología:

[e]l mundo de la máquina corresponde al amor del hombre atendiendo prontamente sus deseos y caprichos, es decir, proporcionándole riqueza. Uno de los méritos de la investigación de la motivación ha sido el que se pusiera claro la relación que la sexualidad del hombre guarda con el vehículo del motor (Link 2004, 66).

Daniel Link observa algo similar con relación a los cuerpos y el sida en *Clases. Literatura y disidencia* (2005) señalando que "los portadores de HIV [sic] son los verdaderos cyborgs de nuestro tiempo: una conexión hombre-máquina donde la farmacología establece un agenciamiento molecular, una relación diseminada en cada molécula del cuerpo" (Link 2005, 165). Volviendo al contexto de la cita referida, Manuel Spitz obtiene placer sexual observando unos cuerpos que no puede tocar, porque "carnalmente" no están allí, a pesar de tener a su compañero a su lado. Aunque la práctica de la masturbación no es nueva, lo que nos interesa es el cambio de modalidad: ya no es una revista, ni una película o una conversación telefónica vía hotline. En este caso el elemento mediador es un computador y, a partir de este, un mar infinito de posibilidades a través de lo virtual. Esta nueva forma re-define al sujeto de hoy y re-acomoda su relación con su cuerpo y los otros cuerpos. En esa dinámica el sujeto se vuelve más permeable (y abarcable) producto de "la fungibilidad de las identidades, la contingencia de los roles sociales y, en términos más apocalípticos, la mutación del ser humano" (Barreto 360). Esa mutación de identidades se revela en *La ansiedad* a través de los distintos nombres que Manuel Spitz utiliza en las sesiones de chat: <manu35>, <ansioso 40>, <sm master>, <mann>. Del mismo modo, en los correos electrónicos entre Spitz y Michel, se evidencia un intercambio de género en cuyo juego desfilan diversos nombres femeninos, la mayoría de la farándula o medio inventados de acuerdo al contexto. Un ejemplo de ello es una carta que Michel firma bajo el nombre "Yvonne de Béarn conocida como la Nancy Towers-Hotkiss" (Link 2004, 128). También la exagerada utilización de lenguaje cursi que, además de hacer alusión a las celebridades hollywoodenses, introduce canciones populares que aumentan el dramatismo rosa que tiñe el estilo del epistolario virtual-amoroso de estos dos personajes. Estos rasgos no solo nos remiten a otra característica neobarroca, el camp, una simulación que conduce "apasionadamente al exceso [reflejando] la metáfora de la vida como teatro […] el amor de lo no natural, del artificio y la exageración" (Monsiváis 1970, 172); sino que también contribuyen a este carácter de apertura sexual/genérica producto de la versatilidad de la escritura.

La gran interrogante que surge frente a esta situación es si acaso este nuevo sujeto que se ha constituido y caracterizado por todos estos elementos se siente satisfecho consigo mismo y con el amor. En una de las últimas sesiones de chat de nombre "Ga-yargentina" se produce un diálogo acerca de este tema. Entre los interlocutores se distingue a <Mann>, que es el escritor germano extrapolado al siglo veintiuno, y a Spitz, quien ya se ha dado cuenta a esas alturas que Michel lo utilizó sentimentalmente para cambiar de rumbo y mejorar sus horizontes económicos, como <ansioso40>:

*ansioso40 de zona norte busca hombre guapo, culto, buena gente y piola para compartir la vida entera.

<MARTUS>   Ni nunca lo va a encontrar, lo ideal sólo existe en el pensamiento

<ansioso40> ¿Entonces que nos queda, Martus, la resignación?

<Buscopasi> Y acá en el chat jejejejejejejejejejejejejejeje.

<ansioso40> ¿La paja? …

<Mann>   Las aventuras de la carne y el espíritu, que han elevado tu simplicidad, te han permitido vencer con el espíritu lo que no podrás sobrevivir con la carne…

<ansioso40> Son lindos los juegos de artificio… …

<ansioso40> Esa idea de combustión celestial… explosiones estelares controladas… …Porque si no las controlás, terminás con el corazón roto. :) […]
 <Mann>   De esta fiesta mundial de la muerte, de este temible ardor febril que incendia el cielo lluvioso del crepúsculo, ¿se elevará algún día el amor?

<Alexya22> Y vos Mann, me parece que estás dado vuelta…
***Mann has quit IRC (Link 2004, 220-227).

Este fragmento rectifica la idea de la cita anterior al mostrar que lo sexual está desligado de lo afectivo y que el sujeto, si bien puede contactarse con sus pares por medio del internet, vive en permanente aislamiento. Gilles Lipovetsky lleva esta reflexión todavía más lejos en "Eros de geometría invariable. No sex?" (2005) y ubica a este sujeto en una posición de *no sex*, es decir, literalmente abstraído del sexo carnal. Además lo distingue como un individualista inmerso en una "dinámica narcisista [instalado] en un sociedad sin tabú opresivo pero clean, libre pero apagada, tolerante pero ordenada, virtualmente abierta pero cerrada en el yo" (73).

De acuerdo a los argumentos planteados se puede proponer una lectura de la ansiedad (en cuanto conmoción que afecta el estado emocional de un sujeto) como evidencia de un proceso incompleto y que, por lo tanto, aún se encuentra en vías de discernimiento. La inclinación por lo artificial puede entenderse como una señal de este nuevo sujeto amparado en la tecnología o conceptualizado como la nueva carne. Su rol demiúrgico a partir del lenguaje puede interpretarse como una consecuencia del fuerte control que su cuerpo, y por ende su comportamiento sexual, alude a su experiencia frente a un fenómeno como el sida donde el exceso afectivo fue dramáticamente suprimido entre la comunidad no heterosexual. Ante la exigencia de contención, el sujeto ha tenido que incursionar en nuevas instancias de interacción para no resultar "con el corazón roto": una suerte de armadura posmoderna que relega al sujeto en una ansiosa soledad aún no resuelta:

<Antoine2> ¿Por qué ansioso?

<ansioso40> A ver…

<ansioso40> Supongo que la ansiedad es sobre todo sexual.

<ansioso40> O afectiva.

<ansioso40> No sé.

<ansioso40> No tengo paz, en todo caso. :)

<Antoine2> ¿Y qué andas buscando por el chat?

<ansioso40> ¡Esperanzas! (Link 2004, 229).

Consideraciones finales

Hemos estudiado en este capítulo dos obras argentinas en distintos momentos del avance del tratamiento del sida. *Un año sin amor*, aunque se escribe en 1996 que es el momento en que comienza a circular en el mundo la triterapia que permite controlar los niveles inmunológicos alterados por la enfermedad y reducir el riesgo mortal, su protagonista se sitúa en un periodo anterior y ya hacia el final de texto aparece este nuevo tratamiento aunque todavía en estado de experimentación. Por lo tanto, su experiencia está teñida por la urgencia de narrar antes que la muerte lo alcance. Por el contrario, *La ansiedad. Novela trash* (2004), está ambientada a partir del año 1998 y se desarrolla prácticamente a lo largo del año 2000 cuando la amenaza mortal ha desaparecido y la enfermedad se presenta como un tema más que se incorpora a la dinámica de la narración reforzando la definición del nuevo sujeto posmoderno.

El texto de Pablo Pérez utiliza el formato del diario, el cual se adecúa muy bien la intención de registrar sus vivencias en ese último año que cree que va a morir. Por consiguiente, el diario refleja los cambios que va sufriendo su cuerpo y el estado de sus relaciones sociales, específicamente las amorosas y cómo esto va influyendo en sus conductas sexuales. Hemos comentado que en este trance la escritura funciona de varias maneras pero especialmente como "un curioso entrenamiento en el arte del morir como acontecimiento doble de aniquilación y recreación diarias de las posibilidades de vida" (Giordano 116). A su vez, hemos determinado que, dado el efecto que tiene el tratamiento de la enfermedad en el goce sexual, los choques eléctricos se relacionan con lo erótico ya que pueden representar el mismo efecto de abandono o sensación de plenitud que resulta de un orgasmo y que George Bataille ha descrito como la *petite mort*. A su vez, este rasgo de lo erótico en tanto un acto de despilfarro que no tiene otro fin en sí mismo que el placer, es una característica de la estética neobarroca cuya fuerte presencia hemos identificado en *Un año sin amor* que, por una parte, reside en la centralidad que adquiere el cuerpo y, por otra, en que se ajusta al carácter experimental del texto y la construcción de su discurso a partir de la fragmentación tanto en la forma como en el contenido del mismo. Otro rasgo particular del neobarroco se aprecia en el lenguaje que se aleja de lo denotativo y apela a los sentidos donde las detalladas descripciones relacionadas al sexo se acercan a la erotografía. Sin embargo, aquella que se ha reconocido como rasgo fundamental en la constitución del texto es la parodia que es el recurso neobarroco por excelencia. Básicamente lo que ocurre es que, a través del presente de la escritura de Pablo, se van incorporando referentes de otros textos/personajes/autores que se van integrando a esta nueva narración (o cuerpo deformado) generando una nueva aleación discursiva. La particularidad que tienen estas referencias es que no distinguen un origen ficción o no ficción. El criterio de selección es por semejanza como ocurre principalmente con la incorporación de Hervé Guibert/RV y Michel Foucault/Muzil y, en menor medida, con José Lezama Lima, Reinaldo Arenas e Ihara Saikaku. El sida, la muerte y las preferencias por el placer homosexual son los criterios que se mueven como ejes de sentido que van conformando una suerte vínculo solidario que contiene al protagonista de *Un año sin amor* a través de su escritura. En otras palabras, podemos decir que esta cadena de inter/intratextos constituye una comunidad que abunda en la afectividad y en la diversidad de sentidos posibles y que Judit Halberstam observa que es solo plausible en el momento de la escritura enfatizando la potencialidad temporal del presente que es capaz de contener esa multiplicidad y dispersión, que ya hemos referido.

A partir de este concepto de comunidad elaborado desde una red de semejanzas, de tiempos y circunstancias dispares que se producen temporalmente en el presente de la escritura, se ha incorporado una nueva propuesta para el cuerpo desde la mirada de Jean-Luc Nancy quien alude a un nuevo cuerpo que es capaz de materializarse "carnalmente" en la escritura distinguiendo que en el límite donde ambos se tocan se produce el sentido que es el que brinda la existencia, la cual es totalmente mutable y continua. Esta nueva conceptualización de cuerpo que, en realidad surge precisamente porque no se puede conceptualizar, se ajusta también a la idea de género y sexo, la que también se excede desde su comprensión normativa. Aquí es donde se vitaliza la artificialización, considerada también un elemento del neobarroco que además puede ser aplicado a la exploración de opciones alternativas de obtener placer con elementos que trascienden el cuerpo o lo utilizan de maneras distintas. En *Un año sin amor* esto se muestra en alguna medida a partir de las sesiones sadomasoquistas, como una manera de goce sexual no convencional, y las escenas eróticas de la película *Crash*. Estas últimas no solo confirman la diversidad de opciones, sino que además anticipan con su reflexión del cuerpo una futura reconfiguración del mismo que cumpla con las necesidades de este sujeto que está cada vez más expuesto a la mutación producto de las nuevas tecnologías.

A diferencia de *Un año sin amor*, en *La ansiedad. Novela Trash*, el protagonista, que también es escritor, aparentemente no es consciente del proceso paródico que constituye su discurso. La organización de las distintas voces que se van construyendo en el presente de la narración emerge de manera simultánea como consecuencia de la virtualidad que las transfiere desde diferentes orígenes. Es una dispersión como la que Severo Sarduy explica por la teoría del Big Bang como una metáfora que da cuenta en la literatura de una explosión liberadora y creadora de formatos y lenguajes que, en el caso preciso de la novela de Link, desemboca en un mensaje que solo significa en el aquí y ahora. Esa conciencia dispositiva es la que constituye esta nueva comunidad solidaria que al igual que el diario de Pérez está allí para contener al protagonista aportando fragmentos textuales en una operación que excede la linealidad temporal, activándose, como decíamos, en el presente del texto: aportando su cuota de sentido, su perspectiva, al tópico en cuestión y que en su mayoría se relaciona con los afectos, específicamente con la situación amorosa de Spitz. A su vez, esta red fraternal que representa el texto que se va tejiendo a medida en que se produce esta inter/ autoreferencialidad, por el hecho de fortalecerse exclusivamente desde el conocimiento y principalmente mediante las reflexiones de un grupo de intelectuales, se inscribe en el ámbito de la nueva carne que precisamente se define como la prevalencia del saber no natural y cuyo ámbito de acción es lo artificial. Dado que el sujeto posmoderno se representa fragmentado y abierto a la permanente metamorfosis, la tecnología se constituye en una fuente de exploración importante para los placeres carnales y en este sentido *La ansiedad* también se afilia a este nuevo concepto de la nueva carne. Dentro de este mismo razonamiento, las múltiples posibilidades de interacción social y de obtención de placer que generan en este caso concreto de *La ansiedad* las imágenes que Daniel ve por el computador, nos permiten ubicarlo en la categoría de cyborg debido a su relación con las máquinas. Por otro lado, hemos observado que Spitz también puede ser considerado un cyborg por su dependencia farmacológica, que es otra manifestación de la tecnología, en su condición de enfermo de sida. Sin embargo, en *La ansiedad*, al contrario de lo que ocurre en *Un año sin amor*, el sida es un dato más que se introduce su sistema digital/escritural como una actualización a los nuevos tiempos.

A pesar de las distinciones descritas, hay un elemento que prevalece en ambos textos que puede ser un síntoma de esta nueva escritura seropositiva, la ansiedad. Esta parece estar ligada a la soledad del individuo y a la carencia de amor. En el caso de Pablo Pérez, la justificación más evidente es su desesperación por la inminencia del desenlace fatal, pero también por la imposibilidad de mantener una relación amorosa estable y obtener placer sexual ya sea por miedo de ser rechazado por otros por su condición de infectado, ya sea por las restricciones que le impone el tratamiento. En cualquiera de estos casos es el sida el responsable de la infelicidad del sujeto. Por su parte, Manuel Spitz sufre de ansiedad y no es capaz de identificar su causa. A veces es el deseo, otras es el dolor por el rompimiento de su relación con Michel, pero de cualquier manera, pareciera ser un estado que lo aqueja de manera permanente como una enfermedad. Al final de la novela, sabemos que Spitz ha estado visitando a una psiquiatra. El último correo electrónico que consigna la novela es de una institución que trata la ansiedad y los problemas vinculares. Allí se detallan los trastornos que sufre una persona ansiosa y se le sugiere al protagonista un tratamiento anual que incluye fechas y costos por sesión (que puede ser visto como un intento de poner orden o de adaptar a la norma). La mayoría de las características que se describen en esa propuesta tienen que ver con la incapacidad de establecer relaciones sociales: "miedo a la crítica, timidez, inhibición […] tensión muscular, sudoración, taquicardia, estrés […] pensamientos obsesivos, hábitos nerviosos […] soledad y escasez de vínculos" (Link 2004, 236). Esta enumeración que refleja la dinámica de las relaciones virtuales puede inspirar una interpretación de la ansiedad que la define como el nuevo sida metamorfoseado. Una pandemia adaptada al siglo veintiuno donde estas alteraciones cognitivas, producto de la era digital que está comenzando a desplegarse, representan la excrecencia de este nuevo cuerpo creado por la letra.

III. PEDRO LEMEBEL Y FERNANDO VALLEJO: RETÓRICA URBANA, MEMORIA Y SIDA

Introducción y objetivos

La producción de Pedro Lemebel y Fernando Vallejo se nutre fundamentalmente de una constante circulación por las arterias urbanas. La trayectoria que define ese paseo es borrosa, arbitraria y oscila entre los espacios públicos y privados, más precisamente en el punto que uno de estos autores, el chileno Lemebel, se refiere como de "recambio". Este ha sido representado por ciertos momentos y lugares como, por ejemplo, en "la oscuridad de un parque público [que] acoge los deseos y sudores clandestinos transformándose en un privado de urgencia al paso. Mientras no aparezca la policía montada" (Lemebel 1997, 94). Justamente lo que nos interesa examinar aquí es lo que constituye ese paréntesis marcado por el "mientras", el registro de lo que no se percibe desde la superficie de la ciudad neoliberal o de lo que está simplemente suspendido o proscrito de la geografía oficial. Aquello que se oculta, se maquilla, no se visita o que pretende relegarse al olvido.

En *The Practice of Everyday Life* (1984), Michel de Certeau concibe una ciudad metafórica que puede ser enunciada o escrita por quien la recorre. Existe, por así decirlo, un camino/discurso previamente trazado/pronunciado e ideologizado; pero también cohabitan allí "a combination of powers that have no readable identity [that] proliferate […] points where one can take hold on them, without rational transparency [which] are impossible to administer" (95). Pedro Lemebel nos presenta, a través de los paseos que constituyen las crónicas de *Loco afán. Crónicas de sidario* (1996), una versión no fiscalizada, su "rethoric of walking", recogida y denunciada a partir de su ojo "coliza", o de homosexual afeminado, y disidente desde una diversidad ilimitada de opciones. Del mismo modo comprobaremos que este mapa discursivo de la ciudad lemebeliana, con su sello característico de loca "flâneur", mantiene el legado de la figura homónima de Walter Benjamin, pero también incorpora ingredientes que la sitúa en el incómodo discurso de la diferencia que Michel de Certau describe como aquel que da cuenta de "certain places to inertia or disappearance and composes with others partial 'turns of phrase' that are 'rare', 'accidental' or 'illegitimate'" (99). Lo mismo ocurre con Fernando Vallejo en *El desbarrancadero* (2001), donde el autor ficcionalizado da cuenta de una Colombia enferma en contraposición de lo que otrora fue "su" Colombia. Un paraíso perdido y petrificado en su memoria que, sin embargo, aflora en la trayectoria que surge desde su ciudad interior, la de su casa de la infancia en Antioquía, la misma que se activa cuando tiene que regresar a ella, ya entrado en años, para hacerse cargo del último ser humano que le importa: su hermano enfermo terminal de sida.

A continuación, revisaremos dos ejes temáticos que atraviesan de manera combinada ambos textos y que son también los que bosquejan estas nuevas rutas. El primero de ellos es el sida: como testimonio de la recepción y reacción de la enfermedad desde una perspectiva general, en tanto cuerpo-país-Latinoamérica tercermundista; y desde una perspectiva íntima e individual, entendida desde el cuerpo genérico-sexual no normativo que padece el acoso social y moral asociado a la pandemia. Como consecuencia de esta operación de desmenuce de cada una de las capas semánticas que conforman estos palimpsestos urbanos, se pondrá en evidencia una estética politizada en la que predominan la exageración y la experimentación neobarroca que a su vez sirven de plataforma para la emergencia del segundo eje temático. Este último consiste en el debate entre la historia (pública y oficial) y la memoria (privada y silenciada) que veremos que son un componente determinante para la configuración de estas ciudades metafóricas pasadas, presentes y posibles.

Pedro Lemebel y *Loco afán*

> Es como la sombra de los ojos. ¿Te fijas que todos los que
> tenemos sida tenemos una mirada matadora?... No, no me
> estás mirando a mí, estás mirando mi muerte. La muerte
> tomó vacaciones en mis ojos.
>
> *Loco afán*, 1996.

Pedro Lemebel publica *Loco Afán* en 1996. Se trata de treinta y una crónicas, una carta, un manifiesto político y un discurso teórico-crítico que, en su gran mayoría, abordan el tema del sida. Algunos de estos trabajos ya habían sido presentados por el escritor en su programa Cancionero (1994-2002) en *Radio Tierra*, medio de comunicación formado por la Corporación del Desarrollo de la Mujer, La Morada, agrupación feminista desde donde surge en 1991 este proyecto radial comunitario y de expresión democrática. En este periodo Chile se encontraba políticamente en una época de transición, tras el triunfo de la concertación de partidos políticos por la democracia que derrotó a Augusto Pinochet en 1989, luego de diecisiete años de dictadura militar. Para entender la importancia de Lemebel –como voz no solo homosexual, sino del margen– hay que remontarse a su participación en el colectivo artístico Yeguas del Apocalipsis (1988-1997), que constituye con Francisco Casas, con quien por casi una década se ocuparon en desestabilizar la normalización/abusos de poder en todos los sentidos a su alcance y en hacer un activismo político desde el arte. Un ejemplo de esto lo relata el mismo Lemebel cuando recuerda en un acto convocado por el presidente Aylwin al que había concurrido gran parte del contingente artístico que apoyaba la democracia: "Llegamos con unos abrigos largos hasta el suelo y nos sentamos en la primera fila. Cuando se apagaron las luces, nos sacamos el sobretodo y saltaron las plumas y las lentejuelas. Desplegamos un lienzo que decía 'Homosexuales por la democracia'". Entonces, al momento en que sale a circulación *Loco Afán*, Lemebel tenía un historial de "performances" e instalaciones pero no un espacio en la literatura nacional: "el haber participado de esta subversión desde el arte ha tenido un costo muy grande, como por ejemplo que mi literatura no pase a los círculos literarios". De hecho, durante esos años prácticamente no se publicaba literatura de homosexuales. Antes que Lemebel, solo una editorial, Cuarto Propio, había publicado un libro con temática homosexual: *Sodomía mía* (1993), de Francisco Casas, "abrimos ese espacio para hacer oír esta voz legítima, marginada", señala Marisol Vera, la directora de la editorial. *Loco Afán* es el primer libro sobre el sida en el país y su editorial, Lom, aclara que ellos no publican por "dar espacio específico a lo homosexual [sino más bien por] dar cabida a la diversidad", opinión representada por Silvia Aguilera, una de sus ejecutivas. Declaraciones como esta última reflejan la poca claridad con respecto a cuestiones relativas al sexo y al género que empezaban a circular por las instituciones que se estaban ajustando a los lineamientos de la postdictadura. En este punto, más allá de una mentalidad de apertura y/o voluntad de debate de los temas, se evidencia una puesta al día con los protocolos establecidos por esta nueva democracia de ribete neoliberal.

Pedro Lemebel es homosexual, travesti y loca, pero no es seropositivo. En una entrevista al diario chileno *La Tercera*, el escritor expresa "Cómo es la vida, yo arrancando del sida y me agarra el cáncer" de laringe que le fue detectado en 2011 y que le arrebató la vida el 23 de enero de 2015. A pesar de su activa militancia y compromiso en lo político, la diversidad de género, desigualdad de clases y de etnia, el artista se resiste a ser identificado como la voz de la periferia aunque destaca que es necesario "retomar ciertos lugares oscurecidos por el resplandor economicista y triunfal del actual sistema [...] Quizás poner el acento en esos callejones sin luz, donde el Sida [sic] es una luciérnaga errante". No olvidemos que Chile fue el laboratorio de la economía neoliberal, esculpido por los Chicago Boys, jóvenes de la clase alta chilena que se formaron en la Universidad de Chicago, Estados Unidos, bajo el alero de Milton Friedman y Arnold Harberger junto a otros profesionales de Latinoamérica que siguieron dicho modelo en sus países. De esta manera el sida, en tanto epidemia de origen foráneo, puede personificar una nueva forma de conquista. Como consecuencia, y a modo de resistencia frente a este hecho, Lemebel viaja a Nueva York con las Yeguas y participa en una marcha gay en apoyo a los enfermos con una corona hecha de jeringas y con un cartel en el que se lee "Chile returns Aids". ¿Cómo reacciona el mundo de 1996 ante la lengua cuchillo de Lemebel? En el caso de Estados Unidos le fue negada la visa para participar en el congreso *Crossing National and Sexual Borders* organizado por la Universidad de Nueva York: "[e]sto puede deberse a que en mi libro *Loco Afán* los acuso de usar el sida como una forma de colonizar. Pero es una metáfora, es poetizar el desastre, no una acusación ante La Haya". Respecto del éxito de su libro, que le abre camino editorial hacia el mercado internacional vía España, leemos en una nota del año 2000 en la revista chilena *Qué pasa* donde se comenta que "no debe llamar la atención el éxito de esta obra en un país como España, donde todo lo exagerado es aplaudido". Con el tiempo, esta reticencia a las reacciones públicas de Lemebel se ha ido apaciguando. Sin embargo, este artista continúa siendo, en esencia, la piedra en el zapato del país, en todo lo que se refiera a la desigualdad. Incluso él mismo se reconoce producto de su "condición de homosexual polémico, lo que ellos [los medios] llaman activista [aunque está convencido de que] un escritor es siempre un activista".

Pedro Lemebel ha sido muy estudiado en los países de habla hispana y esa intención, que continua vigente e *in crescendo*, se ha multiplicado luego de su muerte. El autor chileno participaba constantemente en ferias de libros, congresos y conferencias relacionadas con la política y el género. También era muy accesible para ir a hablar a colegios o participar en actividades de barrios populares. Lemebel es uno de los escritores, si es que no "el escritor", más importante en Chile a pesar de no haber recibido el Premio Nacional de Literatura el 2014. Su audiencia es de índole transversal. Su única novela hasta la fecha, *Tengo miedo torero* (2001), ha sido traducida a más de diez idiomas y próximamente se hará una versión cinematográfica. Varias de sus obras han sido llevadas a las tablas en Chile y Argentina. En 2013 recibió el Premio Iberoamericano de Letras José Donoso por su trayectoria de alta calidad y valentía político-literaria, cuya recepción por parte de este autor fue dedicada, entre otros, hacia los que "ya no están, a los detenidos desaparecidos y a toda la pesadilla que significó escribir esta historia en este país, de eso escribo, de eso escribí y seguiré escribiendo hasta que ya no me quede voz".

El sida: un mal importado, democrático y poscolonial

"La noche de los visones" es la crónica que inaugura la primera de las cinco secciones que constituyen *Loco afán* y que se titula "Demasiado herida", haciendo referencia a la canción que lleva el mismo nombre y que la interpreta la legendaria artista española Paloma San Basilio. La letra alude a una relación amorosa que ha concluido dejando a la amante despreciada: "Demasiado herida / Para estar consciente de lo que me pasa / Para estar planeando lo que haré mañana / Si tal vez mi vida aquí terminó". Veremos que esta asociación no se trata de una coincidencia. Más bien es un presagio que se va cumpliendo en el transcurso de la narración en la medida en que interactúan las variadas capas de sentido que configuran la crónica. Una de ellas es el contexto sociopolítico chileno en el que ésta se circunscribe: vísperas del año nuevo de 1973 del gobierno del presidente socialista Salvador Allende y la Unidad Popular. El ambiente es festivo y democrático. La Palma es una loca que junto a sus amigas pobres (y locas) como ella invitan a un grupo de locas regias o adineradas a recibir el año nuevo con una fiesta. El hecho de que todas las amigas acuerden en vestirse de blanco para la ocasión denota simbólicamente una convivencia ciudadana sin resquemores de clase. Sin embargo, la primera señal que activa el mal augurio del título/canción de esta primera sección de crónicas se produce cuando la Palma reflexiona acerca del equilibrio precario que sustenta la democracia chilena del momento expresando que "con tanto güeveo de cacerolas se me ocurre que [el nuevo año] viene pesado" (Lemebel 1996, 17). Durante la celebración, las locas acaban rápidamente con el pavo preparado para la cena haciendo crecer en el centro de la mesa un "cementerio de huesos" (1996, 19). Esta imagen fúnebre refuerza el anterior vaticinio mediante el uso de la metáfora que lo transcribe "como si fuera el altar de un devenir futuro, un pronóstico, un horóscopo anual que pestañeaba las lágrimas negras en la cera de las velas, a punto de apagarse, a punto de extinguir la última chispa social en la banderita de papel que coronaba la escena" (1996, 21-22). Dicha conexión semántica permite la entrada de la dictadura a la narración y sus fatales consecuencias: los huesos de pavo amontonados en la fiesta hacen eco de lo que serán las torturas y los detenidos desaparecidos durante las próximas dos décadas.

La introducción del sida en el discurso despliega una nueva capa de significado estableciendo una relación de correspondencia con la anterior cuando el narrador concluye que "el tufo mortuorio de la dictadura fue un adelanto del sida" (Lemebel 1996, 22). Esta "politización de la epidemia, que pone en primer plano las vinculaciones entre política, enfermedad y sexualidad" (Ostrov 115), queda materializada en una foto del grupo de amigas tomada esa noche festiva. También funciona como monumento a la memoria de aquellas que la peste rosa se ha ido llevando. A través de la descripción de dicha fotografía, el narrador rompe la univocidad interpretativa posibilitando la relativización y resignificación de los hechos que afectan el destino de las retratadas:

La foto es borrosa, quizás porque el tul estropeado del sida entela la doble desaparición de casi todas estas locas. Esa sombra es una delicada venda de celofán que enlaza la cintura de la Pilola Alessandri, apoyando su cadera maricola en el costado derecho de la mesa. Ella se compró la epidemia en Nueva York, fue la primera que la trajo en exclusiva, la más auténtica, la recién estrenada moda gay para morir. La última moda fúnebre que la adelgazó como ninguna dieta lo había conseguido. La dejó tan flaca y pálida como una modelo del Vogue, tan estirada y chic como un suspiro de orquídea (Lemebel 1996, 19).

En este fragmento reconocemos un discurso seropositivo donde se denuncia e ironiza en torno a la enfermedad, descubierta en Estados Unidos a principios de los ochenta, representándola en su infeccioso capitalismo colonizador que privilegia a las locas que pueden ir a comprarla, confiriéndoles el estatus de glamorosas y sofisticadas producto de su "economía aristócrata" (Lemebel 1996, 19).

Otra mirada del virus como metáfora de la colonización estadounidense es el caso de la Chumilou, una prostituta pobre que también aparece en la foto y que años más tarde sucumbe ante el "gringo impaciente, urgido por montarla, ofreciendo el abanico verde de sus dólares [haciéndolo] en carne viva" (Lemebel 1996, 23). Esta tentadora invitación extranjera a disfrutar del exceso de plata que le permitiría a la loca acceder a "[t]anto maquillaje, máquinas de afeitar y cera depilatoria. Tantos vestidos y zapatos nuevos para botar los zuecos pasados de moda" (Lemebel 1996, 27) deja en evidencia la verdadera necesidad de la tercermundista Chumilou que es la de proveer para "[t]antas bocas abiertas de los hermanos chicos que la perseguían noche a noche […] tantas deudas, tantas matrículas de colegio" (1996, 27) y tantas otras carencias que le impiden medir las consecuencias de tener sexo sin preservativo llevándola finalmente a atravesar "el pórtico entelado de la plaga" (1996, 28).

El exceso es una imagen recurrente en este tipo de textos. Su capacidad metafórica facilita el proceso de la escritura en su puesta a tono según la necesidad de cada testimonio. Esta característica enriquece la técnica narrativa de las crónicas y respeta el principio retórico de apertura en la medida que se mantiene vigente el "punto de vista móvil" (Moure 137) del narrador. Lo anterior se ejemplifica en el caso de la Palma, quien simplemente se contagia por dar rienda suelta a su deseo reprimido por la moralidad dictatorial: "no aguantó más a los milicos y dijo que se iba a maraquear a las arenas de Ipanema… [seducida por] [l]a oportunidad de ser reina por una noche al costo de una vida" (Lemebel 1996, 24). En consecuencia, es así como en este doble viaje sin retorno, el cuerpo sidoso de la Palma deviene en fiesta mortuoria.

Tanto la Chumilou como la Palma experimentan distintos grados de sumisión sexual que se producen por diversos factores (políticos, económicos y heteronormativos, por citar algunos). Considerando la permeabilidad de sentidos que permite la metáfora, pensemos que el testimonio de estas amigas infectadas con alto poder de contagio puede introducir una lectura del sida como alegoría de una Latinoamérica empoderada que reacciona contra la represión del primer mundo. Como consecuencia de este gesto se deconstruye la histórica relación de dominación que el crítico argentino Nicolás Rosa denomina desde la perspectiva sexual como "tiranía del pene" (241). En otras palabras, la enfermedad puede interpretarse aquí como aquella fuerza poscolonial latinoamericana dispuesta a enfrentar con nuevos bríos el imperialismo cultural, económico y heterosexual de Estados Unidos o cualquier potencia mundial. Asimismo, si el cuerpo infectado por el sida se transforma en una fuerza de resistencia ante su opresor, este encuentra finalmente en la muerte un efecto igualador cuyo rol principal consiste en ser un "repartidor público ausente de prejuicios sociales [provisto de] [u]na fatídica generosidad" (Lemebel 1996, 34). La enfermedad concebida de esta manera cumple exitosamente su objetivo democratizante liberando simultáneamente al reprimido y al represor.

Por otra parte, el desborde de una sexualidad no reproductiva, que la oficialidad condena y que la enfermedad castiga, también puede ser concebida a la luz de estas crónicas como un discurso de "resistencia de los cuerpos a los tabúes y prevenciones dictados tanto por la religión y sociedad civil" (Franco 12). El sida entonces, puede ser examinado como el virus que se ha vuelto "synonym for change" (Sontag 69) y, por consiguiente, se ha convertido en una instancia de rebelión y a la vez una forma concreta de expresar la disidencia. Aunque más adelante profundizaremos en esta idea en varias de sus vertientes, debemos puntualizar una vez más la relación de esta forma discursiva con los parámetros estéticos neobarrocos dado que estos "no puede[n] surgir más que en las márgenes críticas o violentas de una gran superficie –de lenguaje, de ideología o civilización– en el espacio a la vez lateral y abierto, superpuesto, excéntrico y dialectal de América" (Chiampi 12). Dentro de esta otra América, las dictaduras hacen de caldo de cultivo para la germinación de cartografías urbanas no autorizadas. La crónica "La Regine de Aluminios El Mono" corrobora esta afirmación. Allí se describe la dinámica de un burdel de travestis que atiende regularmente a un pelotón de conscriptos que durante las largas noches de toque de queda dictatorial se entregan a los cuidados y mimos de Regine, la loca más respetada del barrio Mapocho y dueña del establecimiento, junto a todas sus chicas. En este contexto de máximo poder panóptico, el sida penetra en la institución militar de manera indetectable: "a las hileras de conscriptos que entraban en su ano marchando vivos […] salían tocados por [su] pabellón enlutado" (Lemebel 1996, 31). En forma paralela a este hecho, se produce una relación solidaria entre el travesti y el soldado pobre de ascendencia indígena, que ha tenido que cumplir su deber marcial a regañadientes. Este último es el único personaje que se mantiene ajeno a esta economía libidinal del burdel constituyéndose en uno de los discursos que van a encarnar la polifonía de voces subalternas representadas en estas crónicas, que en este caso se robustecen bajo el alero de un sida vengador.

La escritura por la diferencia

El sida ofrece nuevas trayectorias para que el narrador recorra la ciudad. Su paseo es sinónimo de desborde: una superposición geográfico-temporal, un hilvanado provisorio de miradas singulares y distintivas transformadas en historias. Precisamente este carácter transitorio y para nada uniforme es el que posibilita el cruce, la contradicción, la apertura y, como consecuencia, el flujo. La exquisita elaboración desde la escritura, los culebreos lingüísticos y elásticos del discurso acogen este sinfín de perspectivas que leídas desde esta retórica del paseante "cannot be reduced to their graphic trail" (De Certeau 99).

Dieter Ingenshay, en *Desde las aceras opuestas. Literatura/cultura gay y lesbiana en Latinoamérica* (2006), alude a este fenómeno de consolidar lo disímil y fragmentario justificándolo como un rasgo posmoderno en tanto se inserta en aquellas "construcciones discursivas específicas sobre la base de fenómenos socio-culturales" (8) y comenta que es en este contexto donde Latinoamérica ha abandonado su posición periférica. Si bien es cierto que con la llegada del sida se reconoce un cierto gesto de globalización de la cultura gay "con sus metas políticas, su anhelo por despertar su inercia al mundo occidental [y] los movimientos de lucha anti-Sida [sic]" (Ingenschay 11-12), el activismo político en Latinoamérica desde antes de la aparición de la enfermedad ya poseía un ritmo y una consistencia diferente. Así lo observaban desde un marco más general a fines de esa misma década estudiosos como Nelly Richard. Esta, en su trabajo *La estratificación de los márgenes* (1989), dio cuenta de esta imposibilidad de transferencia de los moldes ideológicos de los discursos de la modernidad provenientes de Norteamérica y Europa. Latinoamérica, al estar constituida por una "conflictiva yuxtaposición de procesos tan recortados como los que aquí coexisten entrecortadamente" (40), no puede reaccionar de manera homogénea a una "lógica de periodicidad y secuenciamiento" (Richard 40). Sin embargo, coincido con Ingenschay en que –en esta actividad de reformulación de modelos e influencias externas– se desarrolla "una política (una estética, etc.) de la diferencia" (11) que de alguna manera instala "un nuevo paradigma del poder" (11) que se reconoce dentro del campo de lo poscolonial y que se nutre de su propia naturaleza híbrida y transgresora. Desde esta perspectiva, y volviendo al impacto del sida en la literatura y las variadas manifestaciones culturales/artísticas que se producen en Latinoamérica, el tratamiento de la enfermedad en los discursos se fundamenta principalmente por una intención experimental del lenguaje que invariablemente se conecta con los principios estéticos del neobarroco muy presentes en la escritura lemebeliana.

Crónica, lenguaje y comunidad

Probablemente, la elección de la crónica como formato se sustenta en tanto esta se constituye como una "forma bastarda" (Mateo del Pino 34) de las crónicas latinoamericanas del siglo diecinueve, despojada de su necesidad de moldear una identidad nacional o establecer la institucionalidad. Esta hibridez y transversalidad intrínseca de la crónica moderna, puesto que cruza "las fronteras del periodismo, la canción, el panfleto" (2000, 78), le confiere a la escritura una flexibilidad que le permite a Lemebel desarrollar su discurso sin pasar por el cedazo obligado de "los mecanismos del poder" (2000, 78). Al mismo tiempo, estas crónicas mantienen la capacidad de establecer una "experimentación con el lenguaje [y así] convertirse en un auténtico 'laboratorio de estilo" (Gareca 230). Sin embargo, las crónicas urbanas de Lemebel no están reducidas al ejercicio de un nuevo estilo de discurso literario sino que, en su rol de paseante por la ciudad neoliberal, el narrador ejerce su activismo desde la letra desarticulando el mapa urbano existente para presentarnos varios diagramas de la ciudad posibles iluminando callejones, asomándose a las ventanas, descorriendo los pestillos e incluso (re)creando y (re)significando lugares comunes. En este proceso creativo, que constituye su particular forma de exponer esas fisuras del mapa oficial (estilo), el observador-paseante-escritor les va confiriendo a los individuos que las enuncian/encarnan a través de su "lengua ventrílocua y esquizoide" (Lemebel 1997, 95) una especie de derecho de uso de esas otras ciudades que se despliegan, otorgándoles una ciudadanía que se activa al momento de la escritura y que Vek Lewis en *Crossing Sex and Gender in Latin America* (2010) identifica como "ciudad-ano" (192), nombre que surge de la crónica lemebeliana "Homoeróticas urbanas (o apuntes prófugos de un pétalo coliflor)". Este punto de inflexión de ambos elementos es lo que De Certeau define como "a way of operating" (100), que finalmente se materializa en una particular forma de ser que va delineando la escritura.

Este recuento de identidades plausibles se evidencia en crónicas como "Los mil nombres de María Camaleón". Allí se propone justamente esta idea de anular la lógica del nombre sacramentado por la "macha descendencia" (Lemebel 1996, 83) del padre a partir del caos irracional que implica la multiplicación de los sobrenombres. Dicha operación facilita que los sujetos rebautizados asuman un "creative and linguistic control over their lives, projecting unto others the exact image they choose to craft" (Parys 162). Mirado desde otra perspectiva, este desequilibrio que provee el discurso lemebeliano a favor de la provisionalidad del nombre, es un ejercicio político comparable a la salida del armario de quien no se identifica con la heteronorma y que se concreta al "asumir la condena que las palabras encierran (maricón, puto, pájaro, carne de sidario) e ir a su encuentro para desactivarlas" (Monsiváis 14). Lo que prevalece entonces es la voluntad de superar esta ciudad programada, de evadir las categorías mediante una operación de desborde, pero también de hacer valer la opción del enmascaramiento, esa "alegoría barroca que empluma, enfiesta, traviste, disfraza [y] teatraliza" (Lemebel 1996, 83). En este sentido podemos notar la influencia de la estética neobarroca que se mueve en el campo de lo posmoderno en donde la escritura cumple una función recicladora y descomponedora de los imaginarios totalizadores estableciendo "combinaciones de subconjuntos que pervierten las sistematicidades primeras, torciendo su legalidad de origen, desviando el marco estatutario de sus reglamentaciones de valores y de usos" (Richard 47).

La pluralidad o reorganización de sentidos observados en "Los mil nombres de María Camaleón" también tiene un alcance espacial que se materializa en los varios recorridos urbanos posibles que irrumpen a partir de la enunciación de espacios abyectos a través del nombre. Tal es el caso de algunos sobrenombres del inventario de locas sidosas como "La Prosit" (Lemebel 1996, 88) que alude a un bar ubicado en el sector céntrico santiaguino, punto de encuentro "del maraqueo sodomita" (1996, 149). Asimismo, si conectamos otros apodos que allí se señalan como "La Bim Bam Bum" o "La Burger Inn", entre otros, podemos trazar un circuito urbano alternativo que permite la emergencia de otras ciudades, por el simple hecho de alumbrar con la letra aquellas calles, intersecciones y establecimientos donde interactúan los llamados "ciudad-anos", sombras silenciosas que en la ciudad autorizada solo deambulan en la agazapada y oscura ilegalidad.

Por otra parte, si añadimos el tema del sida a este estatus narrativo marginal, el lenguaje se vuelve aún más artificioso y sofisticado, ya que la presencia de la enfermedad requiere un esfuerzo de camuflaje mayor como una forma de engañarla. Paralelamente, y por este mortivo, el discurso se vuelve más punzante y adquiere un sentido de emergencia. Sin embargo, a pesar de que la muerte extiende sus brazos a lo largo de todas las crónicas de

Loco afán, el sida se reflexiona "desde los cuerpos vivos, no desde la medicina y el virus" (Lemebel 2000, 78), lo cual representa una diferencia con los textos analizados en capítulos anteriores, donde el foco del discurso se ubica en el registro de la enfermedad de sus protagonistas y su lucha personal por convivir/retardar el desenlace fatal.

Otra distinción es que, a diferencia de autores como Reinaldo Arenas o Pablo Pérez, Lemebel no tiene sida, por lo tanto, su manera de abordar literariamente la enfermedad se aleja de la vía catártica desde el yo sufriente. Lo que hace este cronista es ficcionalizar desde una variedad prismática los testimonios, presentados en tercera persona, de sus amigas travestis infectadas, inyectándoles una alta dosis metafórica "no sólo para adornar, más bien para complejizar el paisaje y el escenario del crimen" (Lemebel 1997, 95). Cada una de las historias puede ser vista como una celebración de la enfermedad donde el humor ha de ser el mecanismo que contrarresta el avance de la sombra "la talla [chiste] sobre la marcha que no permite al virus opacar su siempre viva sonrisa" (1996, 84).

Este uso particular del humor frente al escenario tan desalentador que presenta la enfermedad tiene mucha relevancia si pensamos que no es hasta el año de la publicación de *Loco afán* en 1996, cuando se comenzó a hacer efectiva la triterapia del sida que reduce las probabilidades de muerte de los enfermos al ejercer un mayor control sobre el virus y el potencial contagio de nuevas infecciones. De hecho, dado que las crónicas fueron escritas antes de este alentador acontecimiento, las referencias a tratamientos médicos en el texto aluden, salvo en la crónica "Siga participando", al AZT que era lo que normalmente se utilizaba en esos momentos para aliviar temporalmente a los enfermos. Así lo confirma el testimonio de un portador homosexual de "Los diamantes son eternos": "para mí el AZT [sic] es como la silicona, te alarga, te engorda, te pone unos tiempos más de duración" (Lemebel 1996, 104-105). De todas formas ya había una conciencia de que, en caso de que se encontrara un tratamiento más definitivo, sería de difícil acceso para las sidosas pobres tercermundistas: "[si encuentran el remedio] [m]e muero igual, porque de aquí a que llegue a Latinoamérica, y a qué precio. ¿Te imaginas lo que va a costar? Como siempre se salvan las ricas primero" (Lemebel 1996, 104-105). En este sentido la ficción se anticipa a la realidad pues no será hasta el 2003, nueve años después, que en Chile la totalidad de enfermos tendrán acceso al cóctel de fármacos (Contardo 368).

Si consideramos que en el discurso del sida la muerte excede el usual espacio narrativo que se le confiere, la intensificación de su presencia produce necesariamente un efecto barroco en sus personajes: la muerte se transforma en un hecho caótico y contradictorio que por un lado aviva el "memento mori", la finitud, la imposibilidad de vencer la naturaleza efímera de los individuos; pero por otro lado enfervoriza el "carpe diem": la endémica necesidad de desafiarla, de adornarla, de trascenderla a partir del artificio, del espectáculo y despliegue de la forma. Un ejemplo claro se ve en "El último beso de Loba Lámar" donde la enfermedad contraída por la Loba se representa a modo de un embarazo "como si [...] en su holocausto se hubiera convertido en preñez de luto invirtiendo muerte por vida, agonía por gestación" (Lemebel 1996, 62). Con este hecho se desarticula la narrativa habitual de la muerte, donde lo que generalmente ocurre es un relato metaforizado de los efectos que la enfermedad va causando en el personaje enfermo. En este caso, el cambio de trayectoria se ve reforzado por la técnica de situar/exponer la enfermedad en el centro del discurso, de embellecerla atribuyéndole todo el glamur de una película hollywoodense, como *Ben-Hur*, o en el aura imponente de un personaje como Cleopatra. Este último es el rol que simbólicamente la Loba ha adoptado y por el que sus amigas, en un gesto de complacencia, se han convertido en sus esclavas. Y a partir de su nueva función de sirvientas de la reina Loba, estas últimas no solo están dispuestas a remar en sus febriles sueños sidosos desde el catre-navío del súpermacho romano. También le siguen el juego de futura madre ayudándola en los preparativos del ajuar del futuro bebé o la satisfacen en sus complicados antojos. Esta solidaridad a toda prueba es una actitud permanente en las crónicas de *Loco afán* y representa una nueva forma de filiación familiar. Sin embargo, no podemos interpretar este fenómeno como una iniciativa exclusiva de la comunidad no heterosexual afectada por el sida.

Un gesto similar se observa en una obra de otro autor chileno publicada veinte años antes que *Loco afán*. Se trata de *El lugar sin límites* (1966) de José Donoso, novela cuya particularidad consiste en que incorpora uno de los primeros personajes travestis en la literatura latinoamericana: la Manuela. Un elemento que ilustra el compromiso afectivo que dicha obra comparte con el texto lemebeliano es la boa de plumas que la Manuela guardaba en una maleta vieja debajo de su cama, regalo de su amiga Ludo "para consolarla porque un hombre no le hizo caso [...] (uno de los tantos que cuando joven [le] hicieron sufrir)" (112). En *Loco afán*, ese momento se revive en la peluca de la Madona mapuche "que todos los travestis le compramos en el centro juntando las chauchas [...] para que la linda volviera a trabajar y se le pasara la depre" (Lemebel 1996, 45). La Madona mapuche finalmente alcanza su ilusión de gloria participando en una película de fama internacional, cuyo título ha sido (tra)vestido por la magia bastarda de la crónica en "LO QUE EL SIDA SE LLEVÓ [sic]", y que el narrador la justifica como "una parodia de Broadway en el barro de la sodomía latinoamericana" (Lemebel 1996, 48), donde el sida, como metáfora de una luminaria cinematográfica, contribuye a afilar el discurso funesto de la epidemia que avanza.

Otra característica que comparten estos ejemplos se funda en que todos sus personajes experimentan una vida definida por la imposibilidad de concretar un proyecto (de apariencia, sexual, de estatus socio-económico, político etc.), un "casi masculinas, si no fuera por la costura del jeans hundida en el tajo azulado

[…] [s]i no fuera por esa nube densa del perfume coliza […] [s] i no fuera por el 'ay; que decapita cada frase" (Lemebel 1996, 73), para lo cual siempre se valorará la complicidad y la acogida de una compañera que haya pasado o se identifique con la misma experiencia; y por la ayuda complementaria de ciertas prótesis ilusionistas, como la peluca o la bufanda de plumas, que permitan doblegar ese "casi/si no fuera por" aspiracional, o al menos alcanzar una copia sofisticada que dignifique el modelo. Sin embargo, este hecho revela el verdadero ser del travesti que se explica a partir de la función que cumple la metáfora neobarroca en el lenguaje. Lo que en realidad ocurre es que el travesti

> no imita nada, su performance cosmética no tiene referente, no tiene objeto. No es mujer –o La Mujer– lo que simula, sino un ser inexistente. Esta operación, por lo tanto, se mantiene en el nivel superficial ya que el que simula practica una 'impostura concertada', un camuflaje que procura producir un efecto, sin el compromiso de pasar por la Idea [sic] (Chiampi 12-13).

Un buen ejemplo de este efecto performativo y solidario reside en el rebautizo de apellido del autor de estas crónicas, quien opta por el materno, Lemebel, por sobre el paterno, Mardones, como un acto de filiación máxima con su madre y con todo lo que ella representa: lo pobre, lo mapuche, lo relegado por la histórica dominación del macho chileno y por extensión fraternal hacia las víctimas de las dictaduras latinoamericanas que –más allá del Chile de Pinochet– cabe relacionarlo con las abuelas de la Plaza de Mayo. Finalmente, en la crónica "Berenice (La resucitada)", también se explora la ilusión de la maternidad, pero en este caso no se presenta desde el sida sino que se ficcionaliza una noticia aparecida en la prensa chilena a principios de los noventa. Esta cuenta la historia de una niñera travesti que se roba al bebé que cuidaba. El relato se despliega en torno a la imposibilidad reproductiva de la loca que no puede ejercer más que "una maternidad enuca de Virgen María o Madre del año" (Lemebel

1996, 241) cuyo amor maternal aflora cuando "el bebito de erizos dorados […] le dijo mamá" (Lemebel 1996, 242). A pesar del desvío, es inevitable la constatación en cada uno de estos textos de la relevancia de la filiación y el poder contenedor del nombre.

El espectáculo de la muerte: imagen, espacio y melodrama

La post-dictadura en Chile se caracterizó por la "moderación, la reconciliación y el conformismo como prácticas perversas y homogeneizantes [donde no existía verdaderamente] espacio para un pensamiento de la diferencia basado en modelos culturales reales, [donde más bien imperaba una] ideología massmediática de la tolerancia hedonista" (Blanco 55). La utilización de canciones populares, películas y sus correspondientes personajes/actores de Hollywood que adormecen con su melodrama a la ciudadanía son entonces el material perfecto para mantener este *status quo* de la transición. Pedro Lemebel, consciente de este plan adormecedor, elabora su estrategia política utilizando en sus textos los mismos elementos. En su rol de escritor hace valer su derecho a hablar en la esfera pública para "juzgar, […] disentir y […] proscribir" (Domínguez 130). A lo largo de toda su carrera Lemebel ha explorado una diversidad de espacios posibles para ser escuchado: las calles y las instituciones con las Yeguas del Apocalipsis, el periodismo disidente con sus artículos en revistas y diarios de oposición a la dictadura, sus cuentos en talleres feministas de izquierda y la Radio Tierra donde contaba con una amplia audiencia popular que luego se sintió atraída por sus libros de crónicas. Por lo tanto, si examinamos la trayectoria artística/activista de este autor, comprobaremos que no es hasta que accede a los medios masivos, cuando su propósito de darle voz a quienes se oponen a la alta cultura hegemónica y/o de la ideología dominante, se hace más efectivo.

La versatilidad del melodrama y la teatralización neobarroca se convierten entonces en las fórmulas más competentes para exponer la diversidad de voces segregadas y silenciadas. En la crónica "Esas largas pestañas del sida local" este recurso da cuenta del cambio de foco entre la dictadura y la transición reflejado en una nueva actitud social en el cortejo fúnebre de los contagiados por el sida. La descripción de esta escena como un espectáculo le permite al narrador deslizar su crítica e invitar a una nueva lectura del momento:

> El estigma de la plaga que en los ochenta hacía huir como ratas, negando mil veces haber conocido a la occisa. Esa virulencia homofóbica que entonces mostraba cortejos de cuatro pelagatos acompañando un ataúd huacho. Un pobre cajón rodeado de familiares tolerantes y de alguna loca camuflada de terno bajo el anonimato de las gafas […] En los noventa es el acontecimiento que concentra la atención de un público atento, esperando paciente el deceso para ponerse el modelito guardado especialmente para la premier luctosa. Ahora la muerte sidada tiene clase y categoría. Cualquiera no se despide del mundo con ese glamour hollywoodense que se llevó a Hudson, Perkins, Nureyev y Fassibinder (Lemebel 107).

Esta descripción cinematográfica del último adiós de la loca sidosa incorpora otra característica de las crónicas de Pedro Lemebel: el predominio de lo visual. La imagen como sustentadora del tejido artificioso que se reproduce en cada una de las lágrimas funerarias como una "amarga gota escenográfica que brilla lentejuela en el ojo de la última escena" (Lemebel 1996, 108). Es la ilusión de una vida al estilo de las celebridades que busca burlar el ojo represor y se esmera en trascender la muerte. Con esta intención en mente, las amigas de Loba Lámar, hacen uso de todas las artimañas de su "artesanía necrófila" (1996, 67) para que la finada permanezca "en el recuerdo de diva por siempre" (1996, 64).

Desde el punto de vista del escritor-paseante, el ojo es el órgano esencial, dado que es el que estimula su discurso. El cine, entendido como su extensión en tanto espacio urbano, funciona como un artefacto emancipador al distinguir "el claroscuro erógeno de la memoria religiosa, [que] privilegia el oro púrpura de la imagen pagana, [y que] muestra lo que el libro oculta" (Lemebel 1996, 155). Esto es lo que el narrador intenta iluminar en las metahistorias que componen sus crónicas, aquellos espacios clandestinos de la historia unívoca que impone la ciudad oficial. Son los rincones clausurados primero por la dictadura y luego por el sida. De estos últimos ya nos hemos referido en los capítulos anteriores a través de ejemplos donde también se incluyen los baños públicos y saunas.

El cine, que también "reprime con su manuscrito moral [instalando] una versión cinéfila de su historia [que] frivoliza sus personajes, [y] reemplaza la gesta heroica por el montaje decorativo que lleva como emblema el contrato lucrativo de las estrellas" (Lemebel 1996, 155), simboliza la transición enmascarada, el imperialismo travestido que en la escenografía del testimonio seropositivo que constituye *Loco Afán*, se representa en la figura de Rock Hudson: "[a]lgo había de teatro en esa tremenda hombría que desplegaba […] en la pantalla" (Lemebel 1996, 183). Uno de los grandes hitos en la historia de la enfermedad, y lo que le dio mayor difusión no solo en América Latina sino en el mundo entero, fue la confesión pública del actor Rock Hudson en 1985 a los medios de comunicación de que se estaba muriendo de sida. Por un lado, las palabras de Hudson "acortaron las distancias entre homosexuales y heterosexuales [el homosexual no solo era el afeminado]" (Meruane 66); y por otro, el glamoroso símbolo de la heteronormatividad y valores tradicionales hollywoodenses hizo visible la plaga como si fuera "una premier cinematográfica" (Lemebel 1996, 185).

El narrador lemebeliano está informado de los efectos de la epidemia en todo el mundo. En *Loco afán* los expone secundado por su pluma afilada y, como ya hemos visto, desde su eje hiperbólico/teatral. En "Y ahora las luces (Spot: Póntelo-pónselo.

Ponte-ponte-pónselo)" se refiere a las campañas de prevención de la enfermedad orientada a la comunidad homosexual. Allí critica la diversidad de promoción publicitaria "que multiplica la enfermedad a través de diferentes versiones" (Lemebel 1996, 97) transformando al sida en un producto "travestido como un fetiche más en el tráfico gitano de la plaga" (1996, 97). Este argumento hace eco de lo que veremos desarrollado tres años más tarde en *How to Have Theory in an Epidemic* (1999), donde Paula Treichler establece que lo que ha ocurrido con el sida es una crisis de significación, es decir, una multiplicación de discursos que intentan justificar la enfermedad desde diversos ámbitos: moral-religioso, político-social, imperialista, económico y, por supuesto, sexual. En *Loco afán*, este fenómeno se comprueba en la adulteración lingüística que el narrador somete a las palabras precisamente para liberar al discurso del único sentido permitido. Andrea Ostrov traduce esta proliferación de significados como "marcas que la enfermedad inscribe en los cuerpos de las protagonistas de estas crónicas [que] afectan —o infectan- la materialidad misma de la palabra" (118). En "Carta a Liz Taylor", el narrador le escribe a la actriz solicitándole una de las esmeraldas de la corona que utilizó en la película Cleopatra para poder comprar AZT y "alargarme la vida por unos años más" (Lemebel 1996, 75). Aprovecha la misiva para sembrar suspicacias respecto de los billetes recaudados por las acciones de beneficencia que se justifican bajo el alero de "la causa AIDS [y que probablemente] se quedan enredados en los dedos que trafican la plaga" (Lemebel 1996, 76). Luego se despide expresándole a la estrella símbolo de la causa gay/aids que le estará "eternamente agra-desida" (Lemebel 1996, 77) por su ayuda. Esta descomposición y reorganización de la palabra altera su significado con el propósito de resaltar el peso de la enfermedad desbordándolo de sentido.

Lemebel satiriza las iniciativas que han surgido para solidarizar con los enfermos etiquetándolas como "glamour necrófilo" (Lemebel 1996, 98). Especialmente a comienzos de la década de los noventas surgen una serie acciones artísticas que intentan mostrar al enfermo desvalido para hacer reaccionar al espectador heterosexual y promover espectacularmente la prevención. Bajo esta premisa surgen expresiones como el "SIDARTE de Benetton" (1996, 98) o el obelisco de París vestido con un condón. En películas como *Filadelfia* (1993) encontramos una dinámica diferente de la enfermedad en la cual el actor español Antonio Banderas quien –a través de su "mirada colonizada [que identifica] al novio latino" (1996, 98) apoya pasivamente a su pareja contagiada de sida representada por el estadounidense Tom Hanks–, el cual activamente encarna al luchador por sus derechos de gay blanco primermundista. Gestos publicitarios como estos sirven para reflejar ese supermarket gay que desencadena la epidemia y que se distingue de la realidad latinoamericana donde "también sobreviven pequeños esfuerzos, cadenas de solidaridad colectas chaucha a chaucha que algunos grupos homosexuales organizan para detener el flagelo" (1996, 90).

Volvemos a la idea de los imaginarios totalizadores a los que se refería Jean Franco que son infértiles en una América Latina que se hace una desde la incorporación de fragmentos disímiles. En cada uno de los países que la constituyen las pobrezas son diferentes, las luchas por los derechos político-sexuales son disparejas y resultan afectadas de tantos escenarios: economías, dictaduras, etnias, culturas. Quizás lo común radica en ese discurso de la diferencia, la anarquía y la resistencia que nos ha procurado un "balbuceo de signos y cicatrices comunes" (Lemebel 1996, 167).

Como consecuencia de lo anterior, América Latina como un todo no es homologable a las transformaciones que ocurren en otros lugares. Esta situación se explica "Loco afán", texto de título homónimo a esta colección de crónicas que corresponde al discurso que fue leído por Lemebel en la Universidad Arcis (Santiago de Chile, 22 de mayo de 1991) con motivo de la visita del intelectual francés Félix Guattari. Allí, el escritor chileno reflexiona acerca de esta realidad y la hace extensible a las comunidades no heterosexuales resaltando la imposibilidad de trasplantar tal cual los modelos de lucha por los derechos LGTBQ. Hay procesos que nos son ajenos, hitos que no nos tocan –pensemos en Stonewall 1969– aunque nos sirven de referencia y motivación. Sin embargo, son otros paisajes, otras miradas, otras necesidades y otros estímulos los que nos constituyen:

> [p]orque nunca participamos de esas causas liberacionistas, doblemente lejanos del Mayo 68 [sic], demasiados sumergidos en la multiplicidad de segregaciones. Porque la revolución sexual hoy reenmarcada al estatus conservador fue eyaculando precoz en estos callejones del Tercer Mundo y la paranoia sidática echó por tierra los avances de la emancipación homosexual (Lemebel 1996, 164).

En términos generales, el advenimiento del sida durante la primera mitad de los ochenta hace más visible al homosexual, pero definitivamente aviva la homofobia. En la mayoría de los países detiene el activismo y vuelca los esfuerzos entre sus miembros para informarse acerca de la enfermedad, para generar planes de acción que se reducen a la prevención e incluso para educar a la ciudadanía. También los moviliza en torno a las exigencias de tratamientos y asistencia de salud pública, lo que a la larga termina por fortalecer el activismo que años antes se había debilitado. En Chile, por ejemplo, a pesar de las organizaciones que surgieron para darle respuesta concreta a esta demandas –como Movilh y luego Lambda, entre otros–, se obtiene mayor impacto "a partir de los desplazamientos personales, de los tránsitos [de] algunos […] entre la militancia político-homosexual y la escena cultural o literaria" (Sutherland 65). Lemebel es un buen ejemplo de ello y así lo subraya en su lectura: "[a]terrados por el escándalo, sin entender mucho la sigla gay con nuestra cabeza indígena […] [d]

emasiados clubes sociales y agrupaciones de machos serios. Acaso estuvimos locas siempre, locas como estigmatizan a las mujeres" (1996, 165).

Precisamente la categorización de homosexual y su distinción con la loca latinoamericana puede servir para ilustrar esta bandera de la diferencia que empuñan quienes se identifican con aquellos géneros que circulan fuera de la norma. Y utilizamos el término "circular" de manera intencional para enfatizar su poder metafórico y así estar en consonancia con la manera en que el mismo Lemebel se refiere al homosexual cuando lo define como "una construcción cultural, como otra forma de pensarse. Otra forma de mirar el mundo, no sólo desde la teoría homosexual sino que desde todos los lugares agredidos y dejados de lado por esta maquinaria neoliberal y globalizante" (Jeftanovic 76). La violencia neoliberal y la globalización que borra toda distinción local impulsa la escritura lemebeliana para desarrollar la figura de la loca como una metáfora del homosexual pobre. También como "un gesto de enorme cariño hacia esa femeneidad castigada tercermundista" (Jeftanovic 77). Así se fundamente el vínculo con la madre, el despliegue teatral de lo femenino y el germen travesti de su resistencia:

> [q]uizás América Latina travestida de traspasos, reconquistas y parches culturales –que por superposición de injertos sepulta la luna morena de su identidad– aflore en un mariconaje guerrero que se enmascara en la cosmética tribal de su periferia. Una militancia corpórea que enfatiza desde el borde de la voz un discurso propio y fragmentado, cuyo nivel más desprotegido por su falta de retórica y orfandad política sea el travestismo homosexual que se acumula lumpen en los pliegues más oscuros de las capitales latinoamericanas (Lemebel 1996, 167).

Nuevamente advertimos entre estas líneas la validación de la operación neobarroca para expresar la diversidad. Disponemos, en *Loco afán*, de un listado de ensayos y errores para indicar esas identidades nómades (Ostrov 108) a modo de un ejercicio identitario que se vigoriza por su propia calidad de inestable. La estética neobarroca captura ese intermedio y lo inmortaliza en la imagen de su letra, de su trazo colorido, de su tejido y/o de su melodía. Néstor Perlonguer hizo unos diez años antes su parte ensayando apodos para los homosexuales que pululan por las calles de Sao Paulo donde el sexo se remite a la transacción, justificándolo como una acto extremo de barroquización "[del] sistema clasificatorio [en el cual] resulta válido asociar esta inflación de significantes [que denota una] incomponibilidad de figuras simultáneas [y] roe cualquier ilusión de identidad (Perlongher 47). Ese carácter indomable latinoamericano que se transfiere al travesti, utiliza el discurso neobarroco precisamente porque este último no se limita a su función comunicativa. La repetición y la acumulación de alusiones/metáforas propio de su estética que "desestabiliza en el nivel del lenguaje, en la base estructural misma de todo funcionamiento de orden burgués, patriarcal, logo-céntrico y heterosexual" (Kulawik 112), justifican al neobarroco como fundamento retórico para re-escribir la ciudad y reivindicar la memoria.

Tejiendo memoria: entre quilts, manteles y arpilleras

Michel de Certeau establece que "[t]o walk is to lack a place" (103). Este no-lugar que explora el paseante urbano se equipara a la experiencia onírica en la cual se produce un "indefinitive process of being absent and in search of the proper" (103). Dicha reflexión nos invita a revisar en *Loco afán* la formación de nuevas trayectorias de la ciudad desde sus silencios y sus ausencias.

El primer análisis de la ausencia se realizará a partir de lo que denominaremos cartografía del deseo que define la loca en su búsqueda de sexo casual, anónimo y temporal. En otras palabras, dado que el mapa urbano heterosexual no cuenta con una ruta para el deseo homosexual, este último "la inventa [y por ello]

… [e]l plano de la city puede ser su página, su bitácora ardiente que en el callejear acezante se hace, testimonio documental…" (Lemebel 1996, 115). Como resultado de este modus operandi la loca crea a su medida un recorrido por una ciudad cómplice que se ajusta a su "identidad movediza" (1996, 117). De esa manera se libera de la ideología dominante que, al no poder fijar su identidad sexual a una categoría binaria, la había desterrado a la invisibilidad.

Si examinamos la relación entre el tiempo y el deseo observaremos que la loca privilegia el presente de su gozo. Y si además está contagiada de sida, la motivación del carpe diem es esencial, sobre todo si la miramos desde antes de la aparición del cóctel antirretroviral. Así lo expresa la loca que comparte su testimonio en "Los diamantes son eternos": "[l]os portadores [...] [s]abemos más de la vida, pero por descuentos. Este mismo minuto, yo soy más feliz porque no habrá otro" (Lemebel 1996, 104). La espectacularidad melodramática y el humor son dos elementos indispensables para sobrellevar este presente sidoso. El humor solidario suaviza la tragedia de la enfermedad, la subvierte transformándola en una moda glamorosa: "nunca falta la indirecta [...] el conchazo que vocea alaraco la palidez repentina de la amiga que viene entrando. ¡Te queda regio el sarcoma, linda!" (1996, 101). De esta manera el fatal sino de la loca se acomoda con dignidad y luminarias, encuentra su lugar a partir de la resignificación de la enfermedad al centrarse en las garantías positivas que esta le confiere: "[n]unca seré vieja, como las estrellas. Me recordarán siempre joven" (1996, 104).

Sin embargo, desde otra perspectiva existe en *Loco afán* una cartografía de la ciudad que se hace desde la memoria: rescata a la loca en su dolor como huérfana de ciudad, en tanto existencia vedada, y solidariza con las comunidades marginadas como efecto de la homofobia, dictadura, clases sociales, neoliberalismo, globalización y, por supuesto, el sida. Mediante sus paseos por la memoria se les concede a estos sujetos la posibilidad/pluralidad ontológica de un espacio/tiempo que surge de un proceso de recuperación y reconstrucción por medio de la poética activista.

En la crónica "El proyecto nombres (Un mapa sentimental)" el narrador comenta acerca de esta colcha colectiva (Aids Memorial Quilt del inglés) inspirada en 1975 en los Estados Unidos a raíz de un acto conmemorativo por la muerte de Harvey Milk, supervisor del ayuntamiento, y John Moscone, alcalde, ambos de la ciudad de San Francisco. Se trata de una serie de paneles de tela confeccionados por los seres queridos de muertos de sida que conforman esta suerte de edredón gigante exhibido por primera vez en el National Mall de Washington en 1987, en el marco de la marcha nacional de derechos de gays y lesbianas. Esta iniciativa sirvió como único acto memorial/funerario para muchos fallecidos por la enfermedad. Actualmente la colcha tiene paneles de veintiséis países del mundo y pesa más de cuarenta y seis mil toneladas. Desde 1988 se ha exhibido en los lugares más recónditos del planeta y se han recaudado hasta la fecha unos tres millones de dólares para ser utilizados por las organizaciones que trabajan por el sida en los Estados Unidos.

A los ojos del narrador, esta manifestación se percibe como otra pieza del engranaje lucrativo que funciona a expensas del dolor ajeno: "una empresa que como muchas otras se inscribe en las ondas enlutadas que se expanden por las víctimas del sida" (Lemebel 1996, 127). Sin embargo, también reconoce que esos "objetos de exhibición rasgados por la ausencia" (1996, 127) establecen un cruce "transcultural" donde alternan "nombres rutilantes en hilos de oro, como Foucault, Hudson, Liberace, Nureyev [con un] anónimo… 'CARLOS, EL TIEMPO FUE… FUE UN TIEMPO'" (1996, 128), que —a pesar de las diferencias tan marcadas en la forma— la colcha de los nombres, en su hibridez artesanal y desborde emocional, pudo materializar el "estruendo taquillero de la epidemia" (1996, 132) que los alcanzó a todos sin igual.

Ejemplos similares se desarrollan en América Latina en "[u]n intento barroco de adornar la fatalidad con el festejo colorido, pinta triste de flores plásticas, las fotos quemadas de sol, los juguetes y cintas de cumpleaños que palidecen en los nichos de la periferia" (Lemebel 1996, 132). La "diferencia" que pone al tercer mundo en el centro poscolonial se traduce en una retórica funeraria local basada en una estética derrochadora y de mal gusto, kitsch, que rechaza al imperialismo, en este caso de la enfermedad venida de Estados Unidos, "con una montonera de recuerdos y fetiches y florcitas y corazones, como homenajes pobres para cubrir el dolor" (1996, 132).

En el caso específico de Chile la crónica aludida menciona una asociación en la ciudad de Concepción donde los familiares de los muertos por la enfermedad fabrican arpilleras de la memoria. Nuevamente la poética activista del nombre posibilita el cruce de espacio-temporal donde el sida y la dictadura se encuentran bajo el mensaje de "'Víctor por siempre'" (Lemebel 1996, 132), cuya doble lectura que reconoce el texto nos señala al Víctor hijo, amigo, hermano, etc. que ha fallecido por la sombra sidosa; y a Víctor Jara, el artista, profesor, director de teatro, cantautor, miembro del Partido Comunista de Chile y víctima de la dictadura de Pinochet. De esa manera, desde un discurso local, se van superponiendo recorridos por una ciudad móvil. En este caso específico, reconocemos la ciudad de Concepción durante los noventa como espacio azotado por el sida que se confunde con la ciudad del Santiago dictatorial de principios de los setenta donde se hace visible el Estadio Chile como espacio de tortura. Este acto acoge, legitimiza, y lo más importante, visibiliza "un cruce político inevitable [que el discurso/ciudad oficial tiende a] succiona[r] en una marea de nombres sidados o desaparecidos" (Lemebel 1996, 133).

Lo fantasmagórico: mundos posibles a partir de la ausencia

Hemos intentado demostrar que la escritura lemebeliana de *Loco afán*, está dotada de una potencia evocadora de identidades borradas. A través de un sofisticado juego metafórico las rescata y las reposiciona exponiendo la ciudad estática a nuevos recorridos de significación. Quisiéramos agregar un último rasgo de esta particular forma de narrar, especialmente en el contexto de la enfermedad, bajo la óptica de la figura del fantasma y del concepto de los mundos posibles que emergen desde el presente de los enfermos.

Para este efecto deberemos regresar a la primera crónica de esta obra, "La noche de los visones" y la fotografía de las amigas pobres y las amigas regias que se retratan esa última noche de 1972, que luego se revisita para hacer un recuento de aquellas que se llevó la peste rosa:

> La foto es borrosa, quizás porque el tul estropeado del sida entela la doble desaparición de casi todas estas locas. Esa sombra es una delicada venda de celofán que enlaza la cintura de la Pilola Alessandri, apoyando su cadera maricola en el costado derecho de la mesa. Ella se compró la epidemia en Nueva York, fue la primera que la trajo en exclusiva, la más auténtica, la recién estrenada moda gay para morir. La última moda fúnebre que la adelgazó como ninguna dieta lo había conseguido. La dejó tan flaca y pálida como una modelo del Vogue, tan estirada y chic como un suspiro de orquídea (Lemebel 1996, 19).

En *Cruising Utopia* (2009), José Esteban Muñoz establece que es a través de la creación artística, o más bien de las producciones derivadas de esta actividad, donde es posible recuperar memorias o experiencias perdidas. Examinado desde esta perspectiva, el periodo de la dictadura de Pinochet que se funde con la presencia y consecuencias de la epidemia del sida, establece una "temporally situated picture of social experience, that needs to be read in photo images, gaps, auras, residues, and negations"

(Muñoz 42). Por lo tanto, podríamos interpretar que la incorporación de la fotografía en esta crónica funciona como un dispositivo estético que le devuelve a estos fantasmas (las amigas que ya no están) la capacidad de acceder a su experiencia particular y de transmitirla más allá del momento en que sucedió. Palabras como "borrosa", "pálida", "adelgazó", "sombra" y la inclusión de elementos como el "tul" y la "delicada venda de celofán" nos sugieren nuevas posibilidades de sentido a partir de lo indeterminado o fantasmagórico. Una suerte de "circuit of luminous halos" (Muñoz 41) que se fundamenta en esta relación solidaria de "emotions, queer memories, and structures of feelings that haunt gay men on both sides of a generational divide that is formed by and through the catastrophe of AIDS" (42). El difuso límite entre el antes y después de la dictadura/epidemia se redefinen en su potencialidad semántica para establecer una apertura desde un presente permeable a la resignificación de las experiencias pasadas y también accesible hacia "other worlds of sexual possibility" (42). Este proceso de invocación que en este contexto implica la escritura, produce un efecto performativo en tanto materializa la crítica disidente en discursos circulantes. Visto desde un plano general de la ciudad, son precisamente estos lugares encantados "the only ones people can live in –and this inverts the schema of the Panopticon" (De Certeau 108).

El desbarrancadero y Fernando Vallejo

El desbarrancadero (2001) de Fernando Vallejo (Medellín, Colombia, 1942) inaugura la narrativa latinoamericana con temática de sida en el siglo XXI desde una perspectiva completamente diferente a la de Lemebel y con algunas variaciones en su tratamiento literario. Además de no estar infectado con el VIH, otra cosa que comparten ambos escritores es que Vallejo también es un autor polémico, característica que se desborda desde la vida pública hacia la ficción y viceversa. Vallejo se conoce por no tener ningún pudor para criticar –con su peculiar tono de ferocidad y desenfado– en temas como la religión, la iglesia como institución, la violencia, la guerra de la droga, los sicarios y la situación política de su país, al cual además condena por obstaculizar el desarrollo de sus proyectos artísticos. Esto último lo motivó a renunciar a la ciudadanía en el 2007 y adoptar la de México, donde reside desde 1971. Para corroborar lo anterior, no hace falta más que revisar este comunicado suyo publicado en línea por *Radio Caracol* en Colombia donde declara que "desde niño sabía que Colombia era un país asesino, el más asesino de la tierra, encabezando año tras año, imbatible, las estadísticas de la infamia. Después, por experiencia propia, fui entendiendo que además de asesino era atropellador y mezquino".

De acuerdo a Daniel Balderston, la homosexualidad figura en la mayoría de la producción de este escritor, destacándose el volumen *El río del tiempo* (2002) que reúne cinco títulos previos: *Los días azules* (1985), *El fuego secreto* (1985), *Los caminos de Roma* (1988), *Años de indulgencia* (1989) y *Entre fantasmas* (1993). Su novela más conocida, *La virgen de los sicarios* (1994), cuenta además con una versión cinematográfica, estrenada el 2001 con el mismo nombre. En la preparación de su guión participó Vallejo y la dirección estuvo a cargo de Barbet Shroeder. Se destaca también, la ardua labor que le tomó toda una década para seguir la huella de cartas, manuscritos y otros datos cuyo fruto fue la biografía de Miguel Ángel Osorio Benítez, Ricardo Arenales o Porfirio Barba Jacob (1883-1942) en *El mensajero* (1984 y 1991). Este poeta, también nacido en Colombia, se esconde tras diversos pseudónimos desde donde articula una obra, en la cual se evidencian los primeros registros de la literatura "queer" colombiana. Gracias al aporte de Vallejo se hace más visible el tema de la homosexualidad en la literatura de ese país, distinguiéndose en poemas como "Balada de la loca alegría" (1924) de Barba Jacob donde algunos "elementos homoeróticos [a veces] llegan medios disfrazados" (Balderston 1060), situación habitual en este tipo de escritura, ya que hasta hace poco permanecía oculta para los ojos canónicos de la literatura de América Latina. Por otro lado, Vallejo y Barba Jacob comparten características que van más allá de su preferencia sexual y vocación literaria. El nomadismo es una de ellas: ambos escritores circulan y se instalan en países diferentes del propio movidos por un sentimiento de exclusión y rechazo por parte de sus compatriotas acompañados de una atmósfera de escándalo. También, el hecho de que ambos intelectuales hayan escogido a México como último destino y los intereses compartidos que han de verter en su escritura. Esta influencia trasciende a muchas de las obras de Vallejo, incluyendo la que ocupa el presente estudio.

El desbarrancadero (2001) cuenta la historia de un Fernando Vallejo ficcionalizado que vuelve a su casa de la infancia en Medellín, capital del departamento de Antioquía, para cuidar de su hermano, el también ficcionalizado Darío Vallejo, desahuciado a causa del sida. El examen del texto dará cuenta de una estructura narrativa que se constituye desde el presente de la escritura por el pasado evocado por el narrador-protagonista. Allí la memoria funciona como un "proceso para vaciar el yo" (Astutti 2), es decir, la trayectoria desde el interior hacia el exterior del sujeto que simultáneamente escribe y que recuerda. Como consecuencia de este proceso se nos nos irá revelando una poética que se va construyendo a medida que avanza el discurso y que coincide con la reconciliación o renncuentro de su autor (ficcionalizado) consigo mismo, y por ende, con todo lo demás. El texto viene a ser el registro material de esta transformación y la enfermedad, con su poder metafórico, el vehículo de ese particular discurso. Aunque ya se ha establecido que Vallejo no está contagiado de sida habrá que considerar para el análisis de esta obra el impacto emocional que le ha producido hacerse cargo de su hermano infectado por el VIH. Examinaremos, por consiguiente, el efecto que produce en la escritura esta distinción. Asimismo, se revisarán algunos ejemplos de la novela para establecer similitudes y diferencias con *Loco afán* en la estructura narrativa, especialmente en su dimensión semántica, para demostrar la versatilidad con la cual la enfermedad empodera al discurso.

Vallejo y la escritura desde el yo demiurgo

En una entrevista del año 2004 para el diario La Nación en Buenos Aires, Vallejo justifica su posición enunciativa desde el yo como instancia única, sensata y plausible en su escritura distinguiéndola de aquella que surge de la tercera persona: "[e]l que cuente los pensamientos y los sueños del otro está mintiendo. Y no es que yo esté en contra de la mentira [...] [l]o que me molesta es la mentira que se revela como tal. La falsa moneda mal hecha" (Cristoff s/p). A esta característica que comparten las novelas de este autor, cuyo narrador en primera persona suele ser "Fernando" o en otras ocasiones "Fernando Vallejo", se incorporan experiencias personales y anécdotas familiares de referencia real. Muchos de los acontecimientos narrados se ficcionalizan una y otra vez en sus diversas obras, lo que produce en el fiel lector una cierta familiaridad con la vida del escritor. Esta recurrencia de datos autobiográficos deja abierta la puerta para que en la novela se ensayen nuevos formatos discursivos que en el caso de *El desbarrancadero* cumplen la función de contener una intención autorial tan catártica como creadora, constituyéndose en un rasgo distintivo de este tipo de literatura.

Decíamos que la memoria juega un papel esencial dentro de este relato. En el primer párrafo nos enteramos que "Fernando" llega desde México a la casa de Medellín "donde pasó [...] sus únicos días en paz desde su lejana infancia" (Vallejo 2001, 7). A continuación describe con una nostalgia resentida el paisaje familiar que lo recibe: los caudales de suciedad que arrastran esos mismos ríos que lo vieron crecer, "sus aguas sucias, en vez de las sabaletas resplandecientes de antaño, mierda, mierda y más mierda hacia el mar" (Vallejo 2001, 7). Esa suciedad sigue circulando por la escritura para atribuírsela a sus padres: "[ellos] eran el espejo del amor, el sol de la felicidad, el matrimonio perfecto" (2001, 8), comenta con sarcasmo el narrador-protagonista, hasta que comenzó la faena reproductiva con la que trajeron al mundo una veintena de hijos. Recordemos que Fernando Vallejo está en contra de la reproducción. La misoginia es una consecuencia de este hecho y en la novela se traduce en un odio y violencia hacia su propia madre a quien el narrador la llama "La Loca", en contraposición al padre que cariñosamente llama "papi" y por el cual siente especial afinidad. Ambos personajes tienen la particularidad de poseer una facultad de ser permutables desde el punto de vista metafórico. La casa de Medellín, por ejemplo, funciona como una "Colombia en chiquitito. Acabamos por detestarnos todos, por odiarnos fraternalmente los unos a los otros hasta que la vida nos dispersó" (Vallejo 2001, 159), destinada a perecer por sus excesos de violencia e impunidad. A la madre se la ve como símbolo de la prostituta que nutre el caos y como una promotora de la injusticia puesto que, gracias a ella, la población se sigue multiplicando y conformando una Colombia que a veces hace de basural, otras de moridero o simplemente se resume en un mundo vacío.

La madre es también el origen continuo del caos y la mugre: "ensuciando cocinas, traspapelando papeles, pariendo hijos, desordenando cuartos, desbarajustando, mandando, hijueputiando, según la ley del caos de su infinito donde reinaba como la reina madre, la abeja zángana, la paridora reina de la colmena" (Vallejo 2001, 21). Madre, Colombia y enfermedad son valores intercambiables e inmutables que derivan en la muerte. De esta manera se justifican afirmaciones donde se postula a la madre como una representación de la enfermedad "más dañina que un sida" (2001, 69). La vida y la muerte a su vez son los extremos de un mismo ciclo de fatalidad que se iguala al ciclo de una enfermedad mortal como el sida de aquella época: "[s]u desconcierto [el de Darío] se sumaba al mío [Fernando narrador], su fracaso al mío. Por lo menos papi se había muerto sin saber que él [Darío] estaba contagiado de sida […] -¡Y qué si hubiera sabido! […] Él te contagió el sida de esta vida" (2001, 137). Estas transferencias semánticas, que desde muy temprano en el texto se configuran como una vía hacia la exterminación, generan una posición de resistencia por parte del narrador quien recurre a la memoria y su capacidad retenedora sustentada por la escritura: "piensan que me van a borrar a mí pero se equivocan, porque si los ríos pasan, la palabra queda" (Vallejo 2001, 23).

Una estrategia egocéntrica, aunque necesaria, para sortear el sino inexorable de la muerte, es liberarse de la ligazón genealógica: "yo no soy hijo de nadie. No reconozco la paternidad de ninguno ni de ninguna. Yo soy hijo de mí mismo" (2001, 44). Esta afirmación le confiere al narrador/escritor el estatus de demiurgo cuyos primeros pasos inmediatamente comienzan a evidenciarse en el texto: "[e]mpiezo a escribir en forma tan arrevesada, cortando a machetazos los párrafos, separando las frases" (2001, 39).

En su calidad de hacedor, el demiurgo narrador selecciona a la vez que manipula ciertas palabras desde su capacidad de conferirles sentido a partir de una amplia gama de registros. Examinemos bajo esta luz en la reiterada expresión "hijueputa": "[p]erdón por la palabra, pero el castizo 'hideputa' de Don Quijote vuelto 'hijueputa' y su verbo es lo máximo de que dispone Colombia para insultar, para odiar. Colombia, país pobre rico en odio" (Vallejo 2001, 44). El desconocimiento de los padres solidariza simbólicamente con aquellas víctimas de la "desmemoriada Colombia" (2001, 44) que menosprecia, entre otros, el gran valor intelectual de escritores, ubicados en la categoría de malditos, del talante de José María Vargas Vila (Bogotá 1860-Barcelona 1933), una figura importante pero problemática en las letras colombianas, anarquista como nuestro narrador, así también como "rebelde y lujurioso" (2001, 44). Por lo tanto, la incorporación en el texto de Vargas Vila representa una artimaña narrativa que refleja y reafirma la voluntad transgresora del demiurgo, y de paso legitima al escritor.

A partir de esta maniobra de contrastes de sentidos emerge la sífilis en el discurso. El narrador la describe como un delicado cuerpo femenino: "[b]ailarina brillante [...] espigada, lujuriosa, espiroqueta pálida con [s]u ceñido vestido de plata y [s]u cuerpazo de mujer" (Vallejo 2001, 45). La asociación mujer-enfermedad-lujuria establecida en el texto desde la primera página, refuerza el poder de significación de los discursos y, específicamente en este caso, confirma una relación de continuidad con una larga tradición semántica que data desde el siglo XV, la cual confiere el estigma de la enfermedad a "the corrupt female [...] a syphilitic prostitute" (Gilman 254). En la siguiente cita, Fernando narrador hace eco de Susan Sontag en *Aids as a metaphor* (1988) cuando esta última puntualiza que "[t]hinking of syphilis as a punishment for an individual's transgression was for a long time, virtually until the disease became easily curable, not really distinct from regarding for the licentiousness of a community" (46). Así se recalca que hoy en día esta enfermedad "no tiene más que carga semántica [c]omo la palabra 'hijueputa'" (Vallejo 2001, 45). Esta es, en consecuencia, la manera como el narrador nos abre el juego de su escritura.

Otro argumento del texto que corrobora lo anterior, y que parece venir desde el mismo delirio, se aprecia cuando el narrador dialoga desde lo que pareciera ser el diván de su psiquiatra:

[e]s muy fácil, doctor, estar loco y que los demás se jodan. Y si no véame a mí aquí ahora, hablando, desbarrando, abusando y usted oyendo. Es que yo creo en el poder de la palabra. Pero también creo en su poder de destrucción pues así como hay palabras liberadoras también las hay destructoras, palabras que yo llamaría irremediables porque aunque parezca que se las lleva el viento, una vez pronunciadas ya no hay remedio [...] Como por ejemplo, doctor, ese 'hijueputa' que nos regalaba la Loca, tan maternal, tan dulce, tan tierno que usted no tiene ni idea ya que las palabras,

aunque poderosas, a veces se empantanan en su semántica como el lodo en un charco, y no pueden expresar los múltiples matices del paisaje ni apresar los ires y venires del viento (Vallejo 2001, 74-75).

La palabra se independiza, se "desbarranca" cuando adquiere una potencia performativa que en este contexto se resuelve exclusivamente en la (auto)destrucción. El narrador no pierde la oportunidad de aclarárnoslo a propósito de la muerte de su padre cuando exclama: "[q]ué ingenuo […] creer que iba a seguir viviendo en mí" (Vallejo 135), si es en realidad el poder performativo de la palabra el que lo sentencia: "[p]oco después llegó un médico a firmar el certificado de defunción. Causa de la muerte: hepatoma. Exacto, hepatoma, que dicho en lenguaje llano es cáncer del hígado, que dicho en cristiano es muerte" (2001, 135).

Ya habíamos ubicado el lugar de enunciación del narrador desde el yo delirio. Una variación de lo anterior lo hace hablar desde la muerte, aquel sitio al que todos debemos regresar, el fin del caos y también la fuente que dota de poder a la palabra creadora del demiurgo de *El desbarrancadero*:

y aunque creas que estoy vivo porque me estás leyendo, ¡cuánto hace que yo estoy muerto! Hoy soy unas míseras palabras sobre un papel. Ya se encargará el Tiempo todopoderoso de deshacer el papel y de embrollar esas palabras hasta que no signifiquen nada. Todo tiene que morir y este idioma también (Vallejo 2001, 114-115).

La pregunta lógica que surge es ¿cuál es el objetivo del demiurgo cuando su creación está destinada a sucumbir? ¿Se trata sencillamente de la construcción, por medio de la palabra, de un andamiaje estético que soporte las memorias –aunque depuradas– familiares de Fernando Vallejo (ambos: el de la ficción y el de la no ficción)? ¿Una tribuna de lenguaje para que el escritor provoque a sus lectores? Proponemos que hay algo más y que probablemente tiene que ver con la catarsis y con la recuperación de la propia historia. Quizás así se pueda leer simbólicamente el afán del narrador de curar a su hermano Darío a partir de sus propias investigaciones y esfuerzos. Esta intención justifica también la dura crítica que el protagonista lanza principalmente a los médicos y a la industria farmacológica del momento, década de los noventa y probablemente anterior a la aparición de la triterapia, frente al desconocimiento y descontrol de los alcances de la enfermedad. Asimismo se denuncia el negocio del que muchos profitan a partir del elevado costo de los tratamientos disponibles. No obstante lo anterior, parece prevalecer en el texto el gesto fraternal, una acción desesperada desde la palabra por retardar el final.

Esta intención de buscar fuentes de cura alternativas para la enfermedad vincula esta obra a *Un año sin amor* (1996) de Pablo Pérez aunque aquí el tema se plantea desde otra perspectiva. A pesar de que en ambos hay una resistencia ante el bíopoder que representa el saber médico y la voluntad de ejercer un control sobre el propio cuerpo, no se plantea en el caso de *El desbarrancadero* una disyuntiva en torno a optar o no por un régimen restrictivo del gozo sexual para recuperar la salud, sino todo lo contrario. El exceso es una figura que en *El desbarrancadero* se reitera en la obra con propósitos diversos. Uno de ellos está asociado al "carpe diem" barroco, que promueve el gozo en todas sus dimensiones: "-Viví, Darío, Fumá, tomá, pichá que la vida es corta. La vida es para gastársela uno en el aquí y ahora, dijo Horacio, dijo Ovidio, digo yo" (Vallejo 2001, 48). Si consideramos esta posición desde la noción de gasto desarrollada por Georges Bataille en "L'homme Souverain de Sade" (1957), definida en el contexto de la sexualidad como un acto de dilapidación de fuerzas "sans mesure […] sans profit des ressources considérables" (188-189), el exceso puede ser interpretado como un acto de soberanía del cuerpo que se instala en una posición no productiva. Si medimos el gozo sexual desde el lente capitalista, entonces este cuerpo, el de Darío, se ubica fuera del sistema, más allá del alcance de la muerte (social).

Una de las escenas que se reitera en la novela es aquella donde Fernando narrador se entera de la muerte de su hermano Darío. Dicha noticia gatilla su propio deceso aunque no acaba con su actividad de escritor. Sin embargo, si el demiurgo es capaz de describir su propia cremación, es porque se localiza más allá de la muerte: "[e]ntré al horno desnudo, avanzando sobre una banda mecánica. Y no bien puse la boca ardiente del monstruo, umbral de la eternidad, estallé en fuegos de artificio" (Vallejo 2001, 162-163).

En otro momento, el demiurgo se posiciona como un facilitador de la muerte. El narrador repasa el último tiempo de la enfermedad del padre, cáncer de hígado. Comenta que decide ayudarlo a morir inyectándole eutanal al suero que lo mantenía: "[e]n ese instante comprendí para qué, sin saberlo, me había impuesto la vida, para qué había nacido y vivido yo: para ayudarlo a morir. Mi vida entera se agotaba en eso" (Vallejo 2001, 132). Más adelante, Fernando corrobora este rol comentando que: "[s]i a Darío lo iban a matar los médicos o el hijueputa sida, ¡que lo matara yo! Total, a mí era el único que me dolía" (2001, 173).

Otra fórmula que utiliza el demiurgo para aislar el efecto de la muerte sobre su hermano reside en la alteración de los tiempos narrativos que da cuenta de la anécdota: "[p]ermítaseme dar marcha atrás un poquito para volver a un remanso, a la semanita durante la cual la sulfaguanidina funcionó y yo me relamía los dedos saboreándome el triunfo" (Vallejo 2001, 33). En este ejemplo podemos advertir tanto la artificialidad del relato y la memoria como eje principal del proceso de ficcionalización del narrador cuya importancia se irá revelando a medida que vamos revisando estos fragmentos.

Hasta aquí hemos recorrido el texto acompañando a un narrador cuya intención primaria es registrar sus memorias familiares. Una vez que muere su hermano de sida estas se alteran producto del sentimiento de desarraigo transformándolo de recopilador de recuerdos en un demiurgo. Como demiurgo Fernando hace uso de su habilidad narrativa, secundada por su maleabilidad metafórica, para describir a Colombia como una "pesadilla" donde "el Paraíso se nos volvió un Infierno". El sida complementa dicha función en la medida en que circula a lo largo de la novela como un vehículo cargado de potencial semántico representando, en diversas facetas, un país enfermo que por exceso de violencia y egoísmo deviene alternadamente en una plaga o en una máquina de parir engendros que lo lleva por el desbarrancadero.

El estilo narrativo de *El desembarcadero* resulta ser más de vilipendio que de denuncia. Como consecuencia de ello, los descargos del narrador se alejan de los argumentos racionales que privilegia la intelectualidad para quedarse con el melodrama. Este fenómeno lo destaca María Sonia Cristoff en una entrevista a Vallejo el 2003, al observar que escritor no "elige el tono del intelectual comprometido y equilibrado que pone sobre el tapete los males de este mundo […] sino el del enamorado despechado […] que no teme irse a la deriva junto con lo que no pudo ser" (Cristoff, s/p). Este sentimiento de pérdida y abandono que contamina la narración nos motiva a especular respecto del lugar de enunciación de este yo prestidigitador de la escritura. Si no es la muerte, si no es la vida, ¿entonces qué es? Probablemente se trata de una nueva forma de establecer la ficción: una dimensión liminal que se construye mediante la combinación de los planos ficcional y no ficcional junto con la evocación de la memoria. Esta estructura se hace evidente en el discurso en el momento en que el escritor ficcionalizado y narrador se "excusa" por poseer exceso de información: "[y]o no soy novelista de tercera persona y por lo tanto no sé qué piensan mis personajes, pero esta vez, por excepción, sí les voy a decir en qué pensó la mala de la telenovela" (79).

La mezcla indivisible entre ficción y no ficción nos desorienta. En *El desbarrancadero* el narrador se pregunta si acaso él y su hermano estaban vivos "o éramos el espejismo de un charco" para luego concluir que "[n]ada tiene realidad propia, todo es delirio, quimera (Vallejo 2001, 167). Luego, en un acto de lucidez, se alinean los ejes semánticos dispersos en el discurso convergiendo en una sola voz para revelarnos su secreto: "[a]sí procedo yo, construyendo sobre lo ya escrito, sobre lo ya vivido. El hombre no es más que una mísera trama de sus recuerdos, que son los que guían sus pasos" (2001, 178). La memoria completa su imagen y con ella se recupera el lazo materno: es la palabra de la abuela la que lo contiene todo, pero rápidamente lo vuelve exceso y, en consecuencia, lo pone en movimiento otra vez: "[p]ero al decírmelo reparé en que 'darse abasto' no era una expresión mía sino de la abuela. Ay abuela, Raquelita, niña mía, no habías muerto, seguías viviendo en mí, extraviada en mis pensamientos" (2001, 120). De esta manera, la expresión "dar abasto" conecta el delirio con la melancolía definida esta última –en una de las acepciones que ofrece la RAE– como "una tristeza vaga, profunda, sosegada y permanente, nacida de causas físicas o morales". Este hecho nos permite establecer una interesante relación con el sida si la leemos a partir de lo que proponen Christopher Castiglia y Christopher Reed en *If Memory Serves. Gay Men, AIDS, and the Promise of the Queer Past* (2012), donde la melancolía se produce por a la falta de algo; es una "historical specific loss –of those who died from AIDS, of the lost social worlds many of them made, of memories of those losses" (Castiglia y Reed 146). Lo que estos autores presentan como medio para superar la melancolía es precisamente lo que ha ocurrido aquí, es decir, establecer una reconexión o recuperación de la memoria del periodo anterior al de la catástrofe que desencadena la epidemia y desde allí comenzar la reconstrucción del discurso. *El desbarrancadero* revive metafóricamente este proceso cuando el narrador que vuelve a su casa de la infancia activa a partir de sus recuerdos su "paraíso perdido", una Antioquía que ya no existe y una relación feliz con ese Darío anterior a la pandemia: "Darío compartía conmigo todo:

los muchachos, los recuerdos. Nadie tuvo en la cabeza tantos recuerdos compartidos conmigo como él" (Vallejo 2001, 24). Esta memoria contrasta con el horror del presente de un hermano/familia/Colombia agonizante y se conecta con las vivencias de los enfermos de sida durante esa misma época, década de los ochentas y primera mitad de los noventas, donde el acecho de la muerte y la ira ante el mundo por la incapacidad de recuperar a los infectados por el virus era el único escenario posible.

Fantasmas, fotografías y memoria

La siguiente cita de *El desbarrancadero* nos proporciona varios datos interesantes para contextualizar cronológicamente la novela y el estado de la enfermedad:

> [v]olví cuando me avisaron que Darío, mi hermano [...] se estaba muriendo, no se sabía de qué. De esa enfermedad hombre, de maricas que es la moda, del modelito que hoy se estila y que los pone a andar por la calle como cadáveres, como fantasmas traslúcidos impulsados por la luz que mueve a las mariposas (Vallejo 2001, 8).

La identificación de los enfermos con los cadáveres que circulan por la calle y la presencia de la muerte amenazante sin causa conocida confirman la coordenada temporal de aquella etapa de la investigación del sida anterior a la triterapia e incluso del tratamiento con AZT que ni siquiera es mencionado en la novela. Asimismo, la cita evoca la fuerte carga moral que afectó durante los primeros años de la enfermedad a los pacientes de sida la cual contribuyó a crear el estigma que los asociaba con los homosexuales, sinónimo de excesos carnales.

Por lo tanto, si consideramos que los primeros casos de sida en Colombia datan de 1983 (Aparicio Erazo) y que los tratamientos con AZT para combatir sus síntomas comienzan a distribuirse hacia América Latina recién a principios de la década de los noventa (Contardo), podemos plantear que la novela transcurre entre esos años. Así se explica el esmero de Fernando por administrarle medicinas alternativas a su hermano obteniendo éxitos discretos pero que, sin embargo, no lo salvan de la muerte.

Un rasgo de la cita aludida en que coinciden *El desbarrancadero* y *Loco Afán* es el tono de ironía con el que ambas obras se refieren al sida como una enfermedad que está de moda. En *Loco afán* la ironía funciona principalmente como una acusación abierta al modelo neoliberal (personificado en el sida) que Estados Unidos esparce por los países latinoamericanos. En *El desbarrancadero* posibilita que el sida penetre todos los discursos que circulan en la narración hasta tal punto que la novela se transforma en un dispositivo crítico de sí mismo.

Una última idea que destaca este fragmento es la asociación de la enfermedad con figuras fantasmagóricas, borrosas o traslúcidas que están iluminadas por el poder de la memoria y que se encienden a la luz de la escritura. Este hecho convierte al narrador de *El desbarrancadero* en un paseante por las callejuelas de su pasado, puesto que su recorrido surge desde los recuerdos. De Certeau afirma que la retórica del paseante a partir de estas coordenadas ofrecen "many different spirits hidden there in silence, spirits one can 'invoke' or not" (108) que definitivamente conectan un mismo sentimiento de melancolía y expresan un poder evocador mediante la imagen representada en las fotografías presentes en ambas obras estudiadas. La portada de *El desbarrancadero* precisamente es una fotografía de Fernando y Darío Vallejo reales. Esta se menciona en reiteradas oportunidades en la novela, es decir, se ha ficcionalizado. La foto la tomó un tío cuando los hermanos tenían entre cuatro y cinco años: "él [Darío] de bucles rubios con un abrigo, yo [Fernando] detrás de él con una camisa a rayas abrazándolo" (2001, 158). Repasar una y otra vez este retrato refuerza la necesidad del narrador de asirse a una memoria para no desbarrancarse: "[m]architas fotos, descoloridas fotos de lo que un día fuimos en el amanecer del mundo.

De papi, de Silvio, de Mario, de Iván, de Elenita, el abuelo, la abuela […]" (2001, 158), todos ellos miembros de su familia ya fallecidos. Entonces el acto de revisitar las fotos es un intento por parte de su narrador por recuperar la sucesion familiar, de buscar un antídoto para el desarraigo que lo afecta en el presente. Por su parte, mantener a lo largo de las casi doscientas páginas que constituyen *El desbarrancadero* esa imagen viva, ubicar esta fotografía en la portada, puede responder a un acto performativo: un deseo de inmortalizar la memoria por la imagen (acto de imagen) materializada en el objeto/libro (acto de habla/discursivo). La novela en sí puede interpretarse como un monumento a la memoria, a la memoria del amor fraterno como valor universal, como un símbolo de lo que prevalece más allá de la muerte. Sin embargo, para llegar a este punto es necesario articular dos operaciones. La primera es que quien recuerda establece una selección y en ese sentido ayuda mucho en este proceso la intervención o el uso de otros formatos discursivos menores, como ya lo hemos discutido. En general, las obras estudiadas en este trabajo comparten el hecho de que están constituidas a partir de distintos formatos literarios menores: cartas, autobiografías, crónicas, correos electrónicos, etc. Lo anterior se explica dado que el autor al ficcionalizarse a sí mismo recreando sus recuerdos en la escritura puede, a través de estas estructuras tan flexibles, incorporar lo impropio, es decir, no necesariamente filtrar la información con un criterio en mente acerca de lo que es pertinente al sujeto que habla. Se trata, tal y como lo explica Silvia Molloy, de un "ejercicio de la memoria y la fabulación del yo" (19), en el que se combina lo personal y lo común, pero donde también hay lugar para captar esa tensión entre el yo y el otro: un terreno en el cual puede reflexionarse acerca del lugar fluctuante del sujeto con relación a diversas perspectivas que le interesan y que es finalmente lo que hace tan únicos estos tipos de discursos.

De esta reflexión surge la segunda consecuencia de esta operación de ficcionalización por parte del autor a partir de la memoria que se traduce en la posibilidad de construir una identidad depurada que excluye aquello que no se desea, pero con la ventaja que le brinda la escritura de exponer o registrar en el texto los "borrones", el excedente de memoria, que depara dicha operación. Esta maniobra genera un efecto estético muy particular que hace más complejo el discurso al evidenciar la participación del artificio, revelando una intención que la inspira y que se potencia por la fuerza metafórica de esos discursos. En el caso específico de *El desbarrancadero*, la fotografía se establece en la novela como una opción alternativa de filtrar la memoria que permite deshacerse de todo vínculo con la madre. Esta operación se evidencia en la frustración que expresa el narrador ante la ciencia que aún no ha encontrado una vía reproductiva que prescinda de los genes maternos. Este sentimiento se confunde con su impotencia y desilusión frente a los adelantos tecnológicos que tampoco han podido impedir el avance del sida, lo cual —tarde o temprano— le arrancará la vida a su hermano Darío. De esta manera, las tijeras figuran como el instrumento, así como la selección de palabras en el texto, para reordenar la realidad, la ficción y la memoria. Un recurso para proponer una nueva versión, o una nueva composición fotográfica, sin fisuras ni dolor. El acto violento de extirpar el recuerdo de la madre, como quien asesina a un ser humano dejando un espacio vacío en la fotografía, es parte del mismo juego de traslación semántica donde esta figura representa el vertedero a donde van a parar todos los males de este mundo.

Acerca de la(s) Loca(s) y su nombre

Fernando, se queja de su apellido materno y de la progenie que desde allí se deriva:

> ¡Ay los Rendones, lo que nos han hecho sufrir, en primero y segundo grado! Los Rendones son locos. Locos e imbéciles. Imbéciles e irascibles. Pese a lo cual andan sueltos en un país de leyes donde no existe una ley que les impida reproducirse. En legislación genética aquí andamos en pleno libertinaje, en pañales. Yo calculo que entre los cien mil genes del Homo [sic] sapiens, en los Rendones hay cuando menos mil quinientos desajustados, y tienen que ver con el cerebro (Vallejo 2001, 31).

A diferencia de lo que ocurre en *Loco afán* –donde el nombre dignifica a la madre y se sacude de la macha descendencia– aquí toda la violencia y el impulso destructor, el caos e impotencia que resulta de este mundo, se origina por vía materna y se identifica con el apellido Rendón. Los Rendones parecen ser los responsables de la población que habita este planeta. El resentimiento se intensifica con la exageración: "mi tío materno Argemiro, que engendró en una sola santa mujer treinta y nueve vástagos reproductores: mellizos, trillizos, cuatrilizos […] un planeta despoblado donde lo que falta es gente!" (32). En su calidad de reproductora incansable de seres que llegan a este mundo-moridero, la madre se confunde con la prostituta y esta última con la muerte que en la novela es un personaje silencioso que interactúa constantemente con el protagonista: "[y] seguí buscando a la Muerte por todos los rincones de la casa hasta que la encontré atrás, abajo de la escalera: […] -Puta que te vas con todos, ¿cuándo te vas a llevar al Papa?" (49). Asimismo, el ataque a la madre puede apreciarse como un ataque a la sociedad donde lo "normal" es que la madre se considere como una figura sagrada a quien hay que agradecerle el don de la vida y honrarla por su sacrificio hacia los hijos. La transgresión se hace efectiva precisamente al despojar a la madre de esa sacralidad tradicional y conferirle un rol completamente opuesto en el que predomina la negación y denostación por parte de su descendencia.

El papa al que se alude constantemente en la narración es Juan Pablo II (1920-2005), quien se constituye en una de las figuras principales que reciben, en nombre de la institución religiosa, todos los ataques y descargos mordaces del protagonista de la novela. En *El desbarrancadero* no solo el papa, sino todas las personas que componen el ámbito eclesiástico se describen de manera afeminada. Este gesto permite mantener la tradicional ideología machista latinoamericana que asocia lo femenino con la mujer que a su vez representa al sexo débil. En consecuencia, la permeabilidad del discurso permite que la iglesia-mujer se transforme automáticamente en la responsable de los desastres que aquejan a la humanidad:

> [y] hablaban las malas lenguas (que de esto saben más que las lenguas del fuego del Espíritu Santo) de la debilidad apostólica que le acometió al Papa Pablo por los chulos o marchette de Roma. La misma que me acometió a mí cuando estuve allá y lo conocí [...] ¡Cómo olvidarlo! Él arriba bendiciendo y abajo nosotros el rebaño [...] en mi modesta opinión, bendecía demasiado y demasiado inespecíficamente con demasiada soltura, como si tuviera la mano quebrada, suelta, haciendo en el aire cruces que teníamos que adivinar … [e]sa mañana andaba Su Santidad más suelto de la manita que médico recetando antibióticos (Vallejo 2001, 8-9).

Este ejemplo nos permite examinar cómo el narrador de *El desbarrancadero* va trenzando sus agresiones para luego fundirlas en un solo discurso de fatalidad irreversible donde la ciencia y la religión constituyen ambos lados de la misma moneda. Siguiendo el mismo molde, más adelante el personaje reflexiona: "cuando comulgue, en la lengua, no le vaya a contagiar el santo cura un sida con los dedos al ir repartiendo de boca en boca el Cordero" (Vallejo 2001, 23). En esta última cita se aprecia claramente la identificación dedo/falo del cura agudizando la crítica/acusación de su condición de homosexual *per se* y, a quien continuación, se le endosa la responsabilidad de la propagación del virus a vista y paciencia de sus fieles.

Hay un ingrediente humorístico que no se puede desconocer en pasajes como este y que de alguna manera aligera la tensión impuesta por las descarnadas estocadas que el narrador confiere a la iglesia calificándola como una institución envenenada por sus vicios y resaltando su falta de seriedad y coherencia espiritual en administrar la palabra de Dios. La falta de virilidad que observa el narrador de quienes profesan la fe en uno de los fragmentos revisados, se resfuerza en la reiteración del "demasiado" que hace eco del "si no fuera por" o los "casi" presentes en ciertas secciones de *Loco afán*. En este último, y mirado desde la binariedad genérica, el discurso ubica al homosexual afeminado en un no-espacio. Al darle visibilidad textual a una figura sin legalidad y/o categoría se potencia la intención políticamente transgresora que la estética avala.

El privilegio de la imagen como sustrato del discurso es un elemento que une todos los textos analizados en este trabajo que examina el sida expresado en algunas obras literarias latinoamericanas. Para construirlo de esa perspectiva, el narrador de *El desbarrancadero* asume el rol de observador ubicándose en una posición que lo inmuniza para cumplir su labor: "a mí el sida no se me da, no se me pega porque el sida no entra por los ojos" (Vallejo 2001, 39).

La homosexualidad es otro tema incorporado en estos discursos y se instala como un común denominador respecto de la orientación sexual de estos escritores. En *El desbarrancadero* notamos que el narrador no se cuestiona su sexualidad y se asume como homosexual desde el primer momento. Tampoco tiene ningún problema en hacerla explícita y describir en más de una oportunidad noches de placer y juventud que disfrutó en compañía de su hermano Darío: "lo pusimos [al muchacho que conocieron] entre los dos, en medio de la cama…-Y nos lo pasábamos del uno al otro, como pelota de ping-pong. ¡Qué noche más caliente, hermano!" (Vallejo 2001, 144). Este pasaje insinúa una relación de incesto entre los personajes de Fernando y Darío que puede asemejarse al enfrentamiento especular analizado en el capítulo de "Mona" de Reinaldo Arenas. Allí, la convergencia de imágenes se produce entre Elisa (*Mona Lisa*)/Leonardo y Ramón Fernández, el protagonista del relato, como una manera de transferir al plano de la ficción una preocupación que experimentaba el escritor desde la no ficción respecto de la sospecha de haberse contagiado de sida. En *El desbarrancadero*, también el deseo y la sexualidad descritos en la ficción, en este caso compartida por los hermanos, reflejan el vacío emocional que producen en el Fernando Vallejo real revivir estas memorias en cuyo reflejo queda descubierta la nostalgia y el dolor que en el presente produce el recuerdo de un pasado de fraternal plenitud que nunca más volverá como una de las consecuencias atribuidas a la enfermedad.

A pesar del desenfreno y la naturalidad de estos episodios, cuyo escenario ideal se establece generalmente fuera de la ciudad, que aquí también se representa como el espacio endémico de lo proscrito, no se puede negar que desde la perspectiva del narrador predomina ese machismo latinoamericano -al que ya nos referimos recientemente y que también se advierte en el capítulo de Reinaldo Arenas- que rechaza cualquier indicio de amaneramiento. Esta idea se va sumando a la diversidad de discursos condenatorios que le dan forma a la novela. El narrador responde con el mismo repudio a las labores "femeninas" que la Loca le encargaba: "[a]sí procedió la Loca y yo, el primogénito, que no era mujer sino hombre, varón con pene, terminé de niñera de mis veinte hermanos [...] [y]o lavaba, planchaba, barría, trapeaba, ordenaba, como si tuviera vagina y no pene" (Vallejo 2001, 57). La misoginia que denotan estas afirmaciones, y que se refuerzan con otras aún más insolentes, acentúan el aborrecimiento a la mujer a través del reiterado repudio como reproductora y también en el desprecio hacia su capacidad de trabajo y su aporte a la sociedad. Estos discursos tan extremos se alejan, por lo tanto, de una voluntad solidaria con minorías sexuales o un reconocimiento por la lucha de los derechos de la mujer que en el caso de *Loco afán* es la que predomina y la que posibilita una mirada prismática de temas que no tienen voz en el contexto oficial. Por el contrario, aquí se trata de un acto solidario que se identifica con aquella postura machista y homofóbica latinoamericana representada por la sola voz del narrador que se expresa en un modo íntimo y en un tono totalitario. Esta situación impide que la escritura se escabulla en fragmentos o le dé la palabra a otras voces. El único "hilado fino" posible se despliega en el acto de recordar episodios pasados de su vida personal lo cual, contrastado con la obra de Lemebel, puede percibirse como un acto egocéntrico o lo que Adriana Astutti define como un "canto a[l] mí mismo homosexual" (6).

El desbarrancadero y el neobarroco

En *El desbarrancadero* todo es excesivo: el odio a Colombia, a la madre, a los curas, a los políticos corruptos, a los sicarios, a los traficantes de armas, a los traficantes de droga, a los médicos que no curan enfermedades como el sida, a los afeminados, a los avances científicos puestos al servicio del capitalismo, a la impunidad de los asesinos, etc., etc. El discurso del narrador es directo y sin mucho ornamento. A pesar de ello, su consistencia es pesada y viscosa porque se consolida a partir de críticas, descargos, ofensas y acusaciones que se reiteran una y otra vez de manera hiperbolizada, descarada y violenta. En estas diatribas los temas terminan por contagiarse unos con otros estableciendo una promiscuidad discursiva hasta que de todos se conforma uno solo que es la novela en sí y que podría condensarse en la palabra "hijueputa". Esta expresión se desdobla en diversos sentidos para destacar y reflejar los puntos más álgidos de este odio que se va reproduciendo a medida que el texto avanza. Por lo tanto, nos encontramos con un estilo de narrar donde la enumeración es uno de los pilares que apoya este criterio que privilegia la exageración: la Loca que parió más de una veintena de hijos (Vallejo 2001, 161) y que además es portadora de una lengua que se sobrepasa de tanto decir groserías "que hijueputiaba a su marido, hijos, vecinos, policías, curas, lo que se le atravesara" (2001, 161). Igualmente, están el tío materno que trae al mundo alrededor de treinta y seis chiquillos (2001, 32), y la familia Rendón que ha propagado su progenie en un número cercano a los mil seiscientos individuos (2001, 32). Precisamente, el último Rendón (hermano menor del narrador a quien este llama Gran Güevón) pareciera concentrar la falla que destila el apellido materno la cual se realza mediante esta técnica de la repetición que es otra forma de desmesura: "Gran Güevón era Rendón Rendón Rendón Rendón. Todos los genes responsables de la imbecilidad rabiosa" (2001, 52). Esta estadística sirve de estrategia de escritura para reflejar una sobrepoblación, que de acuerdo al narrador, es innecesaria ya que sigue pudriendo un planeta que hace rato que está envenenado (2001, 194). Por su parte, la "verborrea", que se ejercita a partir de la transcripción de un sinfín de términos médicos y sus correspondientes explicaciones sintomatológicas se construye para enfatizar la crítica a este saber científico de categorías vacías y conocimiento improductivo que en el contexto del sida, solo se remite a desarrollar tratamientos y recetar remedios que sirven "para salvar del hambre a los sidólogos" (Vallejo 2001, 65), pero no para curar vidas: "infinidad de remedios que se amontonaban sobre un escritorio [...] antiácidos, antibióticos, antipiréticos, antiparasitarios, antiputasmadres, antiinflamatorios, antimicóticos…-¡Basura! ¡Basura! ¡Basura!" (2001, 147).

Desde el punto de vista del neobarroco, y muy especialmente desde las reflexiones de Sarduy al respecto en su ensayo "El barroco y neobarroco" (1972), podemos afirmar que en esta acumulación de palabras y metáforas que constituyen estos discursos existe un alto grado de sofisticación donde cada parte va sirviendo de base para la siguiente. Y en este proceso de "arrastre" de sentidos el narrador se va alejando cada vez más de ese nivel denotativo del lenguaje dentro del cual la injuria –como veremos más adelante– le proporciona una máscara que lo protege de su discurso deslenguado.

Por otra parte, la parodia que encontramos en *El desbarrancadero* se manifiesta por la intertextualidad que se concreta mediante referencias del narrador a otros textos previos de su autoría. Tal es el caso de *Los días azules* (1985), ya mencionado en la introducción al análisis de esta novela. En una sección donde el narrador habla del pasado del padre, ahora moribundo, describe su vida en el campo y los quehaceres que le deparaban mantener el fundo familiar. En medio de esta narración intercala una anécdota que deja inconclusa de la siguiente manera: "¿[y] qué pasó? Lo que pasó ya lo conté en 'Los Días Azules'" (Vallejo 2001, 114). Así como en *El desbarrancadero*, las diatribas se repiten, se complementan y se resignifican al superponerse unas con otras, lo mismo ocurre con las memorias familiares narradas por un Fernando que irremediablemente cruza de una obra a otra porque, lamentablemente dice él, "[m]i problema con los libros es que son sucesivos y yo soy simultáneo: todo lo veo y lo siento y lo quiero todo a la vez" (Cristoff s/p). Entonces no se trata, desde una perspectiva sarduyana de la parodia, de un desfiguramiento de una obra anterior que se actualiza en el presente de la escritura. Más bien es una gran obra escrita en modo diferido: cada novela representa una pieza del rompecabezas que constituye ese álbum familiar donde también quedan registradas fotos desde otros ángulos, desenfocadas o repetidas.

Otro intertexto se aprecia con otra obra de Vallejo, *Entre fantasmas* (1993), que cuenta la experiencia del narrador en torno al terremoto de México de 1985. Esta se alude en *El desbarrancadero* luego que el padre del protagonista ha muerto y sus cenizas les han sido devueltas a la familia por la funeraria. Allí el narrador desarrolla con evidente humor "la primera ley de los vivos o la ley de proporcionalidad de los muertos" (Vallejo 2001, 138), indicando que, mientras más se vive, con más muertos se carga a partir de la fórmula: "v=m²d […], donde v es vivo, m es muerto y la d la constante universal del desastre, que por ser una 'constante' cambia 'constantemente' como el espacio de Einstein: se curva, se encoge, se estira, se expande, se alarga" (2001, 138-139).

Ya desde la primera página de *Entre fantasmas* el narrador evoca su pasado corroborando la idea de que el escritor ha ido esparciendo recuerdos a lo largo de sus libros porque no puede escribir en uno solo la historia de su vida: "[e]staba yo arrebujado con mi Brujita [su perra] […], semidormido, semisoñando, soñando justamente con otro, el que tumbó El Gusano de Luz allá en Antioquía, en los felices tiempos de mi arrabancada juventud" (Vallejo 2005, 7).

Los recuerdos y la permanente preocupación por la muerte del narrador/protagonista queda consignado en *El desbarrancadero* la cual es un personaje más de la historia que acecha en la casa de la infancia de Fernando. Con ella mantiene contacto directo y a ratos luchas por quién tiene mayor presencia a lo largo del texto: "[b]ajé la escalera, abrí el portón, y dando un portazo de puta madre que hizo cimbrar la casa y le bajó sus putos humos a la Muerte salí a la calle. ¡Protagonismos a mí, en un libro mío, cabrones! (Vallejo 2001, 94). Aunque ya habíamos mencionado la caracterización femenina de la Muerte con todas las connotaciones metafóricas que ese hecho implica, no señalamos su relación con el barroco como una figura avallasadora que afecta al ser humano despojado de su centro. En el presente de la narración, y específicamente en Colombia, pareciera que la muerte está con exceso de trabajo: "[c]on treinta mil asesinados al año en ese país vesamánico, amén de los que se despachan el infarto, la tuberculosis, la malaria, Pablo Escobar, la policía, los buses y los carros (con difusión o sin difusión de sangre), la pobrecita no se daba abasto" (Vallejo 2001, 145). Nuevamente la estadística se suma a otros argumentos discutidos en la novela para que el narrador llegue a esta conclusión barroca: "[p]ara morir nacimos y lo demás son cuentos. No se olvide amigo, Memento mori" (2001, 155). En este contexto, se visualiza un punto de convergencia con *Loco afán* en cuanto al rol nivelador de la muerte, concebido en *El desbarrancadero* como una salida ante la catástrofe que representa fundamentalmente el envilecimiento del país que se distingue de la reacción ante el colonialismo y sus réplicas socio-económicas, sexuales y culturales de las crónicas lemebelianas. Por consiguiente, el carpe diem sexual que promueve esta novela responde a un acto subversivo-vengativo practicado por aquellos que celebran la fiesta del goce infértil.

El desbarrancadero y *Loco afán*: similitudes y diferencias

El carpe diem neobarroco se aplica en ambas obras de manera muy similar identificando al enfermo de sida con una mujer encinta: "[a]l final de la vida a Darío le entraban antojos de embarazada. Quería lo uno, lo otro, lo imposible. Creo que porque sabía que ya se iba a morir" (Vallejo 2001, 24). Esta cita nos hace pensar en la travesti lemebeliana Loba Lámar preparando, con la ayuda de sus amigas, el ajuar de nacimiento de su hijo, el virus VIH, y también formulando antojos que las otras locas se esmerarían por complacer. En el caso de Fernando de *El desbarrancadero* sus esfuerzos se concentran en una iniciativa menos teatral y más racional: en explorar todos los caminos posibles para salvar a su hermano: "[l]a dosis de sulfaguanidina la calculé por el peso […] Y eso le di, dos o tres veces al día. El resultado inicial fue prodigioso: la diarrea se cortó. ¡Después de meses y meses y de que no se la detuviera nadie!" (Vallejo 2001, 24-25).

En ambos textos estudiados predomina un sentimiento genuino y generoso que empatiza con el dolor del enfermo a quien se acompaña, se cuida y se vela para que su ánimo no decaiga hasta el último momento. Lo anterior es producto de un vínculo emocional donde la sexualidad compartida es un elemento que reorganiza a la vez que fortalece el concepto (no)tradicional de familia: "[d]e niños, cuando éramos él y yo solos [Darío y Fernando] y aún no nacían los otros, nos unió el cariño. Después el genio disociador de la Loca nos separó. Después la vida nos volvió a juntar con sus muchachos. Y juntos seguimos hasta el final" (Vallejo 2001, 162).

A diferencia de esa raza ciega que sigue reproduciéndose en un mundo sin sentido al borde del desbarrancadero y que su narrador tanto condena, en el caso de Darío y también en el de Loba Lámar, sí existe una oportunidad de trascendencia a través de la memoria. Para la Loba consistirá en la continuidad mediante el "gesto y de la pose [que la mantenga] en el recuerdo de diva por siempre" (Lemebel 64), es decir, el artificio copiado desde la estética hollywoodense ajustado a la realidad tercermundista y registrado en el género bastardo de la crónica como un testimonio único entre la constelación de testimonios que *Loco afán* compila. El recuerdo de Darío trasciende en una memoria fraternal común (re)construida a partir de la letra y la voluntad de su hermano Fernando, protagonista y narrador de *El desbarrancadero*, en la cual se celebra la plenitud de un pasado donde, al igual que en las crónicas de *Loco afán*, nuevamente el ejercicio de la sexualidad es un componente esencial, si es que no indispensable, de ese pasado glorioso:

> [t]ratando de escaparme de ese horror [el dolor de ver a su hermano moribundo], me iba entonces de recuerdo en recuerdo con Darío al pasado, y así volvía, por ejemplo, de su mano, al Admiral Jet de la Calle 80 del West Side de Nueva York, un edificio de réprobos donde vivimos, a dos cuadras del Central Park y su orgía continua de maricas entre los árboles, un verano. ¡Qué temporadita! [...] [s]erá que todo tiempo pasado fue mejor (Vallejo 2001, 147).

En esta dinámica de la evocación del pasado, el ritmo temporal de la escritura se ajusta a la circulación de la memoria que funciona como derrotero. Por esta razón, la incorporación de imágenes que trazan atmósferas veladas, borrosas e imprecisas en el presente de la narración son claves. Estas proporcionan estructuras de sentido que permiten dejar instalados esos recuerdos en el discurso que por no ser fijos facilitan que el juego metafórico se mantenga en un movimiento de actualización continuo. Ya hemos visto como esta estrategia se aplica exitosamente en ambas obras a partir del recurso de la fotografía y que también se aprecia en este fragmento que ocupa los últimos pasajes de *El desbarrancadero*: "[a]lgo tan sutil como un hilito de humo venía a unirnos negando el tiempo. Brilla en la oscuridad la punta roja de una varita de incienso y mi hermano vuelve a la vida por la magia de Aladino" (Vallejo 2001, 173).

Consideraciones finales

En este capítulo hemos intentado rescatar las variadas lecturas de la ciudad que se escapan al ojo cartógrafo oficial. Al privilegiar la potencialidad que provee esta lectura urbana estamos confiriéndole a este recorrido una aptitud metafórica. De acuerdo a las reflexiones de Michel de Certeau la actividad del paseo o caminata es equivalente a la elaboración de un discurso mediante la escritura en cuyo proceso se va estableciendo una retórica personal del mismo. En el caso de *Loco afán* el narrador se pone a disposición de la loca quien desempeñará el rol de guía turística por la ciudad sidosa. En consecuencia, estos testimonios que sustentan las crónicas del libro están mediadas por un "ojo coliza" que sitúa a los homosexuales/travestis en el centro del discurso. Primero, como un gesto de resistencia. Segundo, para recuperar historias particulares que se distinguen del mare nostrum neoliberal, dictatorial, postdictatorial, homofóbico, racista y olvidadizo del Chile tercermundista. La primera crónica marca la tónica del discurso en el cual, a través del acto simbólico de una celebración del año nuevo de 1973 que iniciara la dictadura con el golpe de estado de Pinochet, se conecta mediante una fotografía de las amigas retratadas en la fiesta con otro acontecimiento funesto que asolará al país a partir de la siguiente década: la epidemia del sida. Ambos discursos, iluminados por la potencialidad metafórica que comprende la enfermedad y la elasticidad que el escritor le provee al lenguaje mediante un tratamiento estético donde prima el exceso, no se agotan para recrear las distintas anécdotas que terminarán por alumbrar espacios ciegos, abrir puertas clausuradas y remover los escombros con los cuales se quiso silenciar la memoria de los que no tienen voz.

El sida politizado va tomando matices diferentes de acuerdo a la historia que relata, funcionando principalmente como una táctica anti-imperialista, un arma vengadora, un estatus socioeconómico, o como consecuencia de una política sexual y/o de un sistema neoliberal en toda su complejidad en tanto modelo de gasto y de consumo. Esta peculiar forma de contar la enfermedad, responde a una intención experimental del lenguaje que Dieter Ingenschay ha observado como una característica posmoderna. Esta conlleva una sofisticación estética que se evidencia en la capacidad de adaptar/fundir discursos a partir de la diversidad, y que se constituye en un rasgo vanguardista poscolonial desde donde los intelectuales y artistas latinoamericanos se posicionan para re-crear y re-procesar las historias previamente fijadas e impuestas desde un marco epistemológico primermundista. En este proceso de resignificación, el neobarroco es una plataforma de recursos artísticos que sirve de base para materializar estos propósitos.

El análisis de esta obra examina, entre otros, rasgos distintivos del neobarroco desarrollados por Sarduy entre los cuales el vaciamiento de significado de las palabras es una de sus más potentes herramientas. En *Loco afán*, esta técnica narrativa permite que las palabras experimenten un proceso de resemantización que las pone en circulación por un flujo textual cuyo valor denotativo va cambiando como un camaleón. Así, por ejemplo, se refleja la inestabilidad del nombre, donde el pseudónimo se convierte en una llave de sentido que nos brinda nuevos recorridos por estas calles alternativas y en el que el discurso de la sexualidad no normada irrumpe y se multiplica en el lenguaje reforzando el nomadismo travesti representado en la loca lemebeliana. Del mismo modo, el juego de los nombres permite un reconocimiento a la mujer socavada por el poder, reforzando la figura de la madre y declarando nuevas formas de establecer vínculos afectivos por quienes comparten el estigma de rechazo y negación. Asimismo, la palabra enmascarada, transfigurada, refuerza su rasgo humorístico y se ríe de la enfermedad transformándose en un antídoto temporal. La historia tejida por la imagen, que refiere al barroco latinoamericano de Lezama, despliega un recurso inagotable como lo es el cine y sus modelos hollywoodenses. De esta manera se recrea, por medio del artificio, unas muertes glamorosas que burlarán el "memento mori" barroco hiperbolizando, extendiendo un "carpe diem" lleno de plumas y divas sidosas que emulan a las estrellas del cine.

De esta manera también queda legitimizado el melodrama como una forma de narrar y como una estrategia de accesibilidad para un lector popular que ha sido vetado por estar ajeno a los códigos de la educación cercada de la alta burguesía o alta cultura. Además de la crítica mordaz de modelos importados, se resaltan/dignifican iniciativas locales con estéticas no convencionales, productos *kitsch* de la heterogeneidad que nos identifica como latinoamericanos en nuestra hibridez cultural representados en las crónicas. Un ejemplo de ello son las modestas arpilleras locales tejidas por familiares y amigos para recordar a sus muertos de sida versus el imponente despliegue del "memorial quilt" estadounidense.

Finalmente, cabe destacar que *Loco afán*, ha sido concebido de manera única como un mapa de la diferencia social, sexual, política, económica, étnica y cultural donde el sida es el vehículo que le provee al discurso capas de significados que permiten la emergencia de esas otras ciudades que mencionaba De Certeau, un registro colectivo y disidente cuya materialidad se hace efectiva en la medida que la letra circula. Al registrar la memoria silenciada, se le provee a la ciudadanía amordazada de un antídoto que consiste en un discurso que estimula su capacidad de reflexionar y criticar lo que el estado norma le impone. A la larga, esto es lo que posibilita la inclusión de lo diverso en todos los ámbitos que estas crónicas abordan y que puede resumirse simbólicamente en esa fotografía de las amigas ese año nuevo de 1973.

Uno de los puntos importantes, si no el más relevante, que distingue este capítulo de los anteriores reside en que ni Lemebel ni Vallejo están contagiados de sida. Este hecho tiene algunas implicancias interesantes respecto de la caracterización de los textos de sida que hemos desarrollando hasta este momento. Mirado desde esta perspectiva queda muy claro el aporte de *Loco afán. Crónicas de sidario* a la literatura sobre esta enfermedad y en general a todo discurso queer o fuera de la norma. Este reside en que el material narrativo que constituye dicha obra se inspira en experiencias reales ficcionalizadas que no incluyen la del escritor dado que Pedro Lemebel no estaba contagiado de sida. A diferencia del habitual narrador en primera persona que representa al autor-enfermo ficcionalizado, en las crónicas de sidario la narración desde el yo se sustituye por la tercera persona lo cual permite mantener la presencia del autor ficcionalizado pero no a través de su figura sino mediante la práctica discursiva de su gesto solidario. Vimos en este estudio que Pedro Lemebel utiliza su posición mediática privilegiada como escritor para hacer público el discurso de la diferencia. Del mismo modo, el narrador en tercera persona de *Loco afán* hace uso de su poder enunciativo para darle voz a cada uno de los testimonios que lo constituyen. Esta función que cumple el narrador lemebeliano la describió Michel Foucault en "¿Qué es un autor?" (1983) denominándola "instaurador de discursividad"

(68). Esta consiste en que, al darle libertad de expresión a estos testimonios, se establece una relación de analogía ya que todos abordan temáticas similares: el sida, la marginalidad sexual, genérica, socio-económica y política. A su vez, el diálogo que se produce entre estos testimonios en el texto, puesto que también coinciden en que se escapan de la regularidad que impone la norma, estimula el análisis crítico de las instituciones que regulan los discursos propiciando su deconstrucción o discursividad.

Otro concepto foucaultiano transferible a la narración de estas crónicas es la "transindividualidad". Para aplicarlo debemos redefinir el concepto de individuo o trascenderlo, tal como lo expresa la palabra en sí, y entenderlo como una entidad colectiva. Las crónicas de *Loco afán* constituyen un sujeto colectivo que se empoderiza tanto por la variedad de perspectivas que cada una aporta como por su acción en conjunto. Esta transformación del discurso es posible siempre y cuando la posición del narrador se ubique en la tercera persona y es aquí donde cobra relevancia esta distinción. El hecho de renunciar a la posición enunciativa de la primera persona puede interpretarse como un acto de sacrificio en beneficio de la transindividualidad o como una extensión de ese gesto solidario al que nos referimos previamente. Lo que el narrador está haciendo en definitiva es borrarse "en beneficio de las formas propias del discurso" (Foucault 78). Esas "formas propias" aluden a esta idea foucaultiana de que la ausencia del autor permite "pensar la condición general de todo texto, la condición a la vez del espacio donde se dispersa y del tiempo en donde se despliega" (57). Dicha afirmación nos permite reconocer en obras como *Loco afán. Crónicas de sidario* el valor de una lectura genealógica que considera todos los recorridos –visibles e invisibles– de la ciudad-discurso. Por lo tanto, la práctica de este principio epistemológico permite que el gesto solidario de la ficción se concrete en actos que les confieren existencia a los habitantes de esas ciudades negadas que los mapas no consignan.

El desbarrancadero, por su parte, se constituye por un flujo de injurias que emite el narrador/escritor ficcionalizado. Cada una de estas circula como subtexto a lo largo de la novela contaminándose unas con otras hasta confluir en la idea de que "la vida es un sida". Paralelamente *El desbarrancadero* se construye como un ejercicio de transferencias semánticas donde la memoria personal ocupa un lugar privilegiado. Esta característica la distingue con la ya mencionada obra de Lemebel: a pesar de la denuncia de las "enfermedades" que acosan a Colombia, no existe en la novela de Vallejo una identificación con una resistencia colectiva que la justifique, todo lo contrario. El conjunto de metáforas que configuran la novela pretende describir un dolor íntimo e individual que parte de un sentimiento de derrota. Desde el primer párrafo el protagonista se asume como el gran perdedor de todos, como un muerto vivo. La muerte es un eje tan importante a lo largo de la narración que se materializa en un personaje con aire mitológico que compite por el protagonismo con el mismo narrador de la historia.

Por otro lado, la resistencia contra la línea familiar por el lado de la madre que evidencia el texto se explica desde dos perspectivas. La primera: la madre encarna la violencia, impunidad y muertes injustas que aquejan al planeta. La segunda: dicho rasgo se condena en la medida en que la madre perpetúa esa situación apocalíptica en su capacidad reproductora –que en este contexto se traduce en un pecado por desenfreno– y que a su vez invierte metafóricamente el estigma que culpa al promiscuo homosexual por diseminar el virus del sida. En consecuencia, la escritura –en tanto dispositivo catártico– sirve de medio exploratorio para recuperar a través de los recuerdos familiares un vínculo de filiación que le devuelva al personaje ese sentimiento de arraigo que se ha extinguido. Es el sida, una de las tantas enfermedades descritas en el discurso, es el mal que activa este proceso al llevar de regreso al narrador-protagonista-autor ficcionalizado a su casa de la infancia para cuidar de su hermano que está en las últimas fases de la enfermedad.

Esta operación indagatoria se nutre de los recuerdos que el narrador va repasando en su discurso. Del mismo modo va trazando un camino de retorno hacia sí mismo a partir de una particular forma de escribir que se perfila en la medida en que el narrador va justificando ciertas opciones formales y de contenido. Como consecuencia de ello, poética y vida se confunden sin poder distinguir la una de la otra. Desde otra perspectiva, esta caminata por el reverso del tiempo –que es la novela misma– se representa a través de un álbum de fotos (potenciando el recurso de la imagen), donde Fernando intenta editar su árbol genealógico excluyendo la figura de la madre, como reflejo de su instinto protector hacia el hermano infectado por el virus del VIH, pero también como queriendo inmunizarse/salvarse de la epidemia que los contagia a todos: la vida.

El autor ficcionalizado, apátrida, anárquico, lujurioso e invertido se autonomina dueño de la palabra. Al desconocer padre y madre, surge un escritor demiurgo que interviene en el ritmo del discurso: avanzando y retrocediendo en el tiempo para concentrarse en aquellos momentos felices compartidos con su hermano agonizante. La melancolía es una llave de sentido que comienza a avanzar en este caos interminable de diatribas y frases soeces cuya mordacidad se amplifica también a partir de la desmesura y la repetición, que ya reconocimos como un rasgo (neo) barroco, al igual que la acumulación de discursos que aluden a distintos tipos de males (políticos, religiosos, sexuales, económicos) identificados con la enfermedad y cuya responsabilidad exclusiva desemboca en la madre del protagonista.

A través de la evocación de esas memorias felices asociadas al placer sexual de los hermanos durante su juventud, nos vamos dando cuenta que esa melancolía que prevalece es la clave para su salvación. El acto de escribir, que es sinónimo de la búsqueda del propio sentido, permite echar mano a la memoria para cubrir el vacío que depara el dolor de la pérdida. Ese sentido se recupera mediante la palabra (dar abasto) que conecta al protagonista con la línea materna desde la abuela y demarca la transición entre el antes y después del arribo del sida que es el punto donde se derrumba todo.

La presencia transversal de la injuria en *El desbarrancadero* amerita que la examinemos como recurso narrativo sin perder de vista dos hechos esenciales que la definen: el tema del sida y la participación en la novela de su autor ficcionalizado que en la no ficción no está directamente afectado por la enfermedad. Para este propósito los conceptos desarrollados por Antónia Szabari en "Rabelais, Parrhesiastes: The Rhetoric of Insult and Rabelais's Cynical Mask" (2005) serán muy iluminadores. Szabari identifica a lo largo de la obra de este autor francés un narrador que ocupa una máscara cínica para desarrollar su discurso. Ahora bien, la definición de cínico que aquí se utiliza se distingue de aquella que el uso común le confiere a una persona que es indiferente a lo que ocurre a su alrededor y, en general, a su prójimo, con excepción de quienes puedan brindarle algún beneficio personal. En este caso estamos hablando del cínico que describen los especialistas en filosofía y literatura clásica: quien se desprende de todas las ataduras mundanas para transformarse en un sujeto "who critiques and challenges hypocritical morality from the solid-rock basis of a better less corrupt and more natural one" (85), la misma figura que utiliza Rabelais (1483-1553) identificada en la labor del filósofo griego Diógenes de Síncope y la escuela cínica desarrollada desde el siglo cuarto antes de Cristo. Sin embargo, más allá del papel pedagógico de esta figura del cínico, nos interesa destacar el discurso expresivo que este utilizaba para llevar a cabo sus denuncias: la parresía. Michel Foucault la describe en "Discourse and Truth: the Problematization of Parrhesia" (1983) como una actividad verbal donde el hablante "uses his freedom and chooses frankness instead of persuassion, truth instead of falsehood or silence, the risk of death instead of life and security, criticism instead of flattery" (5). Desde el punto de vista retórico, Szabari observa en este recurso del cínico un componente teatral rescatando la función del cínico griego, personajes públicos, y por lo general seres excéntricos y poco comprendidos para su época, cuyo rol consistía en desmontar "conventional or normative values" (86) frente a la comunidad. En la representación de este papel, la máscara funciona como un artilugio ambivalente y con más de una función: por un lado refuerza la figura del cínico y su juego discursivo (arma de ataque) y, por otra, distancia a quien emite esos enunciados de su interlocutor (recurso de protección). Esta máscara cínica, además de proporcionarle un blindaje al hablante, le confiere un extenso poder de comunicación en donde tiene cabida la táctica del insulto, reconocible tanto en el discurso de Rabelais como en el de Vallejo. Bakhtin, asimismo, reconoce en su famoso estudio de Rabelais ciertas conexiones entre la época de Dionisio y la Edad Media europea a través de sus fiestas populares. El carnaval es una de esas "instances of liberaring speech and action" (Szabari 88) donde el insulto prevalece y libera los discursos oprimidos para reforzar la ambigüedad que constituye, en ojos del cínico, su naturaleza. Asimismo, el contexto de caos político, religioso, socio-económico, etc. en el que se desarrolla la narración de *El desbarrancadero*, se equipara a la del carnaval fundamentando el uso de esta estrategia narrativa.

Por su actitud indolente, extrema y fiel a su verdad y por ser el insulto un elemento que predomina en el discurso de *El desbarrancadero*, podemos atribuirle a Fernando el estatus de narrador cínico. Al contrario de lo que ocurre en *Loco afán*, donde el narrador es un sujeto anónimo precisamente para hacer de ventrílocuo de subjetividades vedadas, en el caso de la novela de Vallejo el yo que enuncia manifiesta su individualidad incisiva e injuriante en todo momento y con exageración.

Si tomamos en cuenta el papel ambivalente del cínico "that at once invites and offends, and his autorial persona relies on this ambivalent voice's capacity to offend" (Szabari 123), al desestabilizar el discurso "controlado/recatado" mediante las injurias, se explica la versatilidad metafórica que, aunque controlada por un solo individuo, permite la superposición de una variedad de discursos que interactúan en la narración. Finalmente, si consideramos al sida como uno de los principales temas en circulación que constituyen esos "scandalous speech(es)" (117) de *El desbarrancadero*, a pesar de que se está ficcionalizando una vivencia particular (la del narrador protagonista con su hermano agonizante), esta se suma a un relato colectivo como uno más entre aquellos compilados en *Loco afán*. De esta manera, *El desbarrancadero*, al igual que las crónicas de Lemebel, aporta con su testimonio al registro de la transindividualidad apuntada por Foucault engrosando el flujo literario seropositivo latinoamericano. Allí, el sujeto plural, antes invisible o silenciado, fortalece su presencia en una coordenada de tiempo y espacio en el discurso público sin perder su valor específico ni su fuerza subterránea.

CONCLUSIÓN

> No hay literatura gay, sino una sensibilidad proscrita que ha
> de persistir mientras continúe la homofobia, y estos auto-
> res al asumir con talento y vehemencia sus voces únicas, le
> añaden una dimensión cultural y social a la América Latina.
>
> Carlos Monsiváis, 2008.

Atando cabos, urdiendo nuevos caminos

En este estudio hemos visto que las obras sobre sida pueden leerse como una plataforma para la construcción de flujos genérico-sexuales donde se incorpora, en términos muy semejantes, problemáticas de índole racial, étnica, social y política. En el caso de que el autor padezca del síndrome, se agrega a esta dinámica una suerte de negociación discursiva con la muerte que involucra rupturas e innovaciones estructurales. A continuación examinaremos brevemente, como un ejercicio complementario al estudio desarrollado aquí, una novela corta que no figura en las obras comentadas, pero que nos permitirá al menos dejar planteado para investigaciones posteriores uno de los varios temas que quedan en el tintero. Se trata de *Morirás si da una primavera (una novelita azul)* (1993) del puertorriqueño Daniel Torres. La relevancia de este texto se debe a que representa un grupo de obras que examinan el sida y que están escritas por autores de habla hispana que residen en los Estados Unidos. Tanto el tema como el contexto de producción ubican estos textos en una situación de liminalidad que es una condición constante en cada una de las obras revisadas. Sin embargo, en el caso de la novela de Torres, y nos atrevemos a anticipar que en todas aquellas que pertenecen a este grupo –como la novela *So Far from God* (1993) de Ana Castillo,

The Greatest Performance (1991) de Elías Miguel Muñoz y *Latin Moon in Manhattan* (1992) de Jaime Manríquez, entre otras– se produce lo que llamaremos meta-liminalidad o cualidad de doblemente liminales. En un nivel lo son en cuanto están fuera del sistema heteronormativo y por el particular uso de la erotografía. Por otro lado, a pesar de ubicarse en una dimensión periférica, al agregar el tema del sida cruzan otro umbral. La alianza enfermedad-muerte promueve la actividad metafórica cuya complejidad va aumentando en la medida que se incorporan nuevas capas de sentido al discurso. De la misma manera, se acentúa su potencia performativa pues lo político también se despliega por partida doble. A continuación revisaremos algunos antecedentes de la novela para demostrar cómo funcionan estos argumentos.

Morirás si da una primavera (una novelita azul) relata la historia de un puertorriqueño enfermo de sida que vive su sexilio (Guzmán 1997) en los Estados Unidos. De un encuentro espontáneo en la isla con un catedrático que estaba de paso en una conferencia, Papo –el protagonista– se va a vivir con él a Nueva York donde contrae la enfermedad. La novela se construye a partir de siete escritos o partes que son fragmentos de memorias que van entre un lugar y otro, (re)visitando amores entre los que figura Rafael, el primero de ellos, quien nunca asume públicamente su homosexualidad ni la relación con Papo. En "Breaking the Silence, Dismantilng Taboos: Latino Novels on AIDS" (1998), Alberto Sandoval Sánchez apunta que *Morirás si da una primavera* es la primera novela de sida puertorriqueña aunque ya teníamos el antecedente en poesía de *Invitación al polvo* (1991) de Manuel Ramos Otero, quien muere de sida un año antes de la publicación de su poemario. Otro antecedente importante que menciona Sandoval Sánchez es que no es hasta la década de los noventa cuando el sida comienza a aparecer en la novela y que es, precisamente, en este género y a partir de este momento, cuando se viene a romper el silencio con relación a esta enfermedad en la literatura latina en los Estados Unidos. Esto último implica que, junto con hablar de la enfermedad, se exponen "cultural and sexual taboos in Latino culture" (Sánchez Sandoval 1998, 156) instaurando la primera fase del proceso de desarticulación que proponen estas obras.

En *Morirás si da una primavera*, el sida es una imagen que se encuentra en estado de latencia a lo largo de todo el texto. Tan solo en tres instancias se hace una alusión directa a la enfermedad. Una de ellas es el segmento titulado "Escrito en cama" y consiste en una carta que Papo escribe a su ex amante Alejandro, el conferencista, donde le expone sus problemas actuales: "[t]al vez nadie me preste algo, pero así de prestadera y sin trabajo no puedo seguir: no te canso con mis problemas, pero dar positivo en la prueba no es nada fácil, el mundo se te llena todo de calles sin salida alguna" (Torres 43). A pesar de sus problemas, lo único que Papo quiere es que Alejandro no lo olvide "porque sólo eso sería suficiente para que las noches que me quedan hasta esta primavera sean tan oscuras como estos días vacíos que no sé qué hacer sin ti" (Torres 44).

Un primer elemento de convergencia de este fragmento con el corpus estudiado es el tono íntimo. El protagonista se desahoga escribiéndole a un antiguo amor cuya relación lo ha llevado a un estado de dificultades económicas y de una enfermedad que le impedirá florecer como en primavera. Se observa además el juego con el título de la obra que especula con las posibilidades de significación, esa porosidad que también hemos ido documentando a través de las obras revisadas. Desde otra perspectiva, Papo escribe esta sección desde la cama, enfermo, inmovilizado, sin muchas expectativas. Esta actitud resume su condición como paciente de sida, pero también refleja su carencia de voluntad política, pues no hay indicio alguno de un compromiso con la comunidad homosexual y/o latina, o aquella afectada por la enfermedad. Tampoco manifiesta crítica alguna contra las instituciones que las discriminan o las ignoran. Esta pasividad, por llamarla de alguna manera, se presenta metaforizada en la imagen del círculo rojo que va apareciendo en ciertos momentos de la narración donde quizás la primera asociación del lector tenga que ver con el rojo-sangre del sida (pre-estableciendo el carácter agonizante del personaje) anunciado de manera codificada en el título de la novela; o con una historia romántica matizada por una fuerte dosis sexual provista por el rojo-lujurioso del círculo que envuelve la atmósfera del discurso (e incluso sugerida desde el cuarto escrito donde la escritura de cama puede interpretarse desde la perspectiva del deseo). Cualquiera que sea su lectura, el círculo rojo aparece desde el primer escrito en el momento en que el narrador expresa que la descripción de la vida se equipara a la fascinación de "un círculo rojo del que nunca se sale" (Torres 14). La presencia constante del círculo rojo en la narración le provee un aire de ritualidad, propone un ritmo que va marcando un trance, estadios de vida que circulan pero que no avanzan, o una sed de amor y deseo que nunca se sacian. Uno de ellos se representa en el círculo que dibuja el ruedo del vestido con el que Papo sueña permanentemente, pero que al estar sin recoger evidencia la falla, declara la imposibilidad de devenir en algo concreto. También sintetiza su experiencia como homosexual atrapado por el silencio y aislado por el dedo acusador de la heteronorma de su país natal:

> [e]ncuentras sólo la soledad cuarteada por el uso inmisericorde del pasado, aquél que no tuviste, como el dichoso vestido del cual no diste nunca la más mínima pista a tus amigas para que te lo consiguieran y tal vez fueras feliz en esta historia maltrecha de locas, educación sentimental de paterías, mojigangas de voces discordantes (Torres 36).

El "sexilio es una determinación radical para romper el círculo represivo provocado por el homofóbico Puerto Rico. En la isla "todos los hombres estaban ya cogidos [o tomados como el ruedo del vestido] de antemano por todo el mundo. Además, una gran mayoría de los maricones lo escondían todo y a ti ya no te interesaba jugar al esconder" (Torres 41). Ya en Nueva York, donde la memoria y la escritura confundían los espacios/tiempos –incluyendo los de esta novela a partir de inquietud expresada por el protagonista acerca de la calidad de su escritura: "¿[s]on muy malas mis frases? No, no me digas nada que hasta se publicaron en una novelita azul en siete escritos" (Torres 52)– refuerza la condición errante de Papo, una búsqueda del sentido de la vida, hasta ese momento infructuosa o en círculos, y también una trayectoria infértil hacia el amor: "[p]ese a tus sueños de edificios y pisos falsos, mascaste toda la calle triangular donde seguías buscándolo sin sentido. Para qué, si no estaba precisamente ni en San Juan ni en Nueva York: todo sucedía en un punto intermedio en el cual se confundían los dos espacios" (Torres 68). Este difuminar constante de tiempos, lugares y niveles de ficción es promovido por una escritura que pareciera mantener al protagonista en lo que Sandoval Sánchez denomina como "state of suspension" (1998, 159) donde lo único fijo "is the vacuum of having AIDS" (1998, 159). A nuestro entender, este vacío que depara la enfermedad funciona como eje temático, cuya presencia constante prolonga o amplifica ese rasgo liminal del que hablábamos, conceptualización que examinaremos en el siguiente apartado.

La liminalidad como caleidoscopio y/o fuente de agencia

En "Liminality and Experience: Structuring transitory situations and transformative events" (2009) Arpad Szakolczai se refiere al origen del concepto de "liminalidad" a partir de uno de los fundadores de la antropología moderna, el francés Arnold van Gennep (1873-1957), con su obra *Rites de Passage* de 1909. Su trabajo se basa en el análisis de las investigaciones realizadas por los antropólogos del siglo diecinueve en torno a los ritos que marcan un paso individual o colectivo en el ciclo de la vida, y que están presentes en cualquier cultura, concluyendo que en su mayoría estos conllevan una estructura secuencial que consta de tres partes: la separación, una fase intermedia (que es la central) y la fase del paso propiamente tal que involucra "a genuine proformance or trial [that] ends with the rites of re-aggregation, celebrating the succeful completion of the transition" (Szakolczai 141). Se le llama liminalidad a esta fase intermedia que conecta la primera con la tercera. Esta palabra que viene del latín limen (umbral) alude en este contexto a una situación donde "ritually, and temporarily all limits were removed" (Szakolczai 142), en cuyo trance "the very structure of society was temporarily suspended" (142).

Szakolczai se propone en su ensayo reivindicar la liminalidad como uno de los ejes esenciales de la filosofía platónica, concepto que se perdió en la práctica de la filosofía moderna desde Immanuel Kant y el racionalismo entre otros. La justificación de este desvío consiste en que –en lugar de la liminalidad– se utilizó el concepto de límite y se interpretó como como un elemento fijo en el pensamiento; una suerte de orden impuesto o una secuencia estructurada para enfrentar (y sortear) el caos donde también se incluyen las experiencias del ser humano y donde, de alguna manera, ley y límite se homologan. Dicha posición es diametralmente opuesta a los postulados filosóficos de Platón y la conceptualización original de la liminalidad. Según Szakolczai, Platón, "designed philosophy to mean not abstract thinking, but rather an emotional commitment: love (philia) for wisdom (Sophia) [promoting a permanent] 'revaluation of values'" (143). Para recuperar esa idea propuesta por el filósofo de la Grecia antigua, la atención debe orientarse en las experiencias individuales –a las que luego se agregarán aquellas que están fuera de lo ordinario– que en conjunto consolidarán este cambio epistemológico post-kantiano. Sin embargo, esta iniciativa, observa Szakolczai, se está llevando a cabo fuera de la filosofía. Hay, por así decirlo, una interdisciplinariedad que es necesaria para que el lente se focalice en "the personal dimension of experience" (Szakolczai

144) como es el caso de la labor de Nietzche y algunos de sus seguidores como Michel Foucault y otros pensadores a medio camino entre la sociología y la teoría política, que ubican la liminalidad en el centro de su discurso. La relación de la liminalidad con la transición es la clave para algunas áreas del conocimiento humano en las que se destaca la intención de entender, leer y/o interpretar contextos desde donde emergen ciertos movimientos sociales o aquellas instancias históricas que configuran un cambio de paradigma. Desde aquí deriva, por ejemplo, el método genealógico desarrollado por Foucault, e inspirado por Nietzche, y que Szakolczai resume muy bien como aquel que se preocupa de las "'conditions' under which a new phenomenon emerges –a new social practice, a political institution, or a world religion" (145). Todos estos son procesos en los cuales resulta crucial determinar "the nature of experience" (145) que determinan el pasaje entre un estadio y otro, es decir, la liminalidad, concepto que es equivalente al "in-between-ness" desarrollado por Eric Vogelin y que según este último fue recogido a partir de la "metaxy" de Platón (Szakolczai 145) que alude a esta idea encontrarse en una situación provisional.

Para analizar la liminalidad en estos nuevos términos tanto en la novela de Torres como en las otras obras analizadas, es necesario considerar una característica que todas ellas comparten: la repetición. Esta ha funcionado a distintos niveles como el conceptual (ideas como la temporalidad, la memoria o la muerte), el simbólico (las fotografías, las imágenes en general) y/o el retórico (técnicas melodramáticas, el neobarroco, ekphrasis, etc.). Como consecuencia de esta interacción, se ha planteado que la repetición embiste al discurso de una ritualidad que lo exime de sujeciones temporales, espaciales y de otras distinciones como ficción/no ficción o aquellas que derivan de la problematización del binomio sexo/género. Para apoyar lo anterior, estableceremos a partir del ensayo de Szakolczai que el rito es posible de inscribirse en la fase intermedia de manera independiente y no como un conjunto de tres pasos secuenciales. Al configurarse en el terreno del "in-between", el rito se transforma en fundamento de la experiencia de ese sujeto y por lo tanto emerge como clave en el análisis de su representación. Al ponerlo en el contexto del homosexual y del homosexual enfermo de sida, el estado liminal también queda asociado a una crisis instancia que le permite al discurso circular por caminos que están por fuera de lo racional (la norma o la secuencialidad espacio temporal) vinculándose directamente con la materialidad de las acciones (lo performativo o la inscripción del cuerpo en la letra).

En la novela de Torres esto se percibe en el travestismo de Papo. Esta característica nos permite visualizar el concepto de la imitación unido a la repetición como lo define Butler, es decir, creando la ilusión de género:

> me empolvo, me travisto y me desnudo para que veas esta pinga tan siniestra que me deja y me cobija cuando puedo y cuando quiero ser afable. ¿Qué tal, cómo quedé? Regia ¿No te parece? Eres perversa pero hermosa. El traje al ponérmelo me luce que, no, no te gusta. ¡Pero me queda el ruedo por coger! ¡Maldita sea, coño! (Torres 52-53).

Por otro lado, el carácter intimista de la novela se alinea con esta idea de enfocarse en el impacto o el valor de lo personal en la narración. Esto implica una reacomodación constante de lo representado pues cada experiencia en sí produce distintas reacciones emocionales y variadas lecturas —todas con el mismo estatus de validez— especialmente cuando se enfrenta (y se expresa) la posibilidad de morir. Sin embargo, este estado liminal, como aquí hemos definido, no solo responde a un personaje/escritor que ahonda la problemática del sida en su escritura. También se adecúa a casos en que el sujeto es un inmigrante sexual —o bien "sexiliado"— como Papo en la novela. Recordemos que se le atribuye la condición de "sexiliado" a quien decide irse por sus propios medios o se siente discriminado a tal punto que se muda de país (o ciudad) para vivir acorde con su sexualidad. Visto desde esta perspectiva el discurso empapado de liminalidad se permea hacia:

> [l]as personas de color, los homosexuales, las personas con SIDA, los inmigrantes –como los latinos en EE.UU. [quienes]–, amenazando contaminar el orden simbólico, deshaciendo tabúes culturales alrededor del cuerpo, y poniendo en juego todos los sistemas de orden y lógica cultural, deben ser mantenidos a distancia y relegados a los márgenes, de la misma manera en que los fluidos corporales, las secreciones, y los desperdicios son expelidos (Sandoval Sánchez 2003, 348).

La liminalidad, por lo tanto, debe ser entendida como una plataforma de contención y también como un espacio potencial de resistencia donde la experimentación es la que a la vez motiva y custodia la fluidez en el discurso. Por el hecho de estar emplazados entre las fronteras "[e]l gay latino […] es capaz de transgredir límites abriendo así posibilidades de subversión y emancipación […] [cuyo éxito se cumple cuando el otro] reconoce la provisionalidad de la identidad y de la naturaleza procesual de las prácticas culturales" (Sandoval Sánchez 2003, 349).

La teoría queer latinoamericana en Estados Unidos

Las reflexiones de la sección anterior en torno a *Morirás si da una primavera* nos obliga a ser más precisos con relación a las herramientas de análisis teórico con que se examinan obras tan particulares como esta, en otras palabras, a los estudios queer latinoamericanos en los Estados Unidos o latinoestadounidenses. En "Deseos de estados queer en la producción crítica latina de los Estados Unidos" (2008), Lázaro Lima establece que esta corriente teórica, al igual que la anglosajona y la latinoamericana, se ha nutrido del feminismo y los estudios gay/lésbicos, así también como de los estudios culturales. Sin embargo, es el discurso crítico feminista chicano el que lo configura en el presente, ofreciéndoles "una metodología cuya base estableció el análisis de género junto con la cuestión de raza y la subalternidad como los puntos de partida principales para la investigación de lo que hoy conocemos como 'latinidad queer'" (960). Lima reconoce en este nuevo movimiento un elemento adicional: el ejemplo del activismo afroamericano, lo que posibilita que –unido al activismo feminista chicano queer– los estudios queer chicanos "se insert[en] dentro de las varias tecnologías de identidad que habían orientado el discurso de la justicia y paridad social estadounidense, resaltando las correlaciones entre raza y clase social desde los setenta en adelante" (961).

Una diferencia que Lima consigna respecto al movimiento anglosajón, que gira en torno a "cuestiones de acceso a circuitos de representación, visibilidad y el salir del armario" (962), radica en que los críticos chicanos "insistieron en la necesidad de entender la sexualidad queer latina no solo en su contexto estadounidense, sino también en relación con sus diversos puntos de origen y sus particularidades locales" (962). Entonces, si los estudios queer contribuyen, desde el arte y la cultura, al surgimiento de mundos alternativos o posibles, el siguiente paso tiene que ser la manifestación pública de las posidentidades: "estos futuros descolonizados propuestos por Edelman, Halberstam y por Rodríguez en el contexto latino […] donde los estados de deseos del sujeto encuentran una expresión sin represalias dentro del Estado-nación" (Lima 969), es decir, una suerte de promiscuidad limítrofe o una expresión queer de la globalización.

Con relación al impacto del sida frente a los críticos queer chicanos, concluiremos esta sección parafraseando lo expresado por Sandoval Sánchez en "Reescribiendo lo abyecto desde el inmigrante: SIDA y mariconería latina en el imaginario cultural" (2003) que de alguna manera refleja la posición del latino "sexiliado" recientemente aludido, y es que Sandoval-Sánchez –que además es artista y académico sobreviviente de sida– se plantea como un sujeto poscolonial consciente de que su identidad jamás será fija dado que esta circula en un espacio que se encuentra permanentemente en construcción y que se perfila a partir de la diversidad de los (varios) procesos culturales en que se encuentra inmerso.

Síntesis

Hasta ahora, hemos intentado estructurar este capítulo de conclusiones de una manera poco convencional enfocándonos sobre un tema que, por lo general, se deja para el final en esta sección: las tareas pendientes que surgen a partir de la investigación presentada. Para llevar a cabo este cometido intentamos demostrar a través del texto de Torres que es necesario explorar un punto esencial que se ha abordado de manera muy tangencial: la revisión de textos sobre sida escritos por autores hispanohablantes "sexiliados" en los Estados Unidos. Esto se inspira en un objetivo más general ya conocido que consiste en examinar el impacto de ciertas obras latinoamericanas que tratan el sida desde una perspectiva que podría explicarse como "extrañamiento", siguiendo el concepto propuesto por Viktor Shklovsky en "Art as Technique" (1917). Esta definición reconoce los textos inmersos dentro de lo que llamamos arte, los cuales se sirven de él para "impartir la sensación de las cosas como son percibidas y no como son sabidas (o concebidas)" (Shklovsky 12), es decir, que propone a la experiencia como fundamento de la escritura. La interpretación que le conferimos a esta reflexión del padre del formalismo ruso es congruente con lo que, Martínez Espósito, en *Escrituras torcidas. Ensayos de crítica "queer"* (2004), considera que es la mejor práctica de la teoría queer en lo que se refiere a la contextualización de su objeto de estudio. Esta se describe como una operación de "desestabilizar un sistema fosilizado por un prolongado uso rutinario [que] además sirve como piedra angular de un proceso dialéctico (y dialógico) que afecta a objetos trascendentes (el lenguaje poético, las identidades sexuales)" (Martínez Espósito 53-54). Dentro de esta línea, el crítico queer cumpliría un rol similar al del arqueólogo validándose en su conexión con esa dimensión liminal que comentábamos al comienzo de este capítulo. Esta última se concibe desde punto de vista genealógico desarrollado por Foucault para "restituir las condiciones de aparición de una singularidad a partir de múltiples elementos determinantes, en relación con los cuales esa singularidad aparece, no como el producto sino como el efecto" (1995, 16). En consecuencia, este efecto al que alude el filósofo francés se homologaría con la percepción devenida en arte que sugiere Viktor Shklovsky.

Mirado de esta manera, se hace necesaria una aproximación a la teoría queer que establezca algunas distinciones socio-culturales poniendo atención a los espacios y tiempos que la definen, o sea, practicando una meta-genealogía (desde la teoría hacia la teoría misma). Por lo tanto, para comprender lo mejor posible e incrementar la efectividad de este artefacto crítico, debemos reflexionar un poco más en torno a la problematización de la palabra queer y el origen de la teoría queer en sus distintos momentos y coordenadas.

La palabra "queer" y su afiliación a una "theory"

En "Retos, riesgos, pautas y promesas de la teoría queer" (2008), Brad Epps se refiere al significado original de la palabra "queer" derivada del inglés como "'raro', 'excéntrico' o 'extraño', 'torcido' o 'desviado' [que luego experimenta una] inversión de la acepción injuriosa y la asunción desafiante cuando no orgullosa de un lema que antes fue motivo de escarnio y vergüenza" (898-899). Sin embargo, el estudioso especula en torno a las limitaciones lingüísticas que presenta esta palabra aclarando "que tiene más resonancia en un contexto mayoritariamente anglófono que en cualquier otro [especialmente porque refleja] localizaciones, particularidades, peculiaridades, personalizaciones y especificidades" (Epps 900). De hecho, ni siquiera existe una traducción al español de la palabra "queer", o en su defecto de un falso cognado como referencia, razón por la cual se han utilizado una diversidad de términos como "'rarito' o 'desviado', 'puto', 'maricón', 'marica', 'comilón'; y luego 'tortillera' o marimacho' [donde es inevitable que] se escap[e]n sentidos originales o se agreg[ue]n otras evaluaciones propias de la cultura que traduce" (Maristany 18). Estos argumentos cobran relevancia a la hora de pensar de qué manera se ha amalgamado lo "queer" con la teoría, pues ya desde su origen angloparlante surge una tensión por desunión lingüística: "por un lado 'queer', de connotaciones despectivas y groseras que no necesitan ser explicadas por ningún académico para ser entendidas por todo angloparlante, y por otro lado, 'theory', de alcurnia griega y baluarte del léxico filosófico del pensamiento especulativo" (Epps 903). En consecuencia, y por extensión de esta particularidad, habrá que tener mayor cuidado aún entre la distinción entre "queer theory" y "teoría queer". Alfredo Martínez Expósito no desconoce la influencia del modelo teórico anglosajón frente al desarrollado en el contexto hispanohablante. Sin embargo —aclara— es importante guardar las distancias antes de homologar perspectivas y herramientas de análisis puesto que en nuestros países la "teoría queer" no tiene el impacto social como el que se observa en Estados Unidos, Gran Bretaña o Australia. En estos últimos la "queer theory" es una consecuencia de "años de activismo militante [con un alto] grado de compromiso político y de aceptación social que podemos encontrar en movimientos de liberación gay y lesbiana" (Martínez Expósito 23). Aunque Martínez Expósito se está refiriendo específicamente a la realidad española, en América Latina ocurre un fenómeno similar cuando el mismo señala que esta conciencia política y de resistencia se reparte en "escasos grupos dispersos en las diferentes comunidades" (23).

The Politics of Sexuality in Latin America. A Reader on Lesbian, Gay. Bisexual and Transgender Right (2012) compila alrededor de 35 estudios relacionados con las políticas de la sexualidad en Latinoamérica. Sus editores, Javier Corrales y Mario Pecheny, expresan que los autores de estos artículos coinciden en pensar que las políticas de LGBT (Lesbianas, gays, bisexuales y transgénero, por sus siglas en inglés) no pueden ser excluidas de un estudio de la democratización si es que esta incluye una diversidad cultural y el derecho a la diferencia. Dicho trabajo comenta que entre los años 80 y 90 los asuntos de LGBT en Latinoamérica permanecieron en el armario o tuvieron muy poco éxito. Brasil y Argentina fueron la excepción, ya que su lucha se desarrolló en los años 70 en medio de un régimen autoritario. En Cuba, como ya lo hemos descrito, muchos homosexuales fueron confinados a campos de trabajo (UMAP) en la década de 1960. Luego, una vez llegada la transición a la democracia en la mayoría de estos países, las concesiones alcanzadas por estos grupos se estancaron dado que habían "'other priorities' (framing new political institutions, dealing with past human-rights violations, economic travails [...]" (Corrales y Pecheny 10). Esta situación recién comienza a revertirse a finales de la década de 1990, pero con un ritmo muy disparejo. En 1999 Chile despenaliza la sodomía y en 2002 Buenos Aires permite la unión civil entre parejas del mismo sexo. En 2003 México aprueba una ley de antidiscriminación respecto de la orientación sexual y en 2006 aprueba la ley que le confiere a las parejas homosexuales los mismos derechos maritales que gozan las parejas heterosexuales. Sin embargo, a pesar de estos avances, los niveles de homofobia aún son altísimos (más de un 60%) en toda la región (Corrales y Pecheny).

Una década antes, es decir en 1990, David Halperin apunta en "The Normalization of Queer Theory" (2008) que el término de teoría queer fue utilizado por primera vez, y en un ámbito académico anglófono, por la profesora Theresa de Lauretis a modo de título en su trabajo presentado en una conferencia en la Universidad de California. De acuerdo con Halperin, De Lauretis "had heard the word 'queer' being tossed about in a gay-affirmative sense by activists, street kids, and members of the art world in New York during the late 1980s" (339). Por lo tanto, podemos atribuirle a De Lauretis el llevar esta expresión a la academia como una forma de provocación y como un intento de transformar en "queer" la teoría, "to call attention to everything that is perverse about the project of theorizing sexual desire and sexual pleasure" (Halperin 340). Otra académica y teórica, considerada como uno de los nombres claves en los estudios queer, Judith Halberstam, señala en "Queer Theory and Communication" (2003) que este campo de estudios se mueve de manera interdisciplinaria (y con ello resalta su naturaleza promiscua). Desde el punto de vista de la disciplina, evocando a *Discipline and Punish* (1979) de M. Foucault, Halberstam reflexiona acerca de esta escuela crítica que por estos días carece de un departamento independiente dentro de una universidad. Este hecho lo considera como una consecuencia del poder que presenta esta última como institución que vela por la normalización del saber: "programs tend to be home to many of our sexuality programs if only because the disciplines are constructed around canonical bodies of knowledge that almost deliberately repress the study of difference by selecting areas of study under the misleading rubric of 'excellence'" (Halberstam 362). Paradójicamente, la heterogeneidad conceptual o la interdisciplinaridad de este tipo de estudios hace nuevamente eco del alto grado liminal de la "queer theory", la cual no debemos olvidar que tiene como antecedente la redada del bar Stonewall en junio de 1969, hito que representa los primeros pasos de los movimientos de liberación sexual en los Estados Unidos que poco a poco le van dando forma.

¿Teoría queer o teoría torcida?

Los grupos gays y lésbicos más importantes en América Latina se desarrollaron entre 1970 y 1990, destacándose entre la intelectualidad política, los escritores Néstor Perlongher en Argentina y Pedro Lemebel en Chile (Sutherland 14). En el caso de algunas obras de estos autores, y otros tantos como ellos, "el sujeto identitario homosexual aparece junto con la escritura del activismo revolucionario" (Balderston y Quiroga 25), donde el lector toma conciencia que la resistencia ante la dictadura es también una resistencia contra la oposición ante la diversidad sexual (Balderston y Quiroga 24). Una perspectiva más conciliadora frente a esta dinámica de lo singular y lo local en la conceptualización del territorio queer es esta de Carlos Monsiváis en *Que se abra una puerta* (2010). Allí expresa que "las batallas de las minorías sólo se dan y se entienden a la luz de los movimientos globales, donde cada una de las partes anima a las demás, así la aportación mayor venga de Norteamérica" (Monsiváis 304). Probablemente una de las más grandes contribuciones a las que alude son las ya mencionadas redadas del 28 de junio de 1969 en el bar de Stonewall de Greenwich Village en Nueva York, fecha que cada año se conmemora en decenas de países a modo de "tradición urbana que informa de la legítima diversidad de opciones" (2010, 305).

Un contrapunto a Stonewall que recuerda el mismo Carlos Monsiváis en noviembre de 1901 se trata del "baile de los 41" en Ciudad de México, el cual es considerado como la entrada oficial de los homosexuales en los anales históricos de América Latina. A esta fiesta en la época del Porfiriato asisten hombres de variadas profesiones y clases sociales, entre los que se supone se encuentra el mismísimo yerno de Porfirio Díaz, quienes son descubiertos mediante un allanamiento policial. Los días que siguen a la fiesta, los uniformados obligan a los inculpados a desfilar en sus afeminados atuendos (la mitad de estos estaba vestido de mujer al momento de la redada) por las calles de la ciudad descargando toda la homofobia y repudio moral hacia los travestidos más pobres y/o que carecen de conexiones políticas para defenderse del bochorno (y posterior muerte social). La consecuencia de este incidente provocó la omisión/desaparición del número 41 en todo orden de cosas: butacas de cine, direcciones postales, aniversarios, etc. Durante todo un siglo, a quien se atreviera meramente a mencionar este número, se le asociaría peyorativamete con los homosexuales. Sin embargo, la carga negativa asociada a este guarismo ha sido revertida hoy en día por la comunidad no heterosexual como motivo de orgullo y bandera de lucha tal como ocurrió varias décadas después en Estados Unidos con el vocablo "queer". Al igual que en esta ocasión, el resultado se adscribe exclusivamente a una experiencia histórica puntual y de valor local, poco probable de extrapolarse en un contexto general.

En la crónica lemebeliana "La noche de los visones" (1996), analizada en el capítulo tres de este trabajo, podemos encontrar otra analogía de la experiencia de Greenwich Village donde la ficción, basada en la estética neobarroca y fuerza performativa de la memoria, se sumerge en un proceso genealógico cuyo resultado es otra perspectiva del golpe de estado de Pinochet que se superpone con la llegada del sida y sus efectos en las locas pobres de la urbe chilena. "Crónicas de Nueva York" (1996) es otra de las historias pertenecientes a *Loco afán*, en la que directamente el narrador se pone del lado del margen colonizado que se resiste a ser asimilado por el homocéntrico-colonizador y ahora legendario Stonewall. En consecuencia, los argumentos expuestos de esa manera se empeñan por destacar la diferencia de lo local (la loca indígena) como una estrategia de resistencia desde la letra.

Los ejemplos revisados hasta ahora nos llevan de regreso al debate original en torno al vocablo "queer": la inconveniencia de traducir una experiencia asociada a un significado que forma parte de una expresión lingüística constituida por códigos domésticos, locales e internalizados desde la propia cultura y lengua, que dificultan su interpretación y/o aplicación fuera de este ámbito.

Esta situación nos aproxima al esencialismo del que drásticamente nos queremos apartar. Para complementar esta revisión del tema incorporamos otra experiencia derivada de los esfuerzos de traducción de la "queer theory" como "teoría torcida" a partir del texto del español Ricardo Llamas: *Teoría torcida: prejuicios y discursos en torno a la homosexualidad* (1998). En una reseña de esta Martínez Expósito reconoce la rigurosidad con la que Llamas intenta adaptar la "queer theory" a la realidad española considerando las "peculiaridades idiosincrásicas de la cultura gay local" (Martínez Expósito 21). Sin embargo, observa que aún así no es posible identificar a toda la gama de la homosexualidad. En síntesis, lo que esta obra establece dentro de la comunidad homosexual española es una distinción entre un centro y una periferia. A través de esta diferencia se percibe claramente la injerencia del mercado que privilegia a quienes conforman el centro ubicándolos "en el lugar prestigioso de lo deseable [mientras los que se constituyen como periferia] son relegados a las afueras, al lugar de la no-cultura" (Martínez Expósito 21).

Finalmente la pregunta lógica es si acaso esta situación tiene alguna solución posible. En otras palabras, la reflexión debe plantearse en torno a la manera de superar lo local sin perder la esencia de su especifidad. Y en una última instancia definir si acaso es esta una cuestión relevante y/o necesaria. En la siguiente sección buscaremos evidencias para formular posibles respuestas a estos planteamientos.

Evidencias y farmacopornografía

Una reflexión que se desprende acerca de los orígenes y repercusiones locales o foráneas de la cuestión "queer" o "torcida" nos lleva irrevocablemente al principio de la categorización que está asociado a los saberes, que discutíamos desde Foucault. Estos últimos, unidos a ciertos discursos de poder, constituyen una norma que es la que permite controlar a los sujetos para maximizar su producción. De esta manera surgen las llamadas instituciones que funcionan como aparatos de verificación, es decir, deciden lo que tiene o no un estatus de verdadero o falso en un momento histórico determinado. Uno de estos discursos de poder que administran las instituciones es el discurso de la sexualidad el cual desmenuzaremos a continuación desde la perspectiva de su capacidad para expresar el deseo homosexual que es uno de los elementos claves en los estudios queer/cuir/torcidos. Al respecto, Martínez Expósito da cuenta de una interesante distinción: en el caso "del deseo heterosexual [este] se cuaja fácilmente de imágenes y símbolos, [mientras que] el lenguaje homosexual carece de cualquier tradición metafórica" (Martínez Expósito 59). Esta carencia de imágenes que menciona el estudioso se percibe con mucha claridad en la tradición literaria donde el amor homosexual ha estado relegado al silencio y sometido a un sofisticado sistema de codificación que solo pueden descifrar los involucrados y/o entendidos en la materia. Al respecto se señala mediante la pregunta "¿entiendes?" como una clave de reconocimiento entre sujetos no heterosexuales, o la localización de los homosexuales en espacios públicos de la otredad (liminales de acuerdo al argumento en desarrollo) como "la acera del frente", "el otro andén", o el "allí", o sea, fuera de todo contacto o identificación posible con el sujeto heteronormado. En el caso del espacio privado el homosexual se oculta en el armario.

Si por otra parte examinamos la definición del homosexual en tanto categoría surge una problemática totalmente contraria al asunto del deseo en la tradición literaria. Existen tantas versiones para describir al "homosexual" que el fenómeno representa un "caso fascinante de inadecuación semiótica" (Martínez Expósito 59). Como consecuencia de ello, volvemos al discurso normativo que no provee en sus registros de un referente unívoco que dé cuenta de la relación sexual entre personas del mismo sexo (y menos aún de otras derivadas de la variada combinación sexo-género). De ahí, creemos, se deriva la problemática de la traducción (tanto en el discurso propio como el ajeno) de cualquier concepto asociado a este tipo de discurso; y la ya conocida recurrencia del uso de la metáfora, la que explica la asociación del término homosexual con otros discursos como el pecado, la enfermedad o el delito. El filósofo-activista español autodenominado "cuir", Paul B. Preciado, comenta al respecto que hoy en día se está produciendo un cambio en el paradigma del poder. Este, según Preciado, ya no estaría fundado en la biopolítica, sino que sería una consecuencia de lo que él denomina "farmacopornografía", donde la norma está pauteada por los ya conocidos discursos económicos (originados en políticas económicas neoliberales), pero cuyos sistemas de verificación estarían ahora regulados por los discursos legitimados por los medios de comunicación (donde el cuerpo está regulado por modas y estereotipos configurados por este criterio económico que propicia el consumo) y el negocio farmacológico que, a nuestro entender, es el saber científico devenido en tecnología comoditizada para que el sujeto se mantenga "a la norma".

De acuerdo a lo anterior, y según lo que se ha ido desarrollando en los capítulos de esta investigación, los puntos de fuga de los textos asociados a este tipo de literatura –cuya incompatibilidad de definiciones comienza desde la problemática de encontrar un título que la englobe o la reconozca como parte específica del discurso– se fundan principalmente en la metáfora.

La metáfora, el sida y la teoría

Michel de Certeau comenta que en la Atenas moderna a los vehículos de transporte público se les llama "methaphorai" (115). Considerando este principio de movilización pero llevado al discurso, De Certeau propone que las historias "could also take this noble name: everyday, they traverse and organize places; they select and link them together; they make sentences and itineraries out of them" (115). Esta capacidad de establecer "trayectorias espaciales" mediante la palabra cautiva el interés de algunos críticos hacia artistas e intelectuales no heterosexuales de Latinoamérica cuya exploración estético-política se ha dado por esta errancia lingüística-semántica (y en su mayoría también por el (s)exilio). Consideremos como un ejemplo de ello la tesis de antropología de Néstor Perlongher: *O negócio do michê: Prostituçao viril em São Paulo*, que en 1999 se traduce y publica al español como *El negocio del deseo*. Brian Epps examina la palabra michê –que en el contexto portugués alude a "una categoría de identidad genérico-sexual, uno de cuyos efectos es la desestabilización de categorías de identidad en general" (910)– y subraya la pérdida de riqueza semántica y/o intención original que experimenta la palabra al traducirla al español como mero "deseo". Sin embargo, independiente o no de la resolución de esta diferencia, se rescata de esta discusión un rasgo esencial del término que tiene que ver con lo que Perlongher identifica como "red de tránsitos": una práctica alternativa que se resiste a todo posible intento de clasificación o de nomenclatura atribuible a un nombre pero que sin embargo deja un registro. En "(Avatares de los muchachos de la noche)", ensayo compilado en *Prosa plebeya* (1990), el autor describe precisamente que los nombres son

> señas de pasaje, antes que bautismos ontológicos [los cuales] barroquizan hasta tal punto el sistema clasificatorio que resulta válido asociar esta inflación de significantes a la proliferación de divinidades que Lyotard, en su Economía Libidinal, percibe en el paganismo del Bajo Imperio Romano [...] incomponibilidad de figuras simultáneas que roe cualquier ilusión de identidad (Perlongher 47).

El listado que consigna Perlongher en su disertación alcanza a cincuenta y siete nombres presentados a modo de dispersión genérico-sexual pesquisados en un par de manzanas de un vecindario, donde michê ocupa "el polo masculino, mientras que

el travesti –su antónimo en el campo de la 'prostitución masculina'– ocuparía el polo femenino (47). Otro cartógrafo del deseo es Pedro Lemebel en "Los mil nombres de María Camaleón"
(1996), quien además le confiere un apodo al homosexual VIH
positivo como una manera de "alivia[r] el peso, subrayando de
luminaria un defecto que más duele al tratar de esconder" (Lemebel 85). El uso de la metáfora se expresa aquí como un eco de
la simulación que describía Severo Sarduy en sus ensayos sobre el
neobarroco. En este proceso de resemantización del nombre, el
secreto se destaca y se decora con la escritura ya que: "para todo
existe una metáfora que ridiculiza [y que] embelleciendo la falla,
la hace propia, única" (85).

Lo que estos ejemplos nos indican es que, más allá de alcanzar una comprensión cabal de tal o cual término, la labor
tanto del artista como del estudioso queer es explorar estos textos
como "puntos de calcificación de las redes de flujos" (Perlongher
47) sexual-genéricos, semióticos, semánticos, socio-económicos,
étnicos, raciales, políticos, etc. Allí la metáfora se constituye no
solo en la base del tejido de estas redes sino también como clave de su desciframiento y punto de partida de su genealogía. Si
por una parte, la metáfora en la representación del deseo "es un
tropo, un medio retórico, un instrumento expresivo" (Martínez
Espósito 59), por otro es "un método de conocimiento" (59).
En el caso puntual de las obras sobre sida estudiadas la metáfora
se constituye, además, en uno de los elementos esenciales del
estado liminal que hemos establecido como aquella dimensión
en constante movimiento donde tienen cabida y se producen
todos estos exabruptos de la letra. Visto desde la perspectiva de
Sandoval Sánchez es allí donde lo abyecto se hace cuerpo. Por lo
tanto, la metáfora desplaza del debate lo que a fin de cuentas era
otro binomio: queer/cuir (o torcido, o desviado, o perverso, etc.)
liberando de etiquetas a la teoría para presentarla

como una epistemología abierta e inestable que repudia las definiciones fijas del patriarcado y los mandatos de un heterosexismo compulsivo y sus tecnologías de control, por lo cual no intenta elaborar un contramodelo igualmente excluyente y englobante que vendría a ocupar el lugar y la función estabilizadora de un 'gran relato' (Maristany 19).

Para terminar, parece pertinente distinguir un antes y un después de la llegada del sida independiente del nivel de sofisticación de la teoría y del grado de activismo desarrollado en el ámbito anglo y/o hispano. Con respecto a la época presida, Christopher Castiglia y Christopher Reed señalan, en *If Memory Serves. Gay Men, AIDS, and the Promise of the Queer Past* (2012), que tal vez el aporte conceptual más relevante de esta mirada crítica y los movimientos que la configuraron, tiene que ver con un nuevo entendimiento del cuerpo. Este consiste en una democratización de sus órganos desde la perspectiva de la obtención y búsqueda de placer donde se trasciende lo meramente genital y donde también la interacción social se promueve como una instancia de liberación del deseo. Asimismo, la nueva forma de examinar estos temas ubica al erotismo –muy ligado a la erotografía tal como lo hemos visto– "as an important antidote to the repressive logic of reserved labor and possessive monogamy, which made deferred and denied pleasure the sine qua non of loving trust and economic well-being" (Castiglia y Reed 169-170). En consecuencia a lo anterior, podríamos decir que esta liberación del cuerpo, en este caso representada mediante obras literarias, responde a una reacción que Lyotard habría explicado como una "subversión del deseo", la cual estaría anunciando el inicio de un proceso de cambio –tan esperado– del paradigma heteronormativo. Sin embargo, con la llegada del sida se produce un fenómeno muy particular pues, al endosársele al homosexual la responsabilidad de contagio del virus VIH a través de sus prácticas sexuales, se produce esta crisis de significación multiplicadora de discursos cuyas repercusiones en el cuerpo homosexual –y por defecto en su escritura– ya hemos abordado. Sin embargo, antes de cerrar esta discusión hay que tener en cuenta tres puntos básicos que toca este trabajo, a partir de los estudios de Paula Triechler en torno a la pandemia y sus lecturas, que nos han servido para aproximarnos a esta nueva comprensión de la producción artística asociada a la enfermedad: "1) disease is a language; 2) the body is a representation; and 3) medicine is a political practice" (Triechler 36).

Finalmente, esta visibilización del cuerpo asociada a subjetividades no heterosexuales que se produce a principios de los ochentas por la llegada del sida no hubiera sido posible, al menos de la manera como la estudiamos aquí, de no ser por la metáfora. Si hacemos un examen rápido a las obras analizadas llegaremos a la conclusión de que una parte importante de la fuerza experimental y nuevas articulaciones estéticas que surgen de estas derivan de la metáfora.

La parodia actúa como metáfora en la medida en que toma forma ya sea como inter o intratextualidad mediante un movimiento referencial que conecta realidades, temporalidades y espacios diversos. Esto es constatable, por ejemplo, en *Un año sin amor* a través de las conexiones textuales y emocionales que surgen a partir de la obra de Guibert, *Al amigo que no me salvó la vida*, que de paso incorpora en la narración el discurso teórico de Foucault que aparece ficcionalizado en esta última. Nos permite además especular en torno a temas tan relevantes que vinculan el arribo del sida con la biopolítica (el saber/poder), las políticas económicas de consumo y la heteronorma que imponen las instituciones. En *La ansiedad* la parodia permite acceder a una diversidad de relaciones que aparecen mediante las citas bibliográficas intercaladas en los correos electrónicos y "chats" que conviven en ese presente liminal/virtual que le provee de soporte emocional a Spitz, su protagonista. Asimismo, la incorporación en ambos textos de otras economías del placer (sadomasoquismo, sexualidad a partir de las máquinas u objetos inanimados como los autos, las computadoras o la pornografía) expande los límites del cuerpo e introduce nuevas redes de significado que se instalan más allá de lo natural/real como la web y lo cyborg invitándonos a redefinir al sujeto en su nuevo contexto posmoderno.

Por otro lado, la resistencia es metáfora en sí en tanto coteja una situación que está pasando con respecto a otra paralela y/o posible, confiriéndole al discurso una propiedad combativa. Tal es el caso de las crónicas de *Loco afán*, donde esa subversión del ciudadano marginal sexual, de clase, etnia, raza, etc. transforma la escritura en cartografía performativa combinando discursos que le brindan una posibilidad infinita para erigir ciudades alternativas y alimentar discursos reaccionarios. Como consecuencia de ello sus autores establecen agencia socio-política al tiempo que se sitúan en la vanguardia estética.

La memoria es metáfora en la medida en que surge del acto de comparar, combinar y modelar un recuerdo mediante las percepciones, los afectos y la interpretación subjetiva. En este sentido, hemos revisado a lo largo de las obras no solo el impacto del antes y después del sida sino también la capacidad regenerativa/creativa que la escritura contiene en sus nudos temáticos como la nostalgia representada a través de los recuerdos o las fotografías. Pensemos en *El desbarrancadero* y en el poder de la metáfora para editar un pasado abolido por el dolor de la enfermedad que también el yo-narrador-autor ficcionalizado utiliza como un camino de (re)encuentro consigo mismo mediante el ejercicio de la escritura.

Los discursos que se filtran y se homologan a propósito de estos textos de sida son en esencia un ejercicio metafórico intenso y excesivo en la medida que la muerte es un tropo transversal. Quizás también *El desbarrancadero* sea el ejemplo más extremo donde la muerte es un personaje más de la historia evocando las máximas barrocas del carpe diem sexual y memento mori, nudos paródicos que activan la narración y la deforman en una dinámica de constante provocación. En el caso de *Loco afán*, la muerte también es parodia pero desde una dimensión que ahonda en la teatralidad kitsch y el melodrama revirtiendo el lamento en una celebración del cuerpo. Es interesante en este contexto cómo el sida a ratos es representado como el hijo que se va a parir. Más allá de la sátira, este gesto demuestra la versatilidad semántica y lúdica que nutren estos textos además de su inagotable capacidad de reinvención.

Precisamente la capacidad plástica de estas escrituras es una consecuencia de su característica metafórica la cual maximiza e interpela estos movimientos de ideas/fluidos y los pone a circular como significados, significantes, referencias, imágenes, coordenadas espacio-temporales y distintos niveles ficcionales. "Mona" evidencia estas características a través del diálogo simultáneo entre lugares y tiempos diversos y en varios niveles del discurso. Esto se ve claramente a partir de la conversación que a lo largo del texto se va construyendo entre los distintos editores que se desarrolla de manera paralela a la carta que escribe el protagonista que constituye la narración principal. Asimismo, la interacción de los editores ocupa un espacio diferente al de la narración principal pues se produce en las notas a pie de página. También tiene la particularidad de descentralizar el lugar de la enunciación pues irrumpe regularmente la narración de Ramón Fernández. Otra intervención en el presente de la narración se produce a partir de la época renacentista identificada en Elisa que es Leonardo da Vinci travestido. Esta convergencia temporal y relativización genérico/sexual a su vez activa el efecto especular sífilis/sida el cual se replica en los personajes activando su proceso de identificación. La metáfora en este texto es entonces la que proporciona una instancia transitoria para que se encuentren dos épocas (siglo veinte y siglo dieciséis) evidenciando su capacidad dúctil. Esto último introduce la técnica pictórica del esfumato que permite que en la escritura se borren los contornos y se multipliquen las perspectivas de significación. El fenómeno del esfumato se extiende al lugar de la enunciación pues en su capacidad ventrílocua mantiene ese estatus de imprecisión que le permite al narrador exponer puntos de vista vedados o proscritos sin ser censurado (es decir, funciona como una máscara). Desde el punto de vista del narrador/autor ficcionalizado la técnica del esfumato le confiere un lugar privilegiado para expresar sus miedos y conjurar la muerte que lo acecha (en otras palabras, funciona como escenario al mismo tiempo que como espacio de catarsis). En consecuencia, evita exponerlo a juicios acusatorios o estigmatizantes pues el discurso hace de la ficción y la no ficción un todo indivisible e intercambiable.

Finalmente, un último rasgo de esta condición paródica marcada por el tránsito textual es que produce una acumulación de discursos que se van alimentando por medio de la interreferencialidad. Así advertimos que en "Mona" y en *Antes que anochezca* se mezclan no solo subtextos históricos, ideológicos o genérico/sexuales, también existe un movimiento de intercambio interno de personajes, acontecimientos, temáticas y referentes entre ambas obras que van creando un mundo discursivo donde es casi imposible distinguir fronteras de ningún tipo y al que de manera continua se van adhiriendo cada vez más otros discursos, lo que provoca que su forma vaya modificándose en cada operación. Esta permeabilidad discursiva es en sí misma una metáfora del sida como síndrome y como vehículo de escrituras perversas.

En síntesis, hemos emplazado estos textos y las relaciones de significado que entre ellos surgen a partir de sus discursos dentro de un estado liminal que definimos como constante, puesto que estas escrituras se plantean en una transformación/creación permanente de las subjetividades y las acciones/pensamientos que las modifican. Cuando nos referimos al rito como punto de origen de la liminalidad se observó la interacción de un ritmo continuo del discurso que circulaba por redes de tiempos y espacios ajenos a una lógica secuencial, abierta a relaciones diversas y simultáneas. Es en este punto donde podemos hablar de yuxtaposición y aplicar el concepto de heterotopía apropiándonos de la definición de Michel Foucault explicada en el capítulo introductorio de este trabajo. Recordemos que la heterotopía se constituye por este principio espacial de yuxtaposición de lo incompatible, de lo incomprensible o de lo desviado tomando como referencia lo que existe o lo que se define como verdadero (o natural, o normal). Dentro de esta línea de comprensión, la metáfora, definida esencialmente como un elemento que vehicula estas nuevas asociaciones que se despliegan en este ámbito de lo "in-between", se constituye en el elemento cohesionador: el sello que mantiene y posibilita la (inter)conexión desde la diferencia. Esta misma hace de la crisis –en este caso del sida– y de la inestabilidad del discurso –provocada por la amplia gama de interpretaciones condicionadas por lugares de enunciación caleidoscópicos– el sustrato de su propia ontología que, en última instancia, genera la ilusión de (super)vivencia y nos acerca esos mundos posibles donde el cuerpo existe.

BIBLIOGRAFÍA

Adam, Barry D. *The rise of a Gay and Lesbian Movement*. New York: Twayne Publishers, 1995. Print.

Aliaga, Juan Vicente. "El lenguaje es un virus". *De amor y rabia. Acerca del arte y el sida*. Eds. Juan Vicente Aliaga y José Miguel G. Cortés. Valencia: Universidad Politécnica de Valencia. Servicio de Publicaciones, 1993. 13-29. Print.

Almaguer, Tomás. "Chicano Men: A Cartography of Homosexual Identity and Behavior." *Men's Lives*. Eds. Michael S. Kimmel y Michael A. Messner. New York: Macmillan, 1992. 473-486. Print.

Angvik, Birger. "Arenas, Sarduy: sida y tanatografía". *Desde las aceras opuestas*. Ed. Dieter Ingenchay. Madrid: Iberoamericana, 2006. 37-51. Print.

Aparicio Erazo, Jorge Luis "Ciudadanía y homosexualidades en Colombia". *Iconos. Revista de Ciencias Sociales* 35 (2009): 53-54. Web. 7 Abr. 2014

Arenas, Reinaldo. *Viaje a la Habana (Novela en tres viajes)*. Miami: Universal, 2000. Print.

————. *Antes de que anochezca*. Barcelona: Tusquets editores, 1992. Print.

Astutti, Adriana. "Odiar la patria y aborrecer la madre". *Centro de Estudios de Teoría y Crítica Literaria*. Boletín 11 (2003): 1-15. Web. 21 enero. 2013.

Balderston, Daniel y José Quiroga, Eds. *Sexualidades en disputa. Homosexualidades y medios de comunicación en América Latina*. Buenos Aires: Libros del Rojas, 2005. Print.

Balderston, Daniel. *El deseo, enorme cicatriz luminosa. Ensayos sobre homosexualidades latinoamericanas*. Rosario: Ensayos críticos, 2004. Print.

Barrera, Sánchez Oscar. "La excritura ontológica-social en el cuerpo de Jean-Luc Nancy". *Revista de Ciencias Sociales de la Universidad Iberoamericana*. 4:8 (2009): 148-162. Print.

Barreto, Carmen. "Imágenes corporales: de los cuerpos obsoletos a la cultura cyborg". *Grafías del cuerpo. Sexo, género e identidad*. Eds. Adela Morín Rodríguez y Ángeles Mateo del Pino. Valencia: Aduana vieja, 2011. 359-377. Print

Barthes, Roland. *El placer del texto y lección inaugural*. Madrid: Siglo veintiuno editores, 1982. Print.

Bataille, Georges. "L'homme souverain de Sade". *L'érotisme por Georges Bataille*. Paris: Les Éditions de Minuit, 1957. 182-195. Print.

Bazán, Osvaldo. "Literatura gay". Osvaldo Bazán. Periodista. Escritor. 18 Feb. 2001. Web. 16 Enero. 2013.

Bersani, Leo. *Homos*. Cambridge: Harvard University Press, 1996. Print.

Blanco, Fernando A. "Comunicación política y memoria en la escritura de Pedro Lemebel". *Reinas de otro cielo. Modernidad y Autoritarismo en la obra de Pedro Lemebel*. Ed. Fernando Blanco. Santiago: LOM Ediciones, 2004. 27-71. Print.

Brasileiro, Emidio. Web. 25 Jul 2014. <http://www.cultura.trd.br/index.php/emidio-lista-de-artigos/284-erotografia>.

Butler, Judith. *Gender Trouble. Feminism and the Subversion of Identity*. New York: Routledge, 1990. Print.

Cáceres, Karen y Maritza García. "Evolución del VIH-SIDA en Chile, 1984-2010". *El vigía. Boletín de Vigilancia de Salud Pública* 13.27 (2012): 23-27. Web. 13 Jun. 2014.

Castiglia, Christopher y Christopher Reed. *If Memory Serves. Gay Men, AIDS, and the Promise of the Queer Past*. Minneapolis and London: University of Minnesota Press, 2012. Print.

Carrión, M. Fernando. "La dimensión temática de los centros históricos en América Latina". *El centro histórico: objeto de estudio e intervención*. Ed. María Eugenia Martínez Delgado. Bogotá: Editorial Pontificia Universidad Javeriana, 2004. 29-60. Print.

Chiampi, Irlemar. "La literatura neobarroca ante la crisis de lo moderno". *Criterios* 32 (1994): 171-183. Print.

Cirlot, Juan Eduardo. *Diccionario de símbolos*. Barcelona: L. Miracle, 1958. Print. Owens, S. J. (2011, January 10). College season tainted by scandal. Orlando Sentinel, C1, C6.

Collins, Bradley I. Leonardo. *Psychoanalysis, and Art History: A Critical Study of Psychobiographical Approaches to Leonardo da Vinci*. Evanston: Northwestern University Press, 1997. Print.

Contardo, Óscar. Raro. *Una historia gay de Chile*. Santiago: Editorial Planeta Chilena S.A, 2011. Print.

Corrales, Javier y Mario Pecheny, Eds. *The Politics of Sexuality in Latin America. A Reader on Lesbian, Gay. Bisexual and Transgender Right*. Pittsburg: University of Pittsburg Press, 2012. Print.

Crimp, Donald. *Melancholia and Moralism. Essays on AIDS and Queer Politics*. Cambridge: The MIT Press, 2002. Print.

De Certeau, Michel. *The Practice of Everyday Life*. Berkeley: University of California P, 1984. Print.

Delany, Samuel R. *The Motion of Light in Water*. New York: Arbor House, 1988. Print.

Díaz, Susana. "Videodrome. El deseo de una nueva carne", La fuga. La fuga, Web. 25 May. 2013.

Domínguez Ruvalcaba, Héctor. "La Yegua de Troya. Pedro Lemebel, los medios y la performance". *Reinas de otro cielo. Modernidad y Autoritarismo en la obra de Pedro Lemebel*. Ed. Fernando Blanco. Santiago: LOM Ediciones, 2004. 117-149. Print.

Donoso, José. *El lugar sin límites*. Madrid: Cátedra, 1999. Print.

Earls, Irene. *Renaissance Art. A Tropical Dictionary*. New York: Greenwood Press, 1987. Print.

Edelman, Lee. "The Future is Kid Stuff: Queer Theory, Disdentification and the Death Drive". *Narrative* 6 (1998): 18-30. Print.

Epps, Brian. "Retos, riesgos, pautas y promesas de la teoría queer". *Revista Iberoamericana* 74.225 (2008): 897-920. Web. 11 Ago. 2014.

Espinoza, Carlos. "La vida es riesgo o abstinencia". *Quimera* 101 (1990). 54-61. Print.

Esposito, Roberto. "The Immunization Paradigm". *Diacritics* 36.2 (2006): 23-48. Print.

Foucault, Michel. "Society must be defended". *Lectures at the Collège De France 1975-1976*. New York: Picador, 2003. Print.

———. "Friendship as a way of life". Entr. R. de Ceccaty, J. Danet y J. Le Bitoux (Abril 1981). *Ethics: Subjectivity and Truth*. Ed. Paul Rabinow. New York: New Press, 1997. 135-140. Print.

———. *Historia de la sexualidad*. España: Siglo veintiuno, 1995. Print.

———. "Crítica y Aukflarung ["Qu'est-ce que la Critique?"] Trad. Jorge Dávila. *Revista de Filosofía-ULA*, 8 (1995): 1-18. Web. 6 Ago. 2014.

———. *The History of Sexuality*. New York: Random House, 1990. Print.

———. "De los espacios otros". *Architecture, Mouvement, Continuité* 5 (1984): sin paginación. Web. 5 May. 2014.

———. "Discourse and Truth: the Problematization of Parrhesia. *Six lectures given by Michel Foucault at the University of California at Berkeley*, Oct-Nov. 1983": 1-7. Web. Jun 17. 2014.

———. "¿Qué es un autor?". *Littoral* 9 (1983): 51-82. Print.

———. *El orden del discurso*. Barcelona: Tusquets, 1974. Print.

Frasca, Tim. *Aids in Latin America*. New York: Palgrave Macmillan, 2005. Print.

Franco, Jean. "Encajes de acero: la libertad bajo vigilancia". *Reinas de otro cielo. Modernidad y autoritarismo en la obra de Pedro Lemebel*. Ed. Fernando Blanco. Santiago. Lom, 2004. Print.

Gareca, Maricruz. "Los vaivenes de la memoria en las crónicas de Pedro Lemebel". *Escenario móvil. Cuestiones de representación*. Dir. Susana Cella. Buenos Aires: Editorial de la Facultad de Filosofía y Letras Universidad de Buenos Aires, 2012. 229-240. Print.

Gilman, Sander L. *Disease and Representation. Images of Illness from Madness to Aids*. Ithaca: Cornell University Press, 1988. Print.

Giordano, Alberto. *Una posibilidad de vida. Escrituras íntimas*. Rosario: Beatriz Viterbo Editora, 2006. Impreso.

Giorgi, Gabriel. *Sueños de exterminio. Homosexualidad y representación en la literatura argentina contemporánea*. Rosario: Beatriz Viterbo Editora, 2004. Print.

Guibert, Hervé. *Al amigo que no me salvó la vida*. Barcelona: Tusquets editores, 1991. Print.

Halberstam, Judith. *In a Queer Time and Place: Transgender Bodies, Subcultural Lives*. New York: New York University Press, 2005. Print.

Halperin, David. "The Normalization of Queer Theory". *Journal of Homosexuality* 45: 2-4 (2008): 339-343. Web. 8 Feb. 2013.

Hathorn, Richmond I. *Greek Mythology*. Beirut: American University of Beirut, 1977. Print.

Ingenschay, Dieter. Prólogo. *Desde las aceras opuestas*. Ed. Dieter Ingenschay. Madrid: Iberoamericana, 2006. 7-20. Print.

———. "Sida y ciudadanía en la Literatura gay Latinoamericana". *Desde las aceras opuestas*. Ed. Dieter Ingenschay. Madrid: Iberoamericana, 2006. 171-181. Print.

Jacoby, Roberto. "Prólogo". *Un año sin amor. Diario de sida*. Por Pablo Pérez. Buenos Aires: Libros Perfil, 1998. 9-13.Print.

Kulawik, Krzysztof. "Travestir para reclamar espacios: la simulación sex-/textual de Pedro Lemebel y Francisco Casas en la urbe chilena". *Alpha* 26 (2008): 101-117. Web. 7 Feb. 2013.

Lemebel, Pedro. *Adiós mariquita linda*. Santiago: Random House Mondadori S.A. 2004. Print.

———. *Tengo miedo torero*. Santiago: Planeta, 2001. Print.

———. *Loco afán. Crónicas de sidario*. Barcelona: Anagrama, 2000. Print.

———. "Lemebel: algunas veces la piedad mata más que el virus del sida". Entr. César Güemes. *La Jornada*. 13 de septiembre 2000. Sin paginación. Print.

———. "El cronista de los márgenes". Entr. Andrea Jeftanovic. *Lucero*. 74-78. 2000. Print.

———."El desliz que desafía otros recorridos". Entr. Fernando Blanco y Juan Gelpi. *Nómada. Creación, teoría, crítica* 3 (1997): 93-98. Print.

Levinson, Brett. *Esposito y la biopolítica*. Web. 19 Feb. 2011.

Lewis, Vek. *Crossing Sex and Gender in Latin America*. New York: Palgrave and Macmillan, 2010. Print.

Lezama Lima, José. *La expresión americana*. La Habana: Instituto nacional de cultura, 1957. Print.

Lima, Lázaro. "Deseos de estados queer en la producción crítica latina de los Estados Unidos" *Revista Iberoamericana* - Vol. 74:225 (2008): 44-53. Print.

Link, Daniel. *Clases. Literatura y disidencia*. Buenos Aires: Norma, 2005. Print.

———. *La ansiedad. Novela trash*. Buenos Aires: El Cuenco de Plata, 2004. Print.

Lipovetsky, Gilles. "Eros de geometría variable. No sex?". *El crepúsculo del deber. La ética indolora de los nuevos tiempos democráticos*. Barcelona: Anagrama, 2005. 71-74. Print.

Manchover, Jacobo. *La memoria frente al poder. Escritores cubanos del exilio: Guillermo Cabrera Infante, Severo Sarduy, Reinaldo Arenas*. Zaragoza: Universitat de València, 2001. Print.

Maristany, José Javier. "¿Una teoría queer latinoamericana?: Postestructuralismo y políticas de la identidad en Lemebel". *Lectures du genre* 4: Lecturas queer desde el Cono Sur (2008): 17-25. Web. 20 Jul. 2014.

Martínez Expósito, Alfredo. *Escritura torcida*. Barcelona: Laertes, 2004. Print.

Mertens, T.E. y D. Low-Beer, "¿Hacia dónde se encamina la epidemia de infección por HIV y sida?" *Revista Panamericana de Salud Pública* 1: 3 (1997): 220-227. Print.

Ministerio de Salud y Protección Social. Boletín Epidemiológico, situación del VIH/Sida Colombia 2013. Colombia, 2013. Web. 28 Jun. 2013.

Mateo del Pino, Ángeles. "Dramaturgias de la muerte. Cuerpo, enfermedad, agonía". Eds. Adela Morín Rodríguez, Ángeles Mateo del Pino. *Grafías del cuerpo. Sexo, género e identidad*. Valencia: Aduana vieja, 2011. 327-357. Print.

—————. "Crónica y fin de siglo en Hispanoamérica (del siglo XIX al XXI). *Revista Chilena de Literatura*. 59 (2001).13-40. Print.

Menéndez Plascencia, Ronaldo. "La moneda, la bóveda, yo solo trato de alcanzar". Eds. Zayón Jomolca, Lourdes y Fajardo Atanes, José R. *Toda esa gente solitaria. 18 cuentos cubanos sobre el SIDA*. Madrid: Ediciones la palma, 1997. 77-81. Print.

Meruane, Lina. *Viajes virales*. México D.F: Fondo de Cultura Económica, 2012. Print.

Molloy, Silvia. *Acto de presencia*. México: Fondo de cultura española, 1996. Print.

Monsiváis, Carlos. *Que se abra esa puerta. Crónicas y ensayos sobre la diversidad sexual*. México, D.F: Paidós, 2010. Print.

—————. "Prólogo". *La esquina es mi corazón*. Por Pedro Lemebel. Santiago: Planeta, 2008. 9-27. Print.

—————. "El lenguaje cotidiano de los medios como vehículo central de la discriminación en México". Versión editada de la ponencia por Letras. Universidad Autónoma de México, 2003. Sin paginación. Web. 7 Mar. 2014.

—————. *Días de guardar*. México: Era, 1970. Print.

Moure, Cecilia. "Retazos de la historia. Acerca de las crónicas de Pedro Lemebel". Ed. Cristina Piña. *Literatura y (pos)modernidad. Teorías y lecturas críticas*. Buenos Aires: Editorial Biblos, 2008. Print.

Muñoz, José Esteban. *Cruising Utopia. The Then and There of Queer Futurity*. New York: New York University Press. 2009. Print.

Muñoz Millanes, José. "Los placeres de los diarios: el caso de Marià Manent". *Revista de Occidente* 182-183 (1996). 136-146. Print.

Nancy, Jean-Luc. *Corpus*. New York: Fordham University Press, 2008. Print.

————. *Being Singular Plural*. California: Stanford University Press, 2000. Print.

Olivares, Jorge. *Becoming Reinaldo Arenas. Family, Sexuality, and the Cuban Revolution*. Durham and London: Duke University Press, 2013. Print.

Ostrov, Andrea. "Las crónicas de Pedro Lemebel: un mapa de las diferencias". Ed. Cecilia Manzoni. *La fugitva contemporaneidad. Narrativa latinoamericana 1990-2000*. Buenos Aires: Ediciones Corregidor, 2003. 99-119. Print.

Pais de Lacerda, Antonio. "El cine como documento histórico: el SIDA en 25 años de cine". *Revista de Medicina y Cine* 2 (2006): 102-113. Print.

Palacios, Jesús. "La Nueva Carne / Vicios viejos. Una arqueología libertina de la nueva carne". Ed. Antonio José Navarro. *La Nueva Carne. Una estética perversa del cuerpo*. Madrid: Valdemar, 2002. 15-34. Print.

Parys, Jodie. *Writing Aids. (Re) Conceptualizing the Individual and Social Body in Spanish American Literature*. Columbus: The Ohio State University Press, 2012. Print.

Pérez, Pablo. *Un año sin amor. Diario del sida*. Buenos Aires: Libros Perfil, 1998. Print.

————. "El argentino es un reprimido sexual". Entr. Julián Gorodischer. *Página 12*. 19 Mar. 2005. Web. 15 Abr. 2013.

Perlongher, Néstor. *Prosa plebeya: ensayos 1980-1992*. Buenos Aires: Colihue, 1997. Print.

Preciado, Beatriz. *Manifiesto contrasexual*. Barcelona: Anagrama, 2011. Print.

Real Academia Española. "Melancolía". *Diccionario de la lengua española*. Web. 17 Jun 2013.

Richard, Nelly. *La estratificación de los márgenes*. Santiago: Francisco Zegers Editor, 1989. Print.

Rodríguez, Alfredo. "Prólogo". *El burlador de Sevilla. Por Tirso de Molina*. Zaragoza: Editorial Ebro, 1972. 11-124. Print.

Rodríguez, Lourdes Arancibia. *Reinaldo Arenas entre Eros y Tánatos*. Bogotá: Soporte editorial, 2001. Print.

Rosa, Nicolás. "De estos polvos, estos lodos...Néstor Perlongher y la moral táctica". *Desde las aceras opuestas*. Ed. Dieter Ingenschay. Madrid: Iberoamericana, 2006. 223-243. Print.

Rosenberg, Charles E., "What Is an Epidemic? AIDS in Historical Perspective" *Daedalus* 118: 2 (1989): pp. 1-17. Print.

Sandoval Sánchez, Alberto. "Reescribiendo lo abyecto desde el inmigrante: SIDA y mariconería latina en el imaginario cultural". *Heterotopías: narrativas de identidad y alteridad*. Eds. Carlos A. Jáuregui y Juan Pablo Dabove. Pittsburg: Biblioteca de América, 2003. 343-350. Print.

————. "Breaking the Silence, Dismantling Taboos: Latino Novels on Aids". *Journal of Homosexuality* 34: 3-4 (1998): 155-175. Web. 9 Jun. 2014.

Santana, Alfredo; Domínguez, Casimira; Lemes, Angelines; Molero, Teresa y Salido, Eduardo. "Biología celular y molecular del virus de la inmuno-deficiencia humana (VIH)". *Revista de Diagnóstico Biológico* 52:1 (2003): 1-15. Web. Jul 3. 2014.

Sarduy, Severo. "El barroco y el neobarroco". Severo Sarduy. *Obra Completa. Edición crítica*. Eds. Gustavo Guerrero y François Wahl. Madrid: Galaxia Gutenberg, Círculo de Lectores; Nanterre, France: ALLCA XX, Université de Paris X, 1999. 1385-1413. Print.

——————. "Entrevista con Severo Sarduy". Entr. Joaquín Soler Serrano. Youtube 1977. Youtube 18 May. 2013.

Sassoon, Donald. *Becoming Mona Lisa: The Making of a Global Icon*. New York: Harcourt, 2001. Print.

Seco, Manuel; Andrés, Olimpia y Ramos, Gabino. *Diccionario del Español Actual*. Madrid: Santillana, 2011. Print.

Shklovsky, Viktor. "Art as Technique". *Russian Formalist Criticism*. Ed. Paul A. Johnson. Nebraska: University of Nebraska Press, 1965. 3-24. Print.

Sifrim, Mónica. Reseña de *Un año sin amor, diario del sida*. *Clarin.com*. 10 Ene. 1999. Web. 12 Mar. 2013.

Smallman, Shawn. *The Aids Pandemic in Latin America*. Chapel Hill: University of North Carolina Press, 2007. Print.

Sontag, Susan. *Aids and Its Metaphors*. New York: Farrar, Straus, Giroux, 1989. Print.

Soto, Francisco. *"Mona" de Viaje a La Habana: Hacia una lectura fantástica. Reinaldo Arenas. Recuerdo y Presencia*. Ed. Reinaldo Sánchez. Miami: Ediciones Universal, 1994. 169-182. Print.

Sutherland, Juan Pablo. *Nación Marica. Prácticas culturales y crítica activista*. Santiago: Ripio ediciones, 2009. Print.

Szabari, Antonia. "Rabelais, Parrhesiastes: The Rhetoric of Insult and Rabelais's Cynical Mask". *MLN* 1: 120 (2005). 84-123. Web. 23 May. 2014.

Szakolczai, Arpad. "Liminality and Experience: Structuring transitory situations and transformative events". *International Political Anthropology* (2009): 141-172. Web. 3 Ago. 2014.

Torres, Daniel. *Morirás si da una primavera (una novelita azul)*. Cora-Gables: Iberian Studies Institute, North-South Center, University of Miami, 1993. Print.

Treichler, Paula. *How to have Theory in an Epidemic*. Durham: Duke University Press, 1999. Print.

UNAIDS. Joint United Nations Program on HIV/AIDS. UNAIDS report on the global AIDS epidemic 2013. WHO Library Cataloguing-in-Publication Data Global report, 2013. Web. 13 Abr. 2014.

Valcárcel, Carmen. "La escritura póstuma de Reinaldo Arenas: Viaje a la Habana". *Cauce*. 14-15 (1992). 571-584. Print.

Vallejo, Fernando. *Entre fantasmas*. Bogotá: Alfaguara, 2005. Print.

————. "El caballero de la prosa temeraria". Entr. María Sonia Cristoff. *La Nación*. 2003. Web. 28 Nov. 2013.

————. *El desbarrancadero*. Bogotá: Alfaguara, 2001. Print.

Vargas, Margarita. "Las novelas de los Contemporáneos como textos de goce". *Hispania*. 69.1 (1986). 40-44. Print.

Yingling, Thomas. "Aids in America: Postmodern Governance, Identity and Experience". *Inside/Out*. Ed. Diana Fuss. New York: Routledge: 1991. 291-310. Print.

Warner, Michael. *Publics and Counterpublics*. New York: Zone Books, 2005. Print.